Dr. Carlotta Welding, geboren 1984, studierte Linguistik in Bonn und Berlin, forschte zum Thema Gefühle und promovierte über »Gefühlsblindheit« am Exzellenzcluster der FU Berlin. Als Emotionscoachin ist sie Expertin für Emotionen und verdrängte, vergessene, übersprungene, nicht gelebte Gefühle. Carlotta Welding lebt mit ihrer Familie in Leipzig.

Dr. Carlotta Welding

Fühlen lernen

*Warum wir so oft
unsere Emotionen
nicht verstehen
und wie wir das
ändern können*

Klett-Cotta

Klett-Cotta

www.klett-cotta.de

J. G. Cotta'sche Buchhandlung Nachfolger GmbH

Rotebühlstraße 77, 70178 Stuttgart

Fragen zur Produktsicherheit: produktsicherheit@klett-cotta.de

© 2021 by J. G. Cotta'sche Buchhandlung

Nachfolger GmbH, gegr. 1659, Stuttgart

Alle Rechte sowie die Nutzung des Werkes für Text

und Data Mining i. S. v. § 44 b UrhG vorbehalten

Cover: Rothfos & Gabler, Hamburg

unter Verwendung eines Fotos von

© Annette Hauschild, Agentur Ostkreuz

Gesetzt von von C.H.Beck.Media.Solutions, Nördlingen

Gedruckt und gebunden von GGP Media GmbH, Pößneck

ISBN 978-3-608-96336-6

Dritte Auflage, 2026

Bibliografische Information der Deutschen Nationalbibliothek

Die Deutsche Nationalbibliothek verzeichnet diese Publikation in

der Deutschen Nationalbibliografie; detaillierte bibliografische

Daten sind im Internet über http://dnb.d-nb.de abrufbar.

Inhalt

1 Gefühle in Zeiten der Emoticons

Wie man sich aktuell fühlt, kann man seit einiger Zeit bei Facebook mit einem passenden Gefühlsbutton versehen – man kann dort also angeben, ob man gerade »fröhlich«, »zornig« oder »niedergeschlagen« ist. Inflationär ist der Gebrauch von Hashtags wie #blessed (selig) zu beobachten. Folgerichtig hat die Werbung schon längst die Bedeutung von Emotionen begriffen und setzt mittlerweile auf »emotional branding«, also auf eine Beziehung zwischen einer Marke und ihren Konsumenten, die von Emotionen geleitet ist. Es sind aber natürlich nur die positiven Gefühle, die in sozialen Netzwerken, Zeitschriften und in der Werbung dargestellt werden, denn happy und erfolgreich sein – das ist das große Ziel unserer Zeit.

Gefühle sind in aller Munde, aber viele Menschen ›fühlen‹ kaum oder gar nicht mehr richtig: Ihnen fällt es schwer, die emotionalen Signale ihres Körpers wahrzunehmen, zu deuten und sie in ihre Entscheidungen und in ihr Handeln auf angemessene Weise einzubeziehen.

So wie der Porno als eine Art Geschmacksverstärker wirkt und gleichzeitig den Geschlechtsverkehr ersetzt, scheinen Gefühle in unserer Gesellschaft nur noch gestellt, stilisiert und künstlich zu funktionieren. Weil aber

Gefühle uns allzu oft fremd (geworden) sind, sind wir so versessen auf dieses Thema.

Emotionen treiben Handlungen voran. Viele Menschen aber haben verlernt, nach ihren Gefühlen zu handeln. Sie hassen ihren Job und fahren trotzdem jeden Morgen zur Arbeit. Ihre Beziehung besteht nur noch aus Streit, aber sie trennen sich nicht. Sie sehnen sich nach zwischenmenschlichem Kontakt, aber vergraben sich hinter ihren vier Wänden. Menschen in der westlichen Welt haben sich bis zu einem solchen Grad von ihren Gefühlen abgetrennt, dass sie sie nicht mehr verstehen oder sogar überhaupt nichts mehr empfinden. Wir unterdrücken negative Gefühle, lenken uns ab und streben einzig und allein nach einem oberflächlichen Gute-Laune-Gefühl. Aber ohne echte Gefühle ist keine Bindung möglich!

Fehlende emotionale Bindung führt dazu, dass immer mehr Menschen in der westlichen Welt allein leben und vereinsamen. Für dieses Phänomen prägte das medizinische Fachjournal *The Lancet* 2010 die Redewendung »Epidemie der Einsamkeit«. Wir sind zwar über alle Kontinente hinweg vernetzt, können uns aber an keine real vorhandene Schulter mehr anlehnen. Ob man es »Generation beziehungsunfähig« nennt oder »Hikikomori« – der vor allem in Japan zu beobachtende Trend bei jungen Männern, die sich komplett von der Außenwelt abkapseln –, eines haben diese Phänomene der heutigen Zeit gemeinsam: Enge Kontakte und feste Bindungen werden immer seltener, und damit verschwindet auch der Schutzraum im Leben eines jeden, in dem man Emotionen erzeugen, erlernen, anwenden und einüben kann.

Eine Studie[1] aus den USA zeigt, dass vor allem junge Menschen heutzutage weniger Sex haben als noch vor

30 Jahren. Die westliche Welt hat allerdings kein Problem mit Sex, aber ein Problem mit Kontakt, mit echtem zwischenmenschlichem Kontakt, mit Bindung. Das spiegelt sich auch auf freundschaftlicher Ebene wider: Während in den 1970er Jahren Teenies noch zu 52 Prozent angaben, sich fast jeden Tag mit Freunden zu treffen, taten das im Jahr 2017 nur noch 28 Prozent. Chatten ersetzt Sprechen; ein Herzchen-Emoticon ersetzt eine Umarmung und der Personal Coach, der persönliche Berater, ersetzt den besten Freund. Und so verlernen wir die Sprache der Gefühle.

Das kann uns auf Dauer krank machen: Die Quoten zu Depression, Angststörungen oder Burnout steigen von Jahr zu Jahr. Von 2007 bis 2017 ist die Zahl der Suizide bei 10- bis 24-Jährigen in den USA um 56 Prozent gestiegen. Die vielen verschiedenen Ursachen dafür sind komplex. Eine davon ist, dass viele Menschen in der westlichen Kultur den Bezug zu Emotionen verloren haben, und zwar seit ihrer Geburt.

Immer mehr junge Menschen leiden unter Vereinsamung. Dies hat nicht etwa begonnen, seit sie auf Facebook digital kommunizieren und nur noch wenigen Menschen analog begegnen. Schon Babys beginnen zu vereinsamen.

Was ich meine, wird Ihnen gleich einleuchten, wenn ich Ihnen das ideale Baby unserer westlichen Welt vorgestellt habe: Das Idealbaby kommt per Kaiserschnitt zur Welt. Die erste Person, die es sieht, ist ein Fremder, nämlich den Arzt oder die Ärztin, nicht seine eigenen Eltern. Das Idealbaby lässt sich problemlos ablegen, schläft nachts im eigenen Zimmer und benötigt keinerlei Körperkontakt zum Einschlafen. Die Flasche akzeptiert das ideale Baby; es verlangt nicht nach der Brust seiner Mutter. Bereits nach wenigen Monaten lässt sich das westliche Idealbaby tagsüber in einer Krippe betreuen und beschäftigt sich mit sich selbst und seinem Spielzeug. Ein Idealbaby ist ›pflegeleicht‹; es verlangt seinen Eltern so wenig Veränderung ihres Lebensstils wie nur möglich ab. Das ideale Baby ist also eines, das man kaum bemerkt.

In unserer westlichen Kultur ist man als Mutter dann ganz besonders anerkannt, wenn man so selten wie möglich oder gar nicht den Eindruck vermittelt, Mutter zu sein. Dabei ist der »After-Baby-Body« nur eines von vielen absurden Anzeichen für dieses Muttersein, dessen Ideal ist, nach außen nicht als Mutter erkennbar zu sein. Wenn eine Mutter exakt genauso viel arbeitet wie in der Zeit, als sie noch kein Kind hatte, dann hat sie es geschafft. Wenn sie körperlich noch genauso aussieht wie in der Zeit, als sie noch nicht schwanger war, verdient sie höchsten Respekt und Anerkennung.

Was steckt dahinter? Der Wunsch nach einem Kind, das möglichst nichts verändert, das zwar da ist, aber möglichst keine Spuren hinterlässt. Man möchte von sich sagen können, dass man Eltern ist, aber so richtig anmerken soll einem das bitte niemand. Und die Karriere darf natürlich auch nicht darunter leiden. Die paar Verrückten, die sich also überhaupt noch fortpflanzen, die erziehen ihre Kinder nicht, sondern trainieren sie dazu zu funktionieren. Und um zu funktionieren, ist es besonders praktisch, wenn einem Gefühle nicht in die Quere kommen.

Auf diese Weise aber wachsen immer mehr emotionale Analphabeten heran. Fragt man Psychologen, Therapeuten oder Coaches, was ihrer Meinung nach das verbreitetste Problem ist, das aber nicht als Problem angesehen wird, so sagen sie: Viele Menschen glauben, es sei normal, mit Gefühlen nicht umgehen zu können. Dabei wäre es allerdings sinnvoll, deswegen Hilfe aufzusuchen. Denn: Gefühle verstehen, über sie sprechen zu können und somit einen gesunden Umgang mit Gefühlen zu pflegen, lässt uns länger leben! Das ist wissenschaftlich belegt. So entdeckte man im Rahmen einer Untersuchung[2] von Menschen, die über 100 Jahre alt waren, einen Zusammenhang zwischen Langlebigkeit und der Fähigkeit, über Gefühle zu sprechen.

Emotionales Gleichgewicht *verlängert* aber nicht nur das Leben, es *verbessert* das Leben auch, denn es ist die beste Prävention vor psychischen und psychosomatischen Erkrankungen. So konnten Wissenschaftler in einer aktuellen Studie[3] mit über 6000 Teilnehmern belegen: Zwei Faktoren aus der Kindheit einer Person tragen maßgeblich dazu bei, dass im Erwachsenenalter psychische Probleme ausbleiben – 1. möglichst viele positive Kindheitserfahrungen und 2. möglichst wenige negative Kindheitserfahrungen machen.

Das klingt natürlich banal, deshalb noch einmal etwas detaillierter: Viele Eltern denken, wenn ihr Kind frei von Gewalt oder Vernachlässigung aufwächst, entspreche dies einer »glücklichen Kindheit« und führe zu psychischer Stabilität im Erwachsenenalter. Eltern konzentrieren sich meistens also zu sehr auf Punkt 2: die Vermeidung negativer Kindheitserfahrungen. Das ist zwar löblich, aber leider nicht genug. Denn Punkt 1 (möglichst viele positive Kindheitserfahrungen) muss den Autoren der Studie zufolge auch erfüllt sein, damit Depressionen und andere psychische Erkrankungen nicht entstehen. Aber was ist mit positiven Kindheitserfahrungen genau gemeint? Interessanterweise lautet der erste zur Wahl stehende Punkt: »Ich konnte mit meiner Familie über meine Gefühle sprechen.« Bei dieser Aussage aber ist eine ausreichende soziale Bindung Voraussetzung. Und schließlich beziehen sich auch die folgenden sechs Punkte der Studie auf Bindungen innerhalb der Familie oder des Freundeskreises.

Oberflächlich mag mir vermutlich die Mehrheit in der Ansicht zustimmen, dass Freunde und Familie wichtig sind – aber die Bedeutung von Gefühlen und des Sprechens über Gefühle wird dennoch unterschätzt. Wie fundamental wichtig die Fähigkeit ist, die eigenen Emotionen erkennen und ausdrücken zu können, und wie sehr diese Fähigkeit beeinflusst, wie erfolgreich wir Bindungen eingehen und psychische Gesundheit erlangen können – darüber wissen wir kaum etwas.

Das muss man sich einen Moment lang auf der Zunge zergehen lassen: Kaum jemand weiß etwas über Gefühle. Wir alle wissen kaum etwas über das, was uns im tiefsten Kern bestimmt. Wie kann das sein?

Das, was im Mainstream – damit meine ich zum Beispiel Frauenzeitschriften, Talkshows oder die Redeweise, die man in sozialen Netzwerken beobachten kann – über Gefühle vermittelt wird, ist nicht mehr als oberflächliche, esoterisch angehauchte Gefühlsduselei. »Sei authentisch!« ist beispielsweise ein solches Gebot, dem jeder zustimmen würde, das aber in Wirklichkeit nicht weit führt. Denn wir wissen viel zu wenig über unsere eigenen Gefühle im Speziellen und über Gefühle im Allgemeinen – also wie sie funktionieren, wie sie uns beeinflussen, was sie uns sagen wollen, wie wir sie nutzen können.

Seit über zehn Jahren forsche ich bereits über Emotionen, und noch immer staune ich manchmal, wie weit die Inkompetenz reicht bei diesem so existentiellen Thema. Sehen Sie sich um! Waren Sie schon einmal in einer überfüllten Arztpraxis? Wie hat die Sprechstundenhilfe Sie behandelt? Haben Sie einen Busfahrer schon einmal nach einer Verbindung gefragt? In welchem Ton hat er geantwortet? Sind Sie schon einmal mit dem Fahrrad auf dem Bürgersteig gefahren? Wie haben Fußgänger auf Sie reagiert?

Wenn ich mich umschaue, dann sehe ich erschreckend viele Menschen, deren Betriebstemperatur bereits bei 180 liegt. Sie sind genervt, übermüdet, über- oder unterfordert, fühlen sich übervorteilt und schlecht behandelt, und sobald sich die kleinste Gelegenheit ergibt, bricht das Angestaute aus ihnen heraus.

Ich möchte mich hier nicht über eine etwaige deutsche Meckermentalität beschweren (das wäre ja auch in sich absurd), sondern nur darauf hinweisen, wie schlecht sich offenbar viele Menschen ständig fühlen. Das Schlechtdrauf-Sein ist der Normalzustand, wird akzeptiert, »muss halt«.

Aber wer sagt eigentlich, das müsse so sein?

Ich bin überzeugt, dass die meisten Menschen einfach nur kein Instrumentarium in der Hand haben, um substanziell etwas an ihrem Leben zu ändern. Denn dafür müssten sie an ihre Gefühle ran.

Die meiste Zeit der Menschheitsgeschichte wurden Gefühle geringgeschätzt oder zumindest als nebensächlich betrachtet. Gefühle sollte man tunlichst unterdrücken. Es herrschte eine strikte Trennung zwischen Intelligenz/Ratio/Verstand und dem ganzen »Wirrwarr«, der mit dem Bereich der Emotionen zu tun hat. Gefühle sah man als etwas Niederes an, etwas, das es zu beherrschen gilt. »Wir sind nicht auf der Welt, um glücklich zu werden, sondern um unsere Pflicht zu erfüllen.« (Immanuel Kant, 1724–1804). In diesem Satz steckt viel von dem, was uns und unsere Vorfahren geprägt hat.

Inzwischen jedoch haben Gefühle stark an Bedeutung zugenommen, wir räumen ihnen mehr Raum ein, und es gehört zum guten Ton, sich mit seinen Gefühlen auseinanderzusetzen und in der Lage zu sein, über sie zu sprechen (was aber real und in der Tiefe kaum geschieht). Im Zuge dieser Entwicklung warf man auch die These der Überlegenheit des Verstands über Bord, denn die Forschung der vergangenen zwei Jahrzehnte hat gezeigt, dass dieser Glaubenssatz falsch ist: Weder ist der Verstand dem Gefühl überlegen, noch scheint die Trennung zwischen beiden Bereichen überhaupt noch zielführend zu sein. Dank neuer Methoden konnte die Wissenschaft in den vergangenen rund 20 Jahren so viele Erkenntnisse über den menschlichen Geist sammeln, dass wir heute vollkommen neu über ihn denken. Und eines ist für diese emotionale Wende zentral: Der Mensch ist in erster Linie ein fühlendes Wesen.

Wenn Menschen ein Bild von einem fremden Gesicht sehen, können sie innerhalb von 150 Millisekunden beurteilen, ob das Gesicht sympathisch wirkt oder nicht. Im direkten Kontakt kommen weitere Faktoren wie Mimik, Stimmlage und Körpersprache hinzu. Menschen spüren, wenn jemand »komisch guckt«, wenn es länger andauernde Gesprächspausen gibt, wenn das Gegenüber nicht zurücklächelt. Das komplexe Zusammenspiel, das bei der Verarbeitung von Emotionen gefragt ist, hilft uns dabei, feinfühlig zu sein, soziale Interaktionen zu meistern und erfüllte Partnerschaften zu führen.

Und Gefühle helfen uns, komplizierte Probleme zu lösen. Wenn wir Entscheidungen treffen müssen, bei denen unser Gehirn große Wissensmengen abrufen und einschätzen muss, sind sie unabdingbar. Bis zu einem gewissen Grad treffen Gefühle sogar die Entscheidungen *für* uns – ein Phänomen, das eine etwas ausführlichere Betrachtung verdient:

EXKURS ZUR STRIPPENZIEHERFUNKTION
VON EMOTIONEN

Gefühle steuern uns, ohne dass wir es bewusst wahrnehmen würden. Sie sind die Strippenzieher und wir die Marionetten. Selbst wenn wir glauben, rational zu handeln, haben unsere Emotionen uns bereits zuvor in eine Richtung gelenkt.

Wenn wir rationale Gründe für eine Entscheidung aufzählen, argumentieren wir meist lediglich unserem Bauch hinterher.

Der Sozialpsychologe Jonathan Haidt stellt in seinem Buch The Righteous Mind *beispielsweise dafür folgende Szenarien vor:*

– *Ein Bruder und eine Schwester haben Geschlechtsverkehr miteinander. Sie nimmt die Pille, er zusätzlich ein Kondom. Sie haben beide Spaß daran und entscheiden trotzdem, es nie wieder zu tun. Sie wird nicht schwanger davon.*

– *Ein Mann geht in den Supermarkt und kauft ein Suppenhuhn. Bevor er es kocht, penetriert er es. Danach bereitet er es zu und isst es.*

Die meisten Menschen finden das Verhalten der Ak-

teure in den beiden Szenen höchst verwerflich. Wenn man sie fragt warum, nennen sie Gründe. Diese Gründe halten jedoch einer eingehenderen Befragung nicht stand, was am Ende übrig bleibt ist ein unbestimmtes »Bäh«. Was am Ende zurückbleibt, ist ein Gefühl. Ein Gefühl, das nicht weg zu argumentieren ist. Nehmen wir das zweite Beispiel: Dass das Huhn gegessen wird, stört uns nicht weiter. Der sexuelle Verkehr aber stößt uns ab, wir empfinden Ekel und Abscheu dem Mann gegenüber. »Die Würde des Tieres« schießt es uns durch den Kopf, aber das Tier ist tot, es fühlt nicht mehr und ist durch den Kauf das Eigentum des Mannes geworden. Dennoch kommen wir an unserem Ekelgefühl nicht vorbei. Es ist so stark, dass unser Verstand dagegen nicht ankommt.

Im ersten Beispiel ist es ähnlich: Zwei Personen schlafen miteinander, sie willigen beide ein und genießen es. Keine weitere Person ist von dem Akt betroffen, sie tun es im Geheimen, so dass niemand Anstoß nehmen kann. Es kommt nicht zu einer Schwangerschaft. Und dennoch halten wir dieses Verhalten für falsch, das sagen wir zumindest. In Wirklichkeit aber sagt uns unser Gefühl, dieses Verhalten sei falsch. Die Inzestschwelle in uns ist zu stark, selbst wenn sie eigentlich ausgeschaltet sein müsste, da es sich um ein einmaliges Ereignis handelt, bei dem die Verhütung doppelt sichergestellt ist. Die Gefahr einer Schwangerschaft, die der Inzestschwelle zugrunde liegt, besteht nicht, und trotzdem hält ein Jeder es für falsch.

Die Gefühle leiten uns, bestimmen unsere Haltungen und treffen unsere vermeintlich rationalen Entscheidungen. Umso wichtiger scheint es, zu verstehen, wie sie funktionieren!

1 Gefühle in Zeiten der Emoticons

Aus wissenschaftlicher Sicht verstehen wir nach und nach immer besser, wie Gefühle funktionieren und welchen Einfluss sie auf uns haben.

Aber der Mensch im Einzelnen dümpelt meist eher unbeholfen durch sein Gefühlsleben.

Vermeintlich einfache Dinge sind für viele Menschen ein Rätsel:

Warum muss man überlegen, ob man verliebt ist? Warum merkt man manchmal erst nach einer Trennung, was man an jemandem hatte? Warum weint man, wenn man wütend ist? Warum lässt man jemanden nicht an sich ran, obwohl man sich nach dessen Nähe sehnt? Der plausibelste evolutionäre Grund für die Existenz von Gefühlen ist: Gefühle ermöglichen automatisierte Reaktionsmuster. Sie helfen dabei, schnell zu reagieren, ohne abwägen zu müssen. Mein Haus brennt, ich bekomme Angst, ich laufe weg. Mein Kind stirbt, ich bin traurig, ich weine und bekomme Trost.

Selbst die primitivsten Organismen sind mit solchen Mechanismen ausgestattet, die ihr Überleben sichern und dafür sorgen, dass die Grundprobleme des Lebens automatisch gelöst werden (Homöostase). Hierzu gehören etwa die Regulierung des Stoffwechsels, Reflexe und das Immunsystem. Ein Tier beispielsweise merkt, wenn es Hunger hat, und reagiert mit Futtersuche und Nahrungsaufnahme darauf; es spürt eine hormonelle Veränderung und sucht nach einer Gelegenheit zur Paarung. Mit diesen und vielen weiteren Mechanismen sichert das Lebewesen seine Existenz; das Ziel dabei ist, den neutralen, ausgewogenen Zustand beizubehalten. Und so lässt sich der Begriff »Homöostase« aus dem Altgriechischen auch übersetzen: »Gleichstand« oder »Gleichgewicht«.

Je elaborierter und komplexer der Organismus ist, desto mehr ist er ausgestattet mit weiteren homöostatischen, selbstregulierenden Mechanismen. Emotionen, wie beispielsweise Ekel, Furcht, Trauer oder Scham, dienen ebenfalls dazu, die Lebensvorgänge zu regulieren, indem sie uns auf Gefahren aufmerksam machen oder uns dazu bringen, soziale Beziehungen zu knüpfen und zu pflegen.

Wenn Gefühle also die Schnellstraßen unseres Körpers sind, warum ist dann der vermutlich am häufigsten geäußerte Satz bei Trennungen: »Ich bin mir meiner Gefühle nicht sicher«? Natürlich gibt es Situationen, in denen einem die eigenen Gefühle vollkommen glasklar sind – das brennende Haus etwa, aber auch wenn einem beispielsweise gerade die Handtasche gestohlen worden ist. Dann muss man nicht grübeln, was man gerade fühlt. Aber begibt man sich in komplexere Gefilde, in denen die Gefühle nicht mehr einfach nur aus Angst, Wut, Trauer und Freude bestehen, wird es kompliziert. Jeder kennt die Situation, nicht sicher zu sein, was man gerade fühlt. Wenn also einerseits Gefühle wie Katalysatoren wirken und das »Bauchgefühl nicht trügt«, wie kann es sein, dass man nicht weiß, was man fühlt?

Meine Freundin Christiane hatte vor einiger Zeit ein Vorstellungsgespräch. Sie hatte sich große Mühe für das Abfassen der Bewerbungsunterlagen gegeben, denn das Stellenangebot entsprach genau ihren Vorstellungen. Nun war sie tatsächlich zum Gespräch eingeladen worden. Das Treffen verlief gut, das Gehalt stimmte, die Arbeitszeiten passten. Nach dem Termin rief ich sie an und fragte nach, wie es gelaufen sei. »Gut, alles gut eigentlich.« Dennoch war keine Spur Euphorie in ihrer

Stimme zu erkennen. Wann sie denn anfangen würde, fragte ich. »Ich weiß noch nicht, ob ich zusage.« Auf meine Nachfragen konnte sie nicht recht antworten. Sie müsse mal darüber schlafen. Am nächsten Tag rief sie bei der Firma an und lehnte das Angebot ab.

»Irgendwas hat nicht gestimmt. Ich habe mich irgendwie unwohl gefühlt. Dabei waren alle äußeren Faktoren vollkommen okay! Das Geld, die Aufgaben, ich hätte sogar an zwei Tagen die Woche Homeoffice machen können! Ich weiß auch nicht, ich war einfach froh, nach dem Gespräch da raus zu können«, sagte sie nachher zu mir. Ich konnte jedoch nicht herausfinden, was genau dazu geführt hat, dass Christiane den Job abgelehnt hat. Ihr Gefühl hat aber letztendlich den Ausschlag gegeben, obwohl auf rationaler Ebene alle wichtigen Punkte *für* die Stelle gesprochen haben.

Nun gibt es aber viele Menschen, die ihre eigenen Emotionen nicht so deutlich erkennen können, wie Christiane es kann. Auch wenn sie den Ursprung ihres Unwohlseins nicht kannte, hat sie das Gefühl deutlich empfunden, bewusst wahrnehmen können und es in ihren Entscheidungsprozess einbezogen. Dies ist jedoch nicht immer der Fall. Schließlich können an den unterschiedlichsten Stellen innerhalb der Emotionsverarbeitung Störungen auftreten, denn der Prozess – von der ersten, feinsten inneren Regung bis zum expliziten Ausdruck eines Gefühls – ist hochkomplex. Ein Blick auf das Handy veranschaulicht dies: Mit den richtigen Apps und Erweiterungen können wir auf unserem Handy mehr als 1000 Emojis verwenden. Dazu gehören auch Symbole und Abbildungen von Tieren oder Gegenständen – und es gibt allein mehrere Hundert Emojis für Gefühlszustände. Nachfolgend ist eine kleine Auswahl von vier Gesichtern und deren Interpretation abgebildet. Wir sehen: Selbst auf den ersten Blick simpel wirkende Emojis können verschiedene Bedeutungen haben. Sie zu deuten, gleicht einer Wissenschaft.

Leicht lächelndes Gesicht
Emoji ist mit sich und der Welt zufrieden und auch gleichzeitig ein bisschen glücklich. Hat ein leichtes Lächeln im Gesicht.

Lächelndes Gesicht
Smiley kneift die Augen zusammen. Die Augenbrauen heben sich beim leicht schelmischen und etwas schüchternen Grinsen mit nach oben.

Errötetes Gesicht
Gesicht zeigt die innere Anspannung, könnte auch vor Scham errötet sein. Augen sind weit aufgerissen. Ist verlegen oder in einer peinlichen bzw. überraschenden Situation.

Grinsendes Gesicht mit lächelnden Augen
Smiley zeigt die Zähne und grinst dabei, die Augen lächeln verlegen. Ist gerade sehr fröhlich oder ein bisschen peinlich berührt.

Das Bedürfnis von Nutzern nach Emojis steigt stetig an, die digitale Kommunikation gestaltet sich immer mehr über die kleinen Bildchen. Was steckt dahinter? Vermutlich das universell menschliche Bedürfnis nach Verbindung, und zwar nach emotionaler Verbindung. Ob Emoticons dafür das richtige Mittel sind, sollen Medienwissenschaftler und Medienpsychologen unter sich ausmachen, darum soll es hier nicht gehen. Vielmehr möchte ich zeigen, wie komplex Gefühle sind, wie sie funktionieren und wie wir lernen können, unsere Gefühle wirklich zu fühlen.

Wenn wir verstehen, was in uns vonstattengeht, wenn wir etwas fühlen, können wir besser damit umgehen und gewappnet mit unserem Wissen und unserem Verstand Gefühle bearbeiten. Denn nicht alle Gefühle tun uns gut! Um schädliche Gefühle loszuwerden, müssen wir aber erst verstehen, woher diese kommen, sie zulassen und schließlich umformen.

Der erste Schritt aber in diesem Prozess besteht darin, empfindsam zu werden für das, was in uns vorgeht.

Für manche Menschen jedoch ist dies besonders schwierig: Zehn Prozent unserer Bevölkerung sind gefühlsblind; jeder zehnte Deutsche kann mit Gefühlen nichts anfangen. Den statistischen Zahlen nach kennen Sie selbst also mit Sicherheit eine Person in Ihrem Umfeld, die ihre eigenen Gefühle und die Gefühle anderer Menschen nicht lesen und verstehen kann. Dieses Persönlichkeitsmerkmal, mit dem ich mich seit mehr als zehn Jahren beschäftige, nennt sich Alexithymie oder auch Gefühlsblindheit. Das Phänomen Gefühlsblindheit soll in diesem Buch als extremes Beispiel für emotionale Probleme dienen. An späterer Stelle werde ich anhand der Gefühlsblindheit veranschaulichen, welche Schwierigkeiten im Umgang mit Gefühlen auftreten können. Wenn wir dieses Extrem verstanden haben, fällt es uns leicht, auch mildere Formen von emotionalen Problemen zu begreifen. Denn auch wenn Sie vielleicht nicht zu den zehn Prozent gefühlsblinder Menschen gehören – so ganz genau zu wissen, was man warum gerade fühlt – das ist eine Kunst für sich.

Alexander, den ich im Rahmen meiner Forschung kennengelernt habe, ist gefühlsblind. Er hat einen Job und ist verheiratet, aber er hat wenig soziale Kontakte außerhalb seiner Familie. Freunde und Kollegen gibt es zwar, aber sie spielen in seinem Leben keine große Rolle. Alexander verabredet sich nicht privat – vielleicht sagt er hin und wieder zu, wenn er eingeladen wird, aber er würde von sich aus nie ein Treffen vorschlagen. Am liebsten hat er einfach seine Ruhe und sitzt am Computer. Dort liest er Testberichte über Fahrradgangschaltungen oder neue Softwares. Ständig bekommt er von seiner Frau zu hören, er solle sich doch mehr öffnen, mehr über das sprechen, was ihn beschäftige. Aber eigentlich beschäftigt ihn einfach nicht viel.

Er erledigt seine Arbeit gut und zuverlässig, ist pünktlich und gewissenhaft. Aber wenn seine Frau beim Abendessen still und betrübt ist, bemerkt er es nicht. Er fragt nicht nach. Er nimmt sie nicht in den Arm, sondern isst, räumt ab, setzt sich vor den Fernseher. Seine Frau sagt ihm häufig, er solle doch mal romantisch sein, ihr Blumen mitbringen oder Pralinen. Wenn er dann am nächsten Tag mit Pralinen nach Hause kommt und seine Frau immer noch nicht zufrieden ist, versteht Alexander die Welt nicht mehr. Wenn sie sagt, sie sei deprimiert oder niedergeschlagen, gibt Alexander Tipps oder (in seinen Augen) konstruktive Kritik, merkt aber nicht, dass seine Frau das nicht als Hilfe empfindet, sondern als Angriff auf sich selbst.

Alexanders Schwierigkeiten im Umgang mit Gefühlen sind ein Problem. Vermutlich würde es ihm und seiner Frau bereits helfen zu wissen, mit seiner Art nicht alleine zu sein, sondern dass es einen Namen dafür gibt und, vor allem: Hilfe. Denn Fühlen kann man lernen.

Während manche Menschen keinen Zugang zu ihren eigenen Gefühlen haben, sie also gar nicht erst wirklich empfinden und nicht wahrnehmen, wie emotional abgestumpft sie sind, gibt es andere, die von ihren Gefühlen geradezu überrollt werden und daher Beziehungen nicht aufrecht halten können oder Probleme im Beruf haben. Oder aber die Angst vor den intensiven Gefühlen ist so groß, dass sie sie unterdrücken.

Diese Angst ist sehr verbreitet – Gefühle könnten, lässt man sie erst einmal zu, so massiv und unkontrollierbar werden, dass sie nicht mehr aufhören. So wie die an Magersucht Leidende, die glaubt, wenn sie ein paar Kilo zunimmt, ungesteuert dick zu werden, so wie der Depressive, der denkt, wenn er einmal Tränen zulässt, nie mehr mit dem Weinen aufhören zu können. Aber die gute Nachricht ist: Gefühle sind vergänglich! Das gehört zu ihrem Wesen. Wie eine Welle kommen sie auf, haben einen Höhepunkt und ebben wieder ab. Jedoch nur, wenn wir nicht versuchen, sie zu unterdrücken. Wenn wir uns trauen, sie zuzulassen, können wir sie bearbeiten und sogar nutzen. Denn Gefühle haben immer eine Ursache, sie wollen uns immer etwas mitteilen. So wie wir beispielsweise eine Wehe (Entschuldigung, liebe männliche Leser, hier bitte ein bisschen Einfühlungsvermögen) am besten nutzen können, wenn wir sie annehmen, so müssen wir auch unseren Gefühlen Raum geben – erst dann können wir sie verstehen, bearbeiten und verändern.

Um Gefühlsblindheit und mildere Formen emotionaler Probleme verstehen zu können, müssen erst ein paar theoretische Grundlagen gelegt und Begriffe geklärt werden. Im Anschluss daran werde ich erneut auf Alexander zu sprechen kommen und Ihnen seine Geschichte erzählen.

In diesem Buch soll es in besonderer Weise darum gehen, wie der erschwerte Umgang mit Emotionen aussehen kann, worin er begründet liegt und wie man ihm begegnen kann (als Betroffener sowie als Angehöriger). Denn jeder von uns steckte schon einmal in der Situation, nicht genau zu wissen, was er selbst fühlt oder was im Gegenüber vor sich geht. Die Komplexität emotionaler Prozesse macht es nahezu unmöglich, Gefühle wie an einem Fieberthermometer ablesen zu können. Einige Menschen haben jedoch größere Schwierigkeiten mit Emotionen als andere – sei es aufgrund genetischer Bedingungen oder aufgrund von Umweltfaktoren wie Bindung, Erziehung oder frühkindlicher Erfahrungen.

Am Ende wird Ihnen dieses Buch dabei helfen, sich selbst in Bezug auf die eigenen emotionalen Vorgänge besser zu begreifen. Zudem soll es dazu beitragen, das Verhalten Ihrer Mitmenschen, die eben vielleicht emotional anders aufgestellt sind als Sie, besser nachvollziehen zu können. Je mehr wir unsere eigenen Gefühle wahrnehmen, annehmen und verstehen, desto leichter fällt es uns, uns in andere hineinzuversetzen und einen Kontakt mit ihnen aufzubauen – desto zufriedener und ausgeglichener können wir sein. Und wenn wir dann auch noch in der Lage sind, unseren Kindern einen gesunden Umgang mit Gefühlen beizubringen, dann können wir dazu beisteuern, dass die nächste Generation vielleicht ein bisschen weniger einsam ist.

2 Im Dschungel
der Gefühle

Was passiert in mir, wenn ich fühle?
Definitionen

Wozu ein Sachbuch über Gefühle? »Gefühle sind doch das Natürlichste der Welt«, mögen Sie vielleicht denken. Oder sogar: »Ein Nachdenken über und Analysieren von Gefühlen ist schädlich und macht unauthentisch.«

Wenn Sie diese Bedenken haben, dann sei Ihnen gesagt, dass Sie damit nicht allein sind. Gerade in esoterischen oder religiösen Kreisen werden Gefühle oft als etwas angesehen, über das man nicht nachdenken solle, weil man ihnen damit ihre Natürlichkeit raube.

Ich hingegen bin überzeugt, dass wir Gefühle behandeln können und sollten (wenn nötig!) wie ein seltenes Insekt, das wir unter dem Mikroskop beobachten. Wenn wir unsere Gefühle mit unserem Verstand angehen, verlieren wir dadurch keineswegs an Authentizität oder Natürlichkeit, im Gegenteil: Je mehr Wissen wir über Gefühle gewinnen, desto »echter« können wir sein!

Wie wenig wir über Emotionen wissen, wird schnell

deutlich, wenn wir selbst versuchen zu beschreiben, was ein Gefühl ist. Dann kommen womöglich Antworten wie »das Gegenteil von Vernunft«, »etwas sehr Subjektives«, oder wir fangen an, einzelne Gefühle wie »Freude« oder »Trauer« aufzuzählen.

Auch wenn wir uns auf ein konkretes Gefühl beschränken, nehmen wir beispielsweise »Angst«, wird es nicht leichter.

Was ist Angst? Vielleicht kommt dann eine Antwort wie: »Angst ist, wenn man sich fürchtet.« Damit hätten wir nur einen Emotionsbegriff mit einem anderen ersetzt. Vielleicht kommt aber auch: »Angst ist, wenn der Atem schneller wird.« Diese Antwort bezieht sich auf die körperliche Komponente von Emotionen. Und diese körperliche Komponente ist der Ursprung von Emotionen, denn jede Emotion beginnt mit einer rein körperlichen Regung (dazu später mehr). Vielleicht lautet die Antwort aber auch: »Angst ist das Gefühl, wenn man allein im Dunkeln läuft und ein unbekanntes Geräusch wahrnimmt.« Hiermit hätten wir ein typisches Ereignis genannt, das eine bestimmte Emotion auslöst, und befinden uns damit im kognitiven, also geistig bewussten Bereich des emotionalen Erlebens. Denn beide Bereiche – der körperliche sowie der kognitive – sind beim Empfinden eines Gefühls beteiligt. Wenn wir also beispielsweise eine dunkle Nebenstraße entlanglaufen, ein merkwürdiges Geräusch hören und unser Atem schneller wird, dann *wissen* wir (nach Sekundenbruchteilen), dass wir Angst haben. Nun setzen Gedanken ein, die diese Angst entweder verstärken (»Werde ich verfolgt?«) oder abmildern (»Es war sicher nur eine Maus im Gebüsch.«).

Aber was macht Angst zu einem Gefühl? Was genau ist

ein Gefühl? Wenn ich mein Lieblingsessen genieße – ist das ein Gefühl? Wenn ich mich in einer Vorlesung langweile – ist das ein Gefühl?

Es wimmelt auf dem Gebiet der Emotionsforschung von verschiedenen Begriffen, deren Abgrenzung nicht immer einfach ist: Emotion, Gefühl, Affekt, Stimmung, Empfindung. Ist das alles mehr oder weniger gehüpft wie gesprungen oder macht es einen Unterschied, welchen Begriff ich verwende?[1] Im alltäglichen Sprachgebrauch gibt es keine Unterscheidung zwischen den beiden Begriffen »Emotion« und »Gefühl« – Emotionsforscher hingegen sehen hier sehr wohl einen Unterschied: Häufig meint »Gefühl« die subjektive und bewusste Erlebnisweise von dem, was sich körperlich und im Verhalten zeigt und im engeren Sinne als »Emotion« bezeichnet wird.

Der Begriff »Emotion« stammt vom lateinischen Wort »movere« ab, das »bewegen« bedeutet. Zusammen mit dem Präfix »e«, also »emovere«, lässt es sich mit »hinwegbewegen« übersetzen. Eine Hinwegbewegung? Das klingt ziemlich weit hergeholt, bezieht sich jedoch auf das Handlungselement, das jeder Emotion bzw. jedem Gefühl (später mehr zu der Unterscheidung zwischen diesen beiden Begriffen) innewohnt. Emotionen führen zu Handlungen, Emotionen lösen Reaktionen aus – sie sind ein Beweggrund.

Das ist mit am deutlichsten bei den frühesten Vorläufern unserer heutigen Emotionen zu erkennen: Einzeller verfügen über Anziehungs- bzw. Vermeidungsreaktionen: Sie *bewegen* sich auf etwas zu oder von etwas weg. Biologen nennen das »gerichtete Wanderungen« von Zellen. Als Reaktion auf einen Reiz wandern Zellen entweder auf den Reiz zu oder aber von ihm weg. Bakterien beispielsweise können durch Chemorezeptoren erspüren, ob eine Substanz, die in ihrer Nähe ist, für sie positiv oder negativ ist. Positiv wäre zum Beispiel ein Nährstoff; negativ wäre etwa ein Giftstoff. Die Zelle bewegt sich dementsprechend entweder auf den Stoff zu oder weiter von ihm weg. Solche gerichteten Wanderungen sind auch zu beobachten, wenn Bakterien gezielt Licht aufsuchen, weil sie photosynthetisch aktiv sind, oder trockenen Gebieten ausweichen, weil sie Feuchtigkeit brauchen.

Aus diesen sehr minimalistischen »Emotionen« hat sich schließlich das komplexe Gefühlsleben von uns Menschen entwickelt.

Häufig jedoch ist zumindest bei uns Erwachsenen nur noch wenig davon zu erkennen – bei Kindern sieht das hingegen noch anders aus: Wut ist bei ihnen nicht nur ein Grummeln im Bauch, sondern wird auch äußerlich begleitet, indem das Kind mit dem Fuß auf den Boden stampft oder sein Spielzeug durch das Zimmer wirft. Freude ist bei ihnen nicht nur ein wohliges Kribbeln, sondern auch ein In-die-Luft-Hüpfen und ein In-die-Hände-Klatschen. Und vor allem: Wenn ein (kleines) Kind etwas nicht will, dann macht es das nicht. Nun ist zwar klar, dass man im Laufe des Heranwachsens von diesem Extrem Abstand nehmen, Kompromisse eingehen und sich zusammenreißen muss, aber ist es wirklich sinnvoll, wenn ein erwachsener Mensch sich irgendwann in einem Leben wiederfindet, in dem er die meiste Zeit Dinge tut, die er nicht will? Oder dass er überhaupt nicht mehr spürt, was er wirklich will? Was ist in der Zwischenzeit geschehen? Wie ist das Kind, das sich vor Wut auf dem Boden wälzt, zu dem Erwachsenen geworden, der die meiste Zeit des Tages in einem Büro absitzt, was ihm Kopfschmerzen bereitet? Wie ist das Baby, das einen ganz bestimmten Menschen verlangt, um neben ihm einschlafen zu können, zu dem Erwachsenen geworden, der über Jahre eine Beziehung aufrechterhält, die er als so la la bezeichnet?

Sowohl die Ausdrucksweise von Gefühlen verändert sich im Laufe des Erwachsenwerdens als auch die Qualität der inneren Empfindungen. Auf der Ausdrucksebene geht es vor allem darum, Wege zu finden, seine Gefühle auszudrücken, die sozial akzeptiert sind. Während also Kinder einander die Schaufel an den Kopf schleudern, wenn sie wütend aufeinander sind, haben wir Erwachsenen gelernt, unsere Wut in mehr oder weniger regulierten Weisen zum Ausdruck zu bringen. Dennoch kennen wir alle Momente, in denen dies extrem schwierig ist – wir geraten außer Kontrolle, werden laut, werfen vielleicht sogar mit Gegenständen.

Hinsichtlich der inneren Prozesse sind die Gefühle von Kindern im Vergleich zu denen von Erwachsenen viel einfacher – ein komplexes Gefühl wie beispielsweise Existenzangst kennt ein kleines Kind noch nicht. Und dennoch haben unsere Gefühle alle ihren Ursprung in den sogenannten Basisemotionen, die bereits Kinder empfinden.

Emotionen und Gefühle unterliegen aber einem Wandel. So verändert sich also im Laufe des Heranwachsens nicht nur, was wir fühlen, sondern auch die Art, wie wir unsere Gefühle ausdrücken. Mein Jüngster beispielsweise hat vor kurzem erst das Gefühl von Angst kennengelernt: Während ich bis vor einigen Monaten getrost den Raum verlassen konnte und er selig weitergespielt hat, scheinbar ohne zu merken, dass ich weggegangen war, schreit er jetzt, sobald ich außer Sichtweite gerate. Was fühlt er wohl in dem Moment, in dem ich aus der Tür verschwinde? Eine ganz basale Form von Angst. Eine Angst, die mit dem Gefühl von Alleinsein und Verlassenwerden zusammenhängt.

Der Neurowissenschaftlicher Antonio Damasio unterscheidet folgendermaßen zwischen Emotion und Gefühl: Gefühle sind Wahrnehmungen von Emotionen, also Wahrnehmungen von Körperzustandsveränderungen. Mir wird warm, mein Herzschlag beschleunigt sich, meine Stimme wird laut (= Emotion) – ich spüre, dass ich wütend bin (= Gefühl). Gefühle sind also das Endprodukt, die Emotionen die körperlichen Vorläufer.

Der erste, zeitlich gesehen früher erfolgende Teil, die Emotion, zeigt sich in Gesichtsausdruck, Stimme, Verhaltensweisen oder lässt sich durch elektrophysiologische oder hormonelle Messungen ermitteln. Emotionen sind also sicht- oder zumindest messbar. Die sich daraus entwickelnden Gefühle jedoch (zweiter Teil) sind mentale Ereignisse und können nur von dem einzelnen Subjekt wahrgenommen und von außen nicht erkannt werden. In Wirklichkeit sind diese beiden Teile so eng miteinander verknüpft, dass man sie häufig als ein und dasselbe Phänomen betrachtet, aber wenn man wirklich verstehen will, warum wir fühlen, was wir fühlen, hilft diese Differenzierung enorm weiter.

Neben der Unterscheidung zwischen Emotion und Gefühl gehören aber noch weitere Aspekte zu dem gesamten emotionalen Prozess. Unsere Gefühle versickern schließlich selten einfach so im Nichts, sondern führen oft zu Handlungen.

Ich bin eifersüchtig – ich greife zum Handy meines Partners und lese die neuesten WhatsApp-Nachrichten;

ich bin wütend, weil mein Kind einen Teller Nudeln auf den Boden kippt – ich rufe laut: »Nein!« Diese weiteren Aspekte, die ganz eng mit Gefühlen verknüpft sind, sind die »kommunikative Komponente« (das Heben der Stimme bei Wut) und die »motivationale Komponente« (das Lesen fremder Nachrichten bei Eifersucht).

Der gesamte emotionale Prozess – vom auslösenden Reiz bis hin zu einer emotional motivierten Handlung – lässt sich so in vier unterschiedliche Komponenten unterteilen:

1. physiologische Komponente
   (körperliche Veränderung) = Emotion
2. kognitive & subjektive Komponente
   (Wahrnehmung und Deutung) = Gefühl
3. kommunikative Komponente
   (Mimik, Gestik, Stimmlage) = Ausdruck
4. motivationale Komponente
   (Verhalten) = Handlung

Nehmen wir erneut das Beispiel mit der Eifersucht: Stellen Sie sich vor, Sie beobachten, dass Ihr Partner/Ihre Partnerin offenbar eine andere Person attraktiv findet und mit ihr spricht. Je nachdem, ob Sie ein eifersüchtiger Mensch sind oder nicht, angenommen Sie sind es, spüren Sie eventuell ein beklemmendes Ziehen in der Magengegend (physiologische Komponente – nicht spürbar, aber messbar, was auch für eine gesteigerte Hautleitfähigkeit ebenso wie für eine mögliche beschleunigte Atmung und einen schnelleren Puls zutrifft). Sie nehmen die körperlichen Signale wahr und ordnen ihnen die Ursache (das Verhalten Ihres Partners/Ihrer Partnerin) zu (kognitive Komponente). Sie sind (bewusst) eifersüchtig (subjektive

Komponente). Womöglich versuchen Sie nun, die Unterhaltung zu unterbrechen (kommunikative Komponente), und wenn die Eifersucht Sie auch im Nachhinein nicht loslässt, werfen Sie eventuell einen heimlichen Blick in das Handy Ihres Partners (motivationale Komponente).

Das klingt doch eigentlich ganz einfach – die kognitive Komponente, also die bewusste Wahrnehmung und Deutung der körperlichen Signale und der emotionsauslösenden Reize, ist jedoch komplex, und es gelingt uns nicht immer, die Signale a) überhaupt wahrzunehmen und b) sie korrekt zu deuten.

Der Psychologe und Emotionsforscher Klaus Scherer sieht die kognitive Komponente als die wichtigste an. Scherer ist Vertreter der »appraisal«-Theorie (deutsch: Einschätzungstheorie) der Emotionen. Die »appraisal«-Theorie besagt, dass Emotionen einem adaptiven Prozess unterliegen, bei dem bestimmte, für den Menschen relevante Aspekte der Umgebung kognitiv eingeschätzt werden.[2] Der Fokus dieser gesamten Theorie liegt also auf dieser einen Komponente: der Deutung, Einschätzung und Beurteilung von externen (aus der Umwelt) und internen (körperlichen) Reizen. Und die Deutung, Einschätzung und Beurteilung von Reizen liegen in unserer Hand! Diese Theorie verlegt also viel Macht in uns selbst, denn *wie* wir einen (körperlichen oder äußerlichen) Reiz bewerten, können wir – bis zu einem gewissen Maße – selbst beeinflussen.

Im Gegensatz zu den externen Reizen sind die internen Reize, die aus unserem Körper kommen, nicht starr, sondern verändern sich im Verlauf des emotionalen Prozesses, was die Deutung noch einmal erschwert. Deshalb nennt Damasio Gefühle »*interaktive* Wahrnehmungen«.

　　　　　　　　2 Im Dschungel der Gefühle

Gefühle sind also Wahrnehmungen von inneren Signalen unseres Körpers. Interaktiv sind diese Wahrnehmungen insofern, als dass wir bei diesem Wahrnehmen nicht passiv sind, sondern aktiv. Die Art und Weise, wie wir die inneren Signale wahrnehmen, hat einen Einfluss auf die inneren Signale selbst – es findet also Interaktivität statt, worauf sich Damasio auch mit dem Begriff »interaktive Wahrnehmungen« bezieht.

Stellen wir einmal den Wahrnehmungen von inneren emotionalen Signalen beispielsweise die visuelle Wahrnehmung gegenüber: Während etwa eine visuelle Wahrnehmung einem konkreten *äußeren* Objekt entspricht, nämlich dem, was wir gerade sehen, ist das Objekt eines Gefühls, also das körperliche Signal, *innerhalb* des Körpers angesiedelt. So kann es passieren, dass das ursächliche Objekt und die Abbildung des Objekts im Gehirn, also das, was wir glauben zu fühlen, einander mittels einer Art Rückkopplungsprozess beeinflussen. Wir können folglich auf unsere Gefühle einwirken, während wir sie wahrnehmen. Kurze Zeit nach dem Einsetzen eines Gefühls beginnt der Rückkopplungsprozess zwischen Körper und Geist. Die bewusste Wahrnehmung von dem, was im Körper vorgeht, verändert sich und gleichzeitig verändern sich auch die körperlichen Signale. Gefühle sind also fluid, variabel, und das Erkennen der eigenen Emotionen bedarf der Übung und guter Vorbilder (mehr dazu weiter unten, wenn es um den Begriff der »emotionalen Kompetenz« bzw. »emotionalen Intelligenz« geht).

Die Interaktivität zeigt also deutlich, dass wir unseren Gefühlen nicht einfach ausgeliefert sind, vielmehr können wir durch bewusstes Steuern Einfluss darauf nehmen. Wenn uns aber in der Kindheit niemand beigebracht hat, *wie* wir Einfluss nehmen können, dann wird es schwierig. Eine fehlende emotionale Begleitung in der Kindheit kann eben nicht nur dazu führen, sich von seinen eigenen Gefühlen zu entfremden, sie schlecht wahrnehmen und/oder ausdrücken zu können, sondern eben auch dazu, dass sich Gefühle unkontrolliert Bahn brechen, was vor allem im Fall von negativen Gefühlen zerstörerisch sein kann.

Ein Beispiel für das Wahrnehmen von negativen Gefühlen, die Sie maßgeblich beeinflussen: Stellen Sie sich vor, Sie sitzen im Büro Ihres Chefs, der das Ergebnis eines Projekts prüft, an dem Sie seit Monaten federführend gearbeitet haben. Er kritisiert Ihre Arbeit der vergangenen sechs Monate auf eine sehr unsensible Weise. Sie werden wütend, traurig, am liebsten würden Sie ihm den Stapel Papier an den Kopf werfen und aus dem Bürozimmer rennen. Das tun aber nur die wenigsten. Stattdessen geht die Emotionsregulation los. Sie spüren die Wut und den Frust im Bauch, aber gleichzeitig entstehen Gedanken wie »Na gut, ich war am Ende auch etwas schludrig«, »Morgen werde ich es schon nicht mehr so schlimm finden« oder »Wenn ich jetzt laut werde, bekomme ich vielleicht nicht die ersehnte Beförderung«. Nach einer Weile wird das Gefühl im Bauch schon etwas milder, der Herzschlag beruhigt sich, Sie atmen durch. Und idealerweise können Sie Ihrer Enttäuschung Ausdruck verleihen, ohne dass Sie selbst oder Ihr Gegenüber das Gesicht verlieren.

Emotionsregulation ist ein komplexer und schwieriger Prozess, auf den ich an späterer Stelle ausführlich eingehen werde. Hier sei nur vorweggenommen: Emotionsregulation ist nicht per se gut oder schlecht – es gibt Formen von Emotionsregulation, die nicht förderlich sind. Wenn wir beispielsweise auf der einen Seite auf lange Zeit hinweg negative Gefühle in der Art »regulieren«, dass sie nicht zum Ausdruck kommen, dann spricht man gemeinhin von Verdrängung, und dies kann unter Umständen zu massiven psychischen Problemen führen. Auf der anderen Seite ist Emotionsregulierung natürlich notwendig im sozialen Miteinander, denn sonst würden wir unserem Chef manchmal eine Schaufel an den Kopf schmeißen.

Was aber, wenn Emotionsregulation auf eine Weise passiert, die schädlich für uns ist? Manchmal ist die Interaktion zwischen Körper und Geist, die für die Emotionsverarbeitung nötig ist, blockiert oder gestört. Wir erkennen unsere eigenen Gefühle nicht, wissen nicht, was wir fühlen, und missdeuten unsere emotionalen Signale.

Ein Beispiel: Ich stehe morgens früh in der Küche und habe eine unruhige Nacht hinter mir. In der Spüle stapelt sich das schmutzige Geschirr. Am Vorabend hatte ich meinen Mann gebeten, es zu spülen. Ich habe schlechte Laune. Ist das nun der Schlafmangel oder bin ich verärgert darüber, dass das Geschirr nicht abgewaschen worden ist? Meine Emotionsverarbeitung stockt an irgendeiner Stelle. Häufig fällt uns vor allem das Zulassen negativer Gefühle schwer, speziell wenn sie Konflikte bergen, wie etwa Wut (auf jemand anderen).

Angenommen, ich habe generell Schwierigkeiten, Wut auszudrücken oder Forderungen an andere Menschen zu stellen, weil ich es als Kind nicht gelernt habe, dann kann einem schon mal die Erklärung des Schlafmangels ins Bewusstsein schießen. Ich beeinflusse also mein Wutgefühl im Bauch derart, dass es schwächer wird, und erkläre mir meine schlechte Laune mit dem Schlafmangel (an späterer Stelle werden wir noch erfahren, welcher Mechanismus hier genau dafür verantwortlich ist, das eine Gefühl anstelle eines anderen zu empfinden). Diese Erklärung birgt keinen Konflikt, ich könnte mich einfach hinlegen und noch eine Runde schlafen. Je nachdem, wie stark die Emotionsverarbeitung blockiert ist, nehme ich aber eventuell doch wahr, dass sich das nicht ganz richtig anfühlt. Und auf lange Sicht schadet mir dieses Verhalten.

Eine solche Scheu vor negativen, konfliktträchtigen Emotionen kann die Ursache dafür sein, sich seiner Gefühle nicht sicher zu sein. Deshalb ist es gerade hinsichtlich der negativen Gefühle enorm wichtig, Kindern einen Umgang damit beizubringen. Hier lautet der erste Schritt: Negative Gefühle sind erlaubt und werden gehört. Nun denken Sie an Ihre eigene Kindheit zurück oder schauen Sie sich um, wie Erwachsene sich verhalten, wenn ihre Kinder wütend sind. Ich wette, Sie finden Beispiele, in denen die Erwachsenen (oder Ihre eigenen Eltern) schimpfen, wenn das Kind sauer wird, es anhalten, mit dem Schreien aufzuhören, es aus dem Zimmer schicken oder sogar handgreiflich werden. Das Kind ist – aus welchem Grund auch immer – wütend und bekommt signalisiert, das sei nicht okay. Und wenn es schon wütend sein muss, dann doch bitte allein in seinem Zimmer. Wie soll ein kleines Kind so lernen, mit seiner Wut umzugehen? Seine Gefühle werden als falsch hingestellt, und die Drohung des Kontaktabbruchs steht sofort im Raum, denn das Wegschicken ins andere Zimmer ist ein Symbol des Beziehungsabbruchs. Zugespitzt lernt das Kind also: Wenn ich wütend bin, schicken Mama und Papa mich weg. Wenn ich wütend bin, werde ich nicht mehr geliebt.

Man muss nicht Psychologie studiert haben, um sich ausmalen zu können, welches Verhalten das in uns als Erwachsene hervorbringt.

Wenn man als kleines Kind gelernt hat, man dürfe negative Gefühle ausdrücken, wie man dies tut, und vor allem, dass die Umwelt darauf reagiert, kann man als Erwachsener auch besser mit negativen Gefühlen umgehen und sie zum Ausdruck bringen, indem man etwa, bezogen auf oben genanntes Beispiel, erhobenen Hauptes zum Partner geht und ihm den Stapel schmutziger Teller vor die Füße stellt, ohne mit der Wimper zu zucken.

Der Regenbogen der Gefühle – Basisemotionen und komplexe Emotionen

Welche Empfindungen zählen aber überhaupt zu den Gefühlen? Unser Körper sendet uns schließlich ständig Signale, dennoch gelten Kopfschmerzen oder Hunger üblicherweise nicht als Gefühle.

Basisemotionen/primäre Emotionen

In der Emotionsforschung spricht man von Basisemotionen bzw. primären Emotionen im Gegensatz zu komplexen Emotionen. Basisemotionen sind gewissermaßen die Grundfarben der Gefühle – Gefühle, auf deren Mischformen alle existierenden Gefühle zurückführbar sind.

Im 19. Jahrhundert begann der Naturforscher Charles Darwin damit, Gefühle als eine Art Wissenschaft zu behandeln und systematisch zu beobachten. Dabei kam er auf die sogenannten fundamentalen »big six«, die sechs Grundaffekte:

1. Bewunderung
2. Liebe
3. Hass
4. sinnliche Begierde
5. Freude
6. Traurigkeit

Wie wir sehen werden, überschneiden sich diese sechs Gefühle zu einem großen Teil mit den heutzutage als Basisemotionen bezeichneten Gefühlen.

Die Arbeiten von Darwin dienten dem Psychologen und Anthropologen Paul Ekman als Grundlage. Ekman wollte herausfinden, welche Gefühle universell sind – das heißt, sie sind in allen menschlichen Kulturen gleichermaßen anzutreffen, und alle Menschen geben sie auf dieselbe Weise mimisch wieder. Inzwischen ist man sich sicher, dass der Mensch über ein gewisses Set an Basisemotionen verfügt – in dem Punkt aber, wie viele es genau sind, sind sich Forscher nicht immer einig. Verbreitet ist aber der Ansatz von Ekman, der von sechs Basisemotionen ausgeht:

1. *Freude* (hierzu gehören auch Glück, Vergnügen, Behagen, Zufriedenheit, Seligkeit, Entzücken, Erheiterung, Fröhlichkeit, Stolz, Erregung, Verzückung, Befriedigung, Euphorie, Ekstase, Manie)
2. *Traurigkeit* (hierzu zählen auch Leid, Kummer, Freudlosigkeit, Trübsal, Melancholie, Selbstmitleid, Einsamkeit, Niedergeschlagenheit, Verzweiflung)
3. *Überraschung* (darunter fallen auch Erstaunen, Verblüffung, Verwunderung)
4. *Wut* (hierzu gehören auch Zorn, Empörung, Groll, Auf-

gebrachtheit, Entrüstung, Verärgerung, Erbitterung, Verletztheit, Verdrossenheit, Reizbarkeit, Feindseligkeit, Hass)

5. *Ekel* (hierzu zählen auch Verachtung, Geringschätzung, Verschmähen, Widerwille, Abneigung, Aversion, Überdruss)

6. *Angst* (darunter fallen auch Furcht, Nervosität, Besorgnis, Bestürzung, Zaghaftigkeit, Bedenklichkeit, Grauen, Entsetzen, Schrecken, Phobie, Panik)

Menschen zeigen Basisemotionen weltweit mit typischen Gesichtsausdrücken:

– Wenn wir Freude empfinden, dann ziehen wir die Mundwinkel nach oben und spannen die Muskeln um unsere Augenringe an, was den Eindruck der »strahlenden Augen« weckt.

– Bei Traurigkeit senken sich die Mundwinkel und die Innenseiten der Augenbrauen sind leicht angehoben.

– Sind wir überrascht, öffnen wir unsere Augen und unseren Mund weit und ziehen die Augenbrauen hoch.

– Bei Wut sind die Augenbrauen gesenkt und die Lippen zusammengepresst.

– Wenn wir Ekel empfinden, kräuselt sich unsere Nase und wir ziehen Wangen und Oberlippe nach oben.

– Angst drückt sich durch weit aufgerissene Augen, hochgezogene Augenbrauen und meist geöffneten Mund mimisch aus.

Zwar gelten diese Gesichtsausdrücke als universell – also dem Menschen von Geburt an auf der ganzen Welt mitgegeben – aber dennoch gibt es kulturelle Unterschiede.

Nehmen wir das Gefühl Angst. Kulturelle und soziale Bedingungen beeinflussen, inwieweit wir Angst zeigen: Japaner beispielsweise drücken Emotionen ganz anders in der Öffentlichkeit aus als etwa US-Amerikaner. Denn der Emotionsausdruck hängt zu einem großen Teil davon ab, ob die Kultur eher kollektivistisch oder eher individualistisch geprägt ist. In Ländern wie Europa oder den USA, die stark individualistisch ausgerichtet sind, verstärken Eltern in der Erziehung bereits den Ausdruck von Emotionen positiv, das heißt, sie ermutigen ihre Kinder dazu, Gefühle zu zeigen. Im Vergleich zu kollektivistisch geprägten Ländern wird also hierzulande schon Wert darauf gelegt, das Baby zum Ausdruck von Gefühlen einzuladen – allerdings handelt es sich meist um positive Gefühle; negative Gefühle gelten als störend.

In Ländern wie Japan hingegen, das eher kollektivistisch geprägt ist, ist die Ausdrucksvermeidung von Emotionen ein Ziel der Erziehung. Jemand, der seine Gefühle unter Kontrolle hat und wenig davon zeigt, erscheint als kompetent und respekteinflößend.[3] Es gelten gewissermaßen unterschiedliche »Vorzeigeregeln«, also gesellschaftliche Regeln dazu, welche Gefühle man wann zeigen darf.

Es gibt verschiedene Grundformen von Vorzeigeregeln:

– Das Vorzeigen von Emotionen wird *zurückgenommen*: In Japan etwa führt die Anwesenheit einer Autorität beispielsweise dazu, dass Gefühle von Leid verdeckt werden;
– Das Vorzeigen von Emotionen erscheint *übertrieben*: Dieser Trick ist beispielsweise bei Kindern zu beobachten, die ihr Gesicht auf übertriebene Art verzerren, um Schmerz auszudrücken und Trost zu erhalten;

– Das Vorzeigen einer Emotion wird durch das Vorzeigen einer anderen Emotion *ersetzt*: In China beispielsweise gilt es als unhöflich, Nein zu sagen, weshalb man stattdessen positive, aber sehr vage Zusicherungen gibt.

Hinzu kommen Regeln bezüglich des sozialen Settings, der sozialen Umwelt: Wir zeigen unsere Angst beispielsweise anders, wenn wir unter Vertrauten sind, als wenn wir uns unter Fremden befinden.

Wie ist Ekman auf den Gedanken gekommen, es gäbe so etwas wie primäre Emotionen?

Paul Ekman reiste in den 1960er Jahren zu dem Volk der Fore nach Papua-Neuguinea, um herauszufinden, ob der Ausdruck von Gefühlen etwas Erlerntes ist oder ob es eine Art angeborene Basisausstattung an Gefühlen gibt, über deren passende Mimik alle Menschen auf der Welt gleichermaßen von Geburt an verfügen. Ekman beobachtete das Fore-Volk, das bis dahin wenig Kontakt mit der westlichen Zivilisation gehabt hatte. Das Volk lebte in einer abgelegenen Gebirgsregion als Jäger und Sammler.

Ekman beschrieb seinen Versuchspersonen aus Papua-Neuguinea unterschiedliche Szenarien und bat sie, die entsprechende Emotion zu mimen. Zwei Beispiele: »Sie sind wütend und bereit, sich zu schlagen« oder »Ihr Kind ist gestorben«. Mit den Aufnahmen der Gesichtsausdrücke der Papua kehrte Ekman nach Amerika zurück und präsentierte sie dort US-amerikanischen Versuchsteilnehmern. Die große Mehrheit der Gesichtsausdrücke konnten die Probanden korrekt zuordnen. Ekman testete auch die umgekehrten Erkennungsfähigkeiten: Er zeigte dem Fore-Volk Bilder von emotionalen Gesichtsausdrücken von weißen US-Amerikanern, und dasselbe Ergebnis war zu beobachten: Das Fore-Volk brachte mit großer Mehrheit die Emotionen korrekt mit den zugehörigen Gesichtsausdrücken in Verbindung.

Ekman und seine Kollegen wiederholten dieses Experiment auf allen fünf Kontinenten und in insgesamt 21 verschiedenen Kulturen. Die Annahme bestätigte sich: Es gibt Emotionen, die universell sind und weltweit mit denselben typischen Gesichtsausdrücken zu finden sind.

Vermutlich haben sich die Basisemotionen in unser genetisches Erbe eingeschrieben, weil sie von hohem Nutzen für das Überleben sind. Für den Menschen gilt: Das Zeigen der eigenen Gefühle und das Erkennen der Gefühle anderer ist essentiell und sichert das Überleben.

Stellen Sie sich eine Gruppe Jäger und Sammler vor. Ein Mitglied der Gruppe blickt in die Ferne, verzieht das Gesicht angsterfüllt und schreit – die Anderen müssen nicht lange auf Ursachenforschung gehen, sondern rennen los. Die Angst im Gesicht ihres Nächsten hat als direktes Warnsignal gewirkt und ihnen möglicherweise das Leben gerettet. Ebenso ist das Zeigen von Traurigkeit fundamental wichtig: Denn wer weint, der erhält Trost und kann sich schneller wieder in die Gruppe eingliedern.

Sie merken: Die beiden Beispiele, die ich gerade genannt habe, Angst und Traurigkeit, sind beides negative Emotionen. Viele erwähnen, wenn die Rede vom Nutzen unserer Emotionen ist, ausschließlich negative Emotionen, und man fragt sich: Wozu sind denn dann überhaupt die positiven Emotionen da? Hierzu möchte ich Ihnen kurz den sogenannten »Zeigarnik-Effekt« erläutern:

2 Im Dschungel der Gefühle

EXKURS ZUM ZEIGARNIK-EFFEKT

Der Zeigarnik-Effekt geht auf die Wissenschaftlerin Bluma Zeigarnik zurück, die im Jahr 1927 ihre Dissertation mit dem Titel Über das Behalten von erledigten und unerledigten Handlungen *veröffentlichte.*

Nun werden Sie vielleicht denken: »*Unerledigte Handlungen – damit kenne ich mich aus! Es reicht ein Blick in den Wäschekorb, warum darüber eine Doktorarbeit schreiben? Und was hat das vor allem mit dem Nutzen positiver Emotionen zu tun?*« *Zeigarnik (1984) schildert selbst, wie sie auf die Idee zu diesem Dissertationsthema gekommen ist:*[4] »*Wir saßen zusammen mit Lewin (Kurt Lewin war Zeigarniks Doktorvater) in einem Café und haben uns unterhalten. (...) Da saßen ein Mädchen und ein junger Mann, die etwas bestellten. Danach sind die beiden weggegangen. Lewin ist von seinem Platz aufgestanden und hat den Kellner gefragt, was die beiden bestellt hatten. Der Kellner antwortete unsicher:* ›*Ich glaube das, ... vielleicht auch das ...*‹ *Ich habe mich gefragt, warum der Kellner so unsicher war. Nach dem Gesetz der Assoziation hätte sich der Kellner merken müssen, was die beiden bestellt hatten, weil Assoziationen eine Kette bilden. Der Kellner hatte es aber wahrscheinlich deswegen nicht behalten, weil er das Bedürfnis dazu nicht mehr hatte. Die beiden Gäste hatten bezahlt und waren gegangen; für ihn war die Sache damit erledigt. Und so hat's angefangen.*«[5]

Bluma Zeigarnik hat auf Grundlage dieser kleinen Episode ein Experiment durchgeführt: Sie ließ Teilnehmer verschiedenste Arten von Aufgaben erledigen: Gedichte aufschreiben, Puzzles zusammensetzen, von 55 bis 17 rückwärts zählen, usw. Bei der Hälfte der Aufgaben ange-

langt, unterbrach sie die Probanden in der Mitte einer Aufgabe und ließ sie mit der nächsten weitermachen. Im Anschluss an das gesamte Experiment prüfte sie, an welche Aufgaben sich die Teilnehmer noch erinnerten: Interessanterweise waren es die unerledigten Handlungen, die fast doppelt so gut erinnert wurden wie die erledigten.

Die Aufgaben, die zu Ende gebracht worden waren, haben die Probanden deutlich häufiger vergessen als die unerledigten.

Dieser Effekt nennt sich seitdem der Zeigarnik-Effekt. Praktisch bedeutet er, dass positive Emotionen den Effekt haben, unnötige Informationen zu löschen und sozusagen Entwarnung zu geben. Ohne sie wären wir komplett überladen. Wenn wir also vom evolutionären Sinn von Emotionen sprechen, dann sollten wir nicht nur den Nutzen von Angst im Kopf haben, die uns vor Gefahren schützt, sondern auch den Nutzen positiver Gefühle, denn diese entlasten unser Gehirn und schaffen Platz für neue Informationen.

Komplexe Emotionen

Neben diesen primären Emotionen lässt sich eine Gruppe von Emotionen ausmachen, die manche Forscher als »komplex«, andere als »sozial« bezeichnen.

Zu diesen Emotionen gehören:

Mitgefühl, Verlegenheit, Scham, Schuldgefühl, Stolz, Eifersucht, Neid, Dankbarkeit, Bewunderung, Entrüstung und Verachtung[6]

Sie zeichnen sich dadurch aus, dass sie aus unterschiedlichen primären Emotionen zusammengesetzt sind, so ähnlich wie ein Farbton aus unterschiedlichen Grundfarben gemischt werden kann. Ein Beispiel dafür ist etwa das Gefühl der Bewunderung, das aus einem gewissen Staunen und einer Art Unterwürfigkeit besteht. Neben diesen Mischungen gibt es aber auch komplexe Emotionen, die sich nicht als Zusammensetzung interpretieren lassen, sondern häufig abgeleitete Gefühle darstellen. Hierzu zählen Gefühle wie Zuversicht, Bedauern oder Enttäuschung.

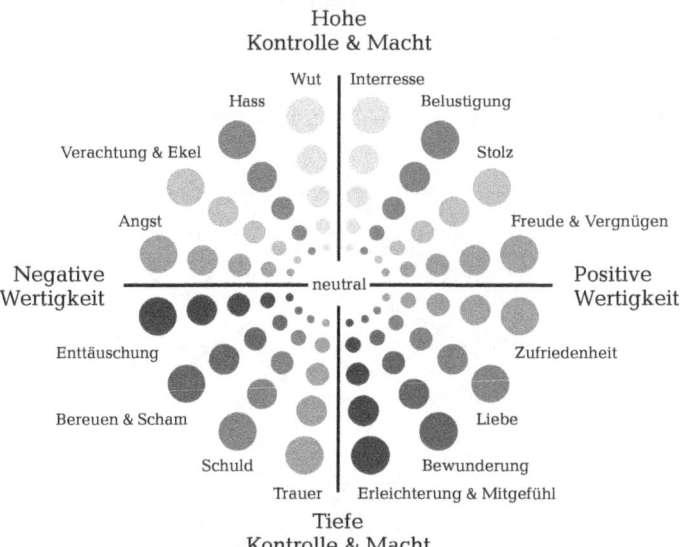

Abbildung 1: Scherer (2005)

Der Emotionsforscher Klaus Scherer hat ebenfalls eine Auflistung vorgenommen. Das von ihm und seinen Kollegen entwickelte Emotionsrad[7] ist in 20 Begriffe unterteilt, die jeweils eine gesamte »Emotionsfamilie« repräsentieren. Das Feld »Wut« umfasst demnach beispielsweise auch Emotionen wie Gereiztheit, Verdruss, Empörung, Genervtsein.

Jede der außenstehenden Emotionen hat verwandte

Emotionen, die weniger intensiv sind und die man sich in diesem Schaubild als die kleineren Punkte in derselben Farbe vorstellen muss. Gereiztheit, Genervtsein, Empörung und Verdruss sind in diesem Schaubild durch die kleiner werdenden Punkte zwischen dem Emotionswort »Wut« und dem Zentrum des Rades, in dem »neutral« steht, repräsentiert.[8]

Viele weitere Emotionsforscher haben Ansätze entwickelt, den Dschungel der Emotionen anschaulich zu organisieren, darunter der amerikanische Psychologe Robert Plutchik, dessen Emotionsrad folgendermaßen aussieht:

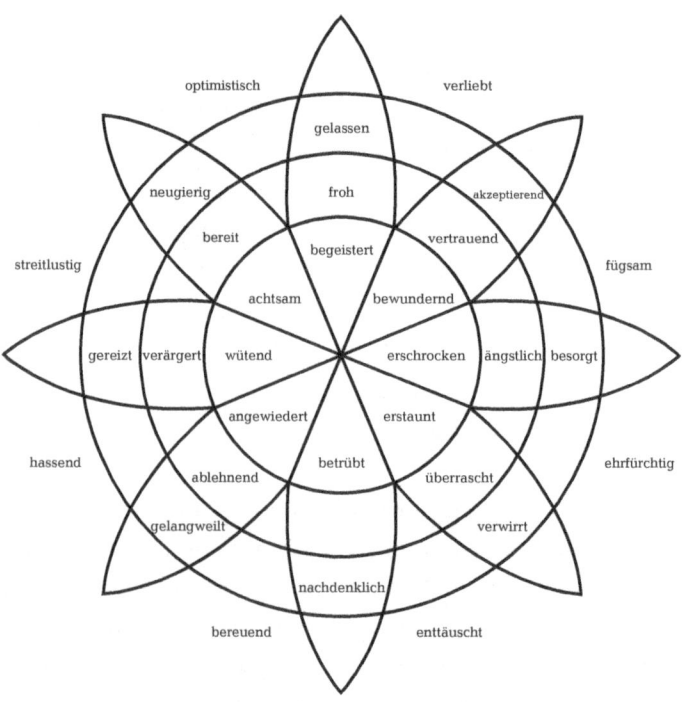

Abbildung 2: Plutchik (1958)

2 Im Dschungel der Gefühle

Während bei Scherer die Basisemotionen bzw. die »Familienoberhäupter« einer Emotionsfamilie am äußeren Rand des Rades aufgeführt sind, befinden sie sich bei Plutchik im Zentrum des Rades. Plutchik geht von acht Basisemotionen aus. Je weiter außen eine Emotion liegt, desto niedriger ist ihre Intensität. Die Emotionen, die in der Graphik einander gegenüberliegen, sind gegensätzlich; die, die nebeneinanderliegen, sind einander ähnlich. Die acht Basisemotionen bestehen aus den Gegensatzpaaren Freude – Traurigkeit, Erwartung – Überraschung, Abneigung – Vertrauen und Groll – Angst. Plutchik geht davon aus, dass alle weiteren Emotionen Abstufungen und unterschiedliche Kombinationen aus diesen acht primären Emotionen sind.[9]

Zu Beginn hatte ich gefragt, ob Langeweile ein Gefühl sei. Interessanterweise führt Plutchik in seinem Schaubild »gelangweilt« auf. Gelangweilt steht hier als Gegensatz zu »akzeptierend«. Intuitiv würde man eher sagen, Langeweile sei kein Gefühl, sondern ein rein kognitiver Zustand, aber da – wie wir bereits erörtert haben – Kognition und Emotion eng miteinander verbunden und miteinander über Rückkopplungsprozesse verknüpft sind, lassen sich die Grenzen nicht so genau und exakt ziehen. Die Opposition und strikte Trennung zwischen Kopf und Bauch, Gedanken und Gefühlen, Kognition und Affekt ist überholt, und es hängt letztlich davon ab, wie weit man den Begriff »Kognition« fasst.

Wie viel fühlst du gerade?
Die Messbarkeit von Emotionen

Wenn wir über Gefühle sprechen und darüber, wie viel oder wenig Menschen fühlen, dann schließt das ein, dass Gefühle messbar sind. Warum aber wollen wir die innerlichsten, subjektivsten Prozesse im Menschen überhaupt wissenschaftlich beobachten?

Wir kennen sie alle, diese hübschen Bilder von Gehirnen, in denen manche Bereiche rot gefärbt sind, andere gelb oder grün. Dazu lesen wir noch eine Zeile wie: »Das Emotionszentrum ist aktiviert«, und schon meinen wir alles verstanden zu haben. Das ist mitnichten so. Diese hübschen Bilder von Gehirnen sind das Ergebnis komplizierter Messungen (meist) mit dem Kernspintomographen und noch komplizierterer Auswertungen von dessen Ergebnissen. Denn ein Kernspintomograph erzeugt nicht etwa ein solches bunt eingefärbtes Bild – die Forscher müssen dafür unzählige Messungen desselben Gehirns erheben und diese miteinander vergleichen. Aus dem Vergleich zwischen einem auf spezifische Weise arbeitenden Gehirn und einem Gehirn im sogenannten Ruhezustand (gibt es so etwas überhaupt?) lassen sich dann Rückschlüsse über Areale ziehen, die das Gehirn bei der spezifischen untersuchten Arbeitsaufgabe stärker beansprucht als andere Areale. Und selbst das ist noch stark vereinfacht.

Die Kernspin- oder Magnetresonanztomographie (MRT) ist die vermutlich bekannteste Methode innerhalb der Gruppe von bildgebenden Verfahren. Bildgebende Verfahren erlauben es, hirnanatomische Strukturen anhand bestimmter Messwerte zu rekonstruieren und auf diese Weise ein möglichst präzises dreidimensionales Bild zu erstellen. Neben der MRT zählen beispielsweise die Computertomographie (CT) und die Positronen-Emissions-Tomographie (PET) zu den in der Emotionsforschung häufig verwendeten Untersuchungsmethoden.[10] Außerdem haben Wissenschaftler die Möglichkeit, körperliche Veränderungen, die auf Gefühle zurückzuführen sind, zu messen. Hierzu gehört etwa das Messen von Herz- und Kreislaufaktivität (z. B. Blutdruck und Herzschlagfrequenz oder Temperatur), das Messen der Schweißdrüsenaktivität (Hautleitfähigkeit und Hautfeuchte), das Messen der Muskelspannung und das Messen der Gehirnströme (beispielsweise durch ein Elektroenzephalogramm (EEG)).

Emotionen lassen sich aber auch noch auf eine ganz andere Weise »messen«, wir tun dies alle, immerzu, sobald wir mit einer anderen Person Kontakt haben: Wir nehmen nonverbale Signale wahr, die den emotionalen Zustand des Gegenübers vermitteln. Das Lesen der nonverbalen Signale gehört ebenfalls zu den Messinstrumenten innerhalb der Emotionsforschung. Mimik, Gestik und die gesamte Körpersprache verraten extrem viel über den emotionalen Zustand einer Person. Die Mimik ist unter allen nonverbalen Kommunikationskanälen der am besten untersuchte Kanal – sowohl die lautlichen Strukturen von Sprachen (Prosodie) als auch die Gestik und Körpersprache sind noch relativ wenig erforschte Gebiete.

Auf dem Gebiet der Mimik gibt es verschiedene Verfahren, wie emotionale Gesichtsausdrücke (objektiv) kodiert werden können. Zu den verbreitetsten Verfahren gehört das *Facial Action Coding System* (FACS, englisch für Gesichtsbewegungs-Kodierungssystem).[11] Mithilfe des FACS lassen sich die sichtbaren Bewegungen der Gesichtsoberfläche aufzeichnen, beschreiben und klassifizieren. Wenn wir beispielsweise lächeln, spannen wir exakt benennbare Muskeln unseres Gesichts (um die Mund- und Augenpartie herum) an. Der Vorteil des FACS ist: Das System ist bei allen Menschen (und sogar bei Menschenaffen!) anwendbar, und unterschiedliche Physiognomien spielen keine Rolle. Ein weiterer großer Vorteil ist, dass die mimischen Ausdruckseinheiten keine suggestiven Bezeichnungen tragen (wie z. B. »freundliches Lächeln«), so wie es in anderen Kodiersystemen der Fall ist. Stattdessen erscheinen sie schlicht als Zahlen und der Intensitätsgrad wird durch die Kleinbuchstaben a bis e kodiert.

Auf der Grundlage des FACS entwickelte man außerdem noch ein System, das nur die emotional relevanten mimischen Gesichtszüge registriert, das also spezifisch auf den Ausdruck von Emotionen zugeschnitten ist: das *Emotional Facial Action Coding System* (EMFACS, das der mimikbasierten Emotionserkennung dient[12]).[13]

Jetzt mögen vielleicht manche einwenden: »Um zu erkennen, ob mein Gegenüber fröhlich oder traurig ist, brauche ich kein Kodiersystem und muss keine Muskelpartien beobachten!« Das stimmt. Wir alle sind von Natur aus extrem gute Mimikwissenschaftler, denn wir erkennen Gesichtsausdrücke schnell und mit großer Sicherheit. Um allerdings wissenschaftlich fundierte Erkenntnisse gewinnen zu können, ist es enorm wichtig, emotionale Signale objektiv messen zu können.

Im Gegensatz zur Mimik ist die stimmliche nonverbale Kommunikation – also die Art und Weise, *wie* man etwas sagt, kaum methodisch erfasst. Dabei wissen wir alle: Wie etwas gesagt wird, kommt beim Empfänger meist eher an, als was tatsächlich gesagt wird. Die Sprachmelodie (Prosodie) hat, das belegen Studien,[14] stärkeren Einfluss als die eigentliche Bedeutung eines Satzes. Deshalb funktioniert ja beispielsweise Sarkasmus: Ein Satz wie »Das haben Sie aber ganz toll gemacht« in abschätzigem, genervtem Tonfall ist nicht als Lob gemeint, obwohl der Inhalt des Satzes Lob ausdrückt. Und dieses Prinzip wirkt bereits bei Kindern: In meinem siebten Jahr als Mutter musste nun auch ich begreifen, dass ein gesäuseltes »Würdest du dir jetzt bitte die Hände waschen?« nicht beim Empfänger ankommt. Denn der Ton macht die Musik.

Die Prosodie ist ein sehr sensibler Marker für die Emotionalität eines Sprechers – eine zitternde Stimme, eine monotone Sprechweise – all solche Zeichen vermitteln, wie der Sprecher sich gerade fühlt. Und da Prosodie einen so direkten Zugang zu unseren Emotionen liefert, weil sie bis zu einem gewissen Grad unbewusst vonstattengeht, gibt es Ansätze, die Betonung und Intonation beim Sprechen zu diagnostischen Zwecken zu nutzen: Forscher konnten nachweisen, dass der Schweregrad und der Verlauf einer depressiven Erkrankung mit stimmlichen Parametern zusammenhängt.[15] Das heißt, man kann an der Prosodie eines depressiven Patienten erkennen – je nachdem, wie laut oder leise er spricht und wie stark seine Sprachmelodie variiert (monoton oder lebhaft) –, ob er sich vor Beginn oder nach erfolgreichem Abschluss einer Therapie befindet.

Fühlen ist gesund!
Zum Zusammenhang zwischen Gefühlen und psychischer Gesundheit

Gefühle sind in ihrer Bedeutung für unser alltägliches Handeln, unsere Zufriedenheit und unsere Gesundheit kaum zu überschätzen. Wenn wir emotional ausgeglichen sind, bedeutet das die Grundlage für ein zufriedenes Leben; im Umkehrschluss bringt emotionales Ungleichgewicht häufig eine Reihe psychischer Leiden mit sich. Psychotherapie befasst sich zu einem großen Teil damit, einen angemessenen Umgang mit Emotionen zu vermitteln. Mal kann es beispielsweise darum gehen, Emotionen überhaupt erleben zu lernen, mal geht es darum, unangenehme Gefühle ertragen zu lernen.

Das Fehlen an emotionaler Kompetenz hat Folgen: Von 2004 bis 2014 sind die Kosten für psychisch bedingte Arbeitsausfälle von 4,2 auf 8,3 Milliarden Euro gestiegen. Man mag hier einwenden, diese Zahlen hingen damit zusammen, dass generell ein höheres Bewusstsein für psychische Erkrankungen vorliegt und Menschen eher »wagen«, sich aufgrund psychischer Belastung krankschreiben zu lassen, als es vielleicht vor 15 Jahren noch der Fall war. Dennoch kann die enorme Verbreitung von psychischen Krankheiten nicht von der Hand gewiesen werden. Und der Grund für psychisches Leiden ist immer emotional.

Aber Emotionen haben nicht nur Einfluss auf unsere psychische Gesundheit, sondern auch auf unsere Gesundheit im Allgemeinen. Inzwischen ist die Psychoneuroimmunologie ein wichtiger medizinischer Forschungszweig, der untersucht, wie Emotionen auf das Immunsystem und auf das autonome vegetative Nervensystem wirken. Wir wissen inzwischen, dass andauernde negative Emotionen nicht nur psychisch, sondern auch körperlich krank machen.

Schauen wir uns folgendes Beispiel an: Katja scheut Konflikte. Immer, wenn es in ihrem Alltag zu Konflikten kommt, sei es im Beruf oder im Privatleben, erlebt sie automatisch Schuldgefühle. Auch wenn sie gar keine Schuld trifft! Als beispielsweise ihre Freundin Henrieke heiratet und sie nicht zur kirchlichen Trauung einlädt, sondern nur zur anschließenden Feier, sucht Katja sofort die Schuld bei sich.

Sicher sei Henrieke enttäuscht, weil sie sich so wenig an den Hochzeitsvorbereitungen beteiligt habe; sicher sei Henrieke traurig, dass Katja noch nie ihr Baby besucht habe, das inzwischen ja schon drei Monate alt ist. Katja hatte zwar mehrmals vorgeschlagen, zu Besuch zu kommen, aber Henrieke hatte nie Zeit. Nun ist Katja nicht zur Trauung eingeladen, andere gemeinsame Freunde hingegen schon.

Katja könnte deswegen wütend sein, sich ausgeschlossen fühlen, aber sie fühlt sich schuldig. Sie hat ein schlechtes Gewissen, glaubt, sie sei eine schlechte Freundin und habe schon deshalb die Nicht-Einladung verdient.

Wie auf Knopfdruck sucht sie die Schuld bei sich, entschuldigt sich bei ihrem Gegenüber, macht sich klein. Statt zu Henrieke zu gehen und zu sagen: »Schade, dass ich nicht zur Trauung eingeladen bin, warum nicht?«, schreibt sie ihr eine Nachricht, in der sie sich entschuldigt, in den vergangenen Monaten so wenig an ihrem Leben teilgehabt zu haben, und verspricht, in Zukunft wieder mehr für sie da zu sein.

Sie würde einen Affront nicht aushalten. Die Art, wie Katja mit Konflikten umgeht, entspricht überhaupt nicht der konkreten Situation und macht sie auf Dauer krank. Dieses Verhalten kann man – kurz gefasst – so deuten: Katja hat, vermutlich in der Kindheit, ein Muster entwickelt mit Konflikten umzugehen. Vielleicht hat sie als Kind häufig zu hören bekommen, sie sei schuld; vielleicht hat sie selbst als Kind Konflikte so interpretiert, dass sie die Schuldige ist. Man denke nur an das Beispiel, Kinder glauben, sie seien schuld an der Trennung ihrer Eltern. Die Fälle, in denen Kinder die Schuld bei sich suchen – ob nun an der Trennung der Eltern oder an weniger gravierenden Dingen – sind nicht selten, da ja, vor allem für kleine Kinder, die Eltern die einzige haltgebende Instanz in ihrem Leben darstellen. Ihnen die Schuld für etwas zuzuweisen, würde für das Kind bedeuten, an seiner eigenen Schutzinstanz zu nagen. Also sucht das Kind häufig die Schuld eher bei sich selbst. Verhindern kann man diesen Mechanismus allerdings relativ leicht: Indem man darüber spricht, was passiert, und das Kind mit seinen Interpretationen nicht alleine lässt.

Katja hat dieses Muster so stark verinnerlicht, dass es zu einem automatischen Schema geworden ist; ihre Reaktionsweise ist daher den Situationen in ihrem Alltag meist nicht angemessen. Sie muss lernen, eine negative Emotion auszuhalten – nämlich die Ängste, die mit einem Konflikt einhergehen (beispielsweise die Angst vor der Ablehnung des Gegenübers) – ohne zu versuchen, sie durch das eigene Schuldeingeständnis möglichst schnell loszuwerden.

Dieses Beispiel zeigt zudem recht deutlich, wie schädlich es sein kann, wenn man schlichtweg nach dem Vorsatz »Listen to your heart« lebt, so wie es Roxette damals sangen. Würden wir, wie es oft in esoterischen »Schulen« gelehrt wird, einfach auf unsere Gefühle hören, ihnen folgen, ohne sie zu hinterfragen, könnten wir solch schädliche und unangemessene Gefühle, wie beispielsweise das Schuldgefühl, das Katja erlebt, nicht loswerden oder verändern.

Warum wir oft nicht wissen, was wir fühlen

Was bedeutet die Formulierung »von seinen Gefühlen überwältigt sein«? Können wir so viel und so stark fühlen, dass wir nicht mehr verstehen, *was* wir gerade fühlen? Kommen unser Kopf und unsere Reaktionen unseren Empfindungen nicht mehr hinterher? Kann man zu viel auf einmal fühlen, bzw. sind Gefühle normalerweise eher aufeinander abfolgend?

Ich erinnere mich noch genau an den Moment, in dem ich mein erstes Kind zum ersten Mal sah. Ich war nicht vollkommen bei Bewusstsein, denn im letzten Moment mussten die Ärzte einen Notkaiserschnitt mit Vollnarkose durchführen. So wurde ich also gerade mit von der abklingenden Narkose schlotternden Knien aus dem OP geschoben, hinein in den Raum, in dem mein Mann mit unserem Baby auf dem Bauch auf mich wartete. Ich konnte weder richtig gut sehen noch deutlich sprechen, doch ich sah vage ein kleines Häuflein Mensch dort liegen und war: überwältigt von meinen Gefühlen. So viel

Erleichterung, so viel Freude, so viel Liebe, so viel Aufregung, und ich musste tatsächlich einige Sekunden nach Worten suchen, die das ausdrücken konnten, was ich empfand. Denn ich hatte nicht meinen gesamten Wortschatz zur Verfügung, meine Zunge fühlte sich lahm und taub an, Sprechen kam mir wahnsinnig anstrengend vor, also lallte ich: »Uiuiui!« Und letztlich beschrieb das ziemlich genau meine Gefühle.

EXKURS ZUR CUTE AGGRESSION

Tatsächlich scheint das Phänomen Niedlichkeit einen Prozess in manchen Menschen anzustoßen, der uns überfordert. Forscher[16] haben beobachtet, wie wir, wenn wir etwas sehr Niedliches sehen, wie zum Beispiel ein kleines Kind, ein Baby oder ein junges Tier, Zeichen von Aggressionen zeigen. Manche Menschen haben beispielsweise das Bedürfnis, dem niedlichen Objekt in die Wangen zu kneifen, es ganz fest zu drücken, oder sagen Sätze wie: »Du bist zum Anbeißen süß!«. Ich persönlich bin auch Opfer von »cute aggression«. Wenn mein Baby vor meinen Augen etwas Niedliches macht, habe ich das Gefühl, das nicht ertragen zu können. Es löst etwas in mir aus – eine Art Anspannung in den Händen, die sich irgendwie Bahn brechen will. Natürlich tue ich nichts, aber ich denke mir manchmal: »Ich muss dich gleich aus dem Fenster schmeißen!«, oder beiße spielerisch in seine Wangen. Dieses Phänomen wurde nun vor einigen Jahren wissenschaftlich beschrieben, was im Übrigen sehr beruhigend auf mich wirkte: Den Wissenschaftlern zufolge handelt es sich dabei um eine Art Schutzmechanismus unseres Körpers. Damit uns positive Gefühle nicht zu sehr überschwemmen, wir sie nicht mehr unter Kontrolle

2 Im Dschungel der Gefühle

haben und wir bei jedem Hundewelpen und bei jedem Baby, denen wir begegnen, stehen bleiben und nicht weitergehen, bevor wir es liebkost haben, sendet unser Körper entgegengesetzte Hormone aus. So sichert er das homöostatische Gleichgewicht in unserem Emotionshaushalt. Wenn wir etwas extrem Niedliches wahrnehmen, zeigen wir gleichzeitig aggressives Verhalten; wenn wir extrem glücklich sind, weinen wir manchmal. Auch diese sogenannten Freudentränen sind eine solche »dimorphe« Ausdrucksweise: Wir zeigen Zeichen von Traurigkeit bei extremer Freude.

So merkwürdig uns das vielleicht erscheinen mag – in anderen Ländern ist das Phänomen viel bekannter und hat sogar eigene Bezeichnungen: Auf den Philippinen gibt es das Wort »gigil«, im Indonesischen das Wort »gemas« – beide beziehen sich auf das Gefühl, das man hat, wenn man süße Lebewesen sieht und das Bedürfnis hat, sie zu kneifen oder fest zu drücken.

Der Prozess, der in uns abläuft, bevor wir bewusst ein Gefühl wahrnehmen, ist hochkomplex. Die folgende, sehr vereinfachte Abbildung von Damasio (2005) veranschaulicht diesen Prozess.

Versuchen wir, ihn zu verstehen: Zuerst ist da ein Reiz – aktuell präsent oder aus der Erinnerung hervorgerufen –, der für uns eine emotionale Bedeutung hat. Dieser Reiz kann ein Objekt sein, das wir vor uns sehen; es kann aber auch ein Traum sein, an den wir uns erinnern oder ein Erlebnis aus der Vergangenheit. Er wird von uns bewertet – wobei die Bewertung nicht unbedingt eine bewusste Beurteilung sein muss, sondern sie kann auch unbewusst und automatisch ablaufen.

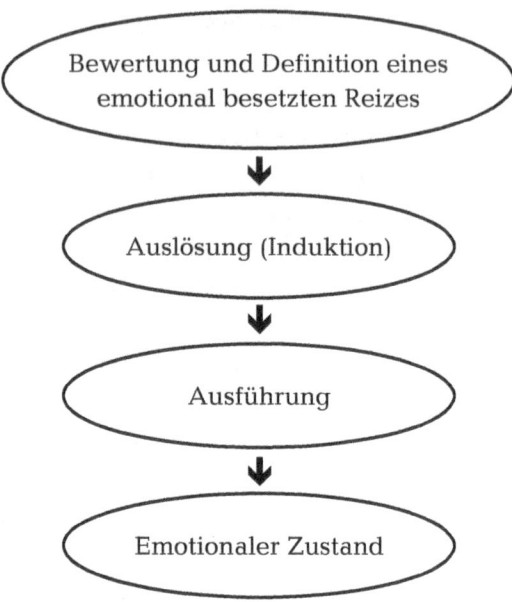

Abbildung 3: Damasio (2014)

Hierfür zwei Beispiele: Stellen Sie sich vor, Sie befinden sich gerade in einem Gespräch mit Ihrer Chefin, in dem es um eine Gehaltserhöhung geht, um die Sie gebeten haben. Ihre Chefin ist eigenbrötlerisch und häufig stark von sich und ihren Gedanken eingenommen, weshalb sie ihre Umwelt kaum noch wahrnimmt. Sie checkt also gerade irgendwelche Gehaltslisten, Erfolgsraten und Quoten auf ihrem Computer und popelt dabei in der Nase. Sie sitzen ihr gegenüber am Tisch und sehen alles. Vermutlich empfinden Sie einen gewissen Ekel oder eine gewisse Abscheu. In der Bewertung des Reizes (die popelnde Chefin) kommt allerdings auch zum Tragen, dass es eben Ihre Chefin ist, der Sie gerade mehr Gehalt abringen wollen. Und die Hoffnung auf mehr Geld, gepaart mit einem ganzen Repertoire an Höflichkeitsregeln, die Ihnen von zuhause aus mitgegeben worden sind, veranlassen Sie dazu, den Reiz milder zu bewerten und infolgedessen Ihren Ekel *nicht* auszudrücken. Vielleicht modifizieren Sie den Reiz, indem Sie einfach woanders hinschauen; vielleicht indem Sie sich sagen, Sie hätten eben im Auto auch in der Nase gebohrt und das Ganze sei ja eigentlich vollkommen menschlich. Sie versuchen jedenfalls, Ihre Chefin, sobald diese ihren Blick vom Bildschirm hebt, *nicht* angeekelt anzuschauen. Das ist ein Beispiel für eine Bewertung eines emotionalen Reizes, die bewusst vonstattengeht.

Im Gegensatz dazu gibt es eine ganze Reihe von Beispielen für Bewertungen emotionaler Reize, die unbewusst ablaufen. Dazu zählen auch Dinge wie Prägungen, Abneigungen und Vorlieben. Stellen Sie sich vor, Sie hatten in der Grundschule eine Klassenlehrerin, die liebevoll, verständnisvoll und witzig war – so wie meine. Meine erste Klassenlehrerin habe ich regelrecht verehrt. Ich könnte heute nicht mehr beschreiben, wie sie genau aussah, noch kenne ich ihren Vornamen, aber ich weiß: Sie trug jeden Tag, von der ersten bis zur sechsten Stunde, knallroten Lippenstift. Knallroter Lippenstift ist dadurch zu einem für mich persönlich emotionalen Reiz geworden, den ich vollkommen unbewusst bewerte, sobald ich ihn wahrnehme, und zwar als rundum positiv. Frauen mit rotem Lippenstift haben bei mir sofort einen Stein im Brett. Obwohl es dafür keinen sachlichen Grund gibt.

Mit Orten kann es sich ähnlich verhalten: Vergegenwärtigen Sie sich einmal das Haus, in dem Sie aufgewachsen sind. Nun stellen Sie sich vor, dort wäre, als Sie vielleicht sieben Jahre alt waren, eingebrochen worden und Sie hätten fürchterliche Angst empfunden. So ist gut vorstellbar, dass Sie jetzt, im Erwachsenenalter, dieses Haus erneut betreten und wieder ein mulmiges Gefühl in Ihnen hochkommt, weil Sie das Haus unbewusst mit negativen Emotionen von Angst und Bedrohung assoziieren. Solche Bewertungen lassen sich dann auch auf Häuser und Wohnungen übertragen, die nur *so ähnlich* aussehen wie Ihr Elternhaus.

Auf welcher Ebene auch immer die Bewertung des emotionalen Reizes stattfindet – sie löst eine Emotion aus (Induktion), das heißt, bestimmte, für emotionale Informationen empfindliche Areale von Nervenzellen aktivieren sich.[17] Der Mandelkern etwa, auch Amygdala genannt, ist ein mandelförmiges Gebilde oberhalb des Hirnstamms. Menschen besitzen zwei Mandelkerne, in jeder Gehirnhälfte einen. Der Mandelkern ist der Speicher der emotionalen Erinnerung und gibt damit Emotionen einen Sinn. Neben dem Mandelkern spielt auch der Kortex, also die Hirnrinde, eine zentrale Rolle bei der Emotionsverarbeitung. Eine grobe emotionale Einschätzung einer Situation – beispielsweise in dem Fall, wenn wir eine Riesenschlange erblicken – trifft jedoch der Mandelkern im Alleingang. Die Reaktion auf den Anblick eines gefährlichen Tieres geschieht unabhängig vom bewussten Denken: Wir weichen einen Schritt zur Seite, schreien oder rennen weg, bevor wir mit unserem Kortex die emotionale Bedeutung der Situation auf einer bewussten Ebene beurteilen können.

Um einen emotionalen Zustand zu erzeugen, muss sich die Aktivität von diesen auslösenden Regionen via neuronaler Verbindungen in die Ausführungsareale übertragen. Damit wären wir beim dritten Schritt: der Ausführung.

Die Ausführung übernehmen Areale wie der Hypothalamus, das basale Vorderhirn und der Hirnstamm. Diese Hirnregionen steuern Verhaltensweisen, die Emotionen repräsentieren, also beispielsweise Lachen, Weinen, aber auch komplexes Verhalten von Zunge, Gesicht, Rachen und Kehlkopf.[18] Wird dieser emotionale Zustand bewusst wahrgenommen, breitet sich erst das Gefühl aus. Wichtig ist zu betonen, dass ich den Prozess in dieser Beschreibung stark vereinfacht habe. In Wirklichkeit gehen komplizierte Abläufe auf chemischer und hormoneller Ebene gleichzeitig vonstatten, die Organe werden beeinflusst (spürbar beispielsweise durch Schwitzen, Pulsfrequenzsteigerung u. Ä.) und zahlreiche Rückkopplungsprozesse entstehen. Bei den Rückkopplungsprozessen aktiviert die Wahrnehmung eines emotionalen Reizes zumeist weitere Reize, die entweder mit dem Ursprungsreiz verbunden sind und eine ähnliche oder dieselbe Emotion hervorrufen oder aber auch konträr verknüpft sind. Durch die Wahrnehmung und Bewertung dieser weiteren emotionalen Reize (in unserem Gedächtnis) verstärkt sich das ursprünglich entstandene Gefühl entweder, oder es schwächt sich ab.

Wenn in uns eine Emotion hochkommt, entsteht dies allerdings so schnell, dass wir gar nicht mehr beurteilen können, was zuerst da war und was nur eine Reaktion darauf ist. Der emotionale Reiz aktiviert in Bruchteilen von Sekunden weitere emotional aufgeladene Gedanken, die wiederum Reaktionen auslösen, und so potenziert sich dieser Prozess in einer Art Endlosschleife. Es sei denn, wir greifen bewusst ein – lenken unsere Aufmerksamkeit woanders hin oder versuchen, mit unserer Vernunft die emotionale Kaskade zu unterbrechen.

Warum also wissen wir oft nicht, was wir fühlen? Warum wissen wir oft nicht, warum wir fühlen, was wir fühlen?

Zu einem großen Teil lassen sich diese Fragen mit der unbewussten Verarbeitung emotionaler Reize erklären. Manchmal gehen wir morgens früh zur Haltestelle, empfinden Zuversicht und Wärme; am anderen Morgen sind da nur Gereiztheit und Angespanntheit. Manchen Menschen gelingt es eher, den Grund für diese unterschiedlichen Gefühle auszumachen, manchen weniger gut, aber sicherlich gelingt es niemandem zu 100 Prozent korrekt. Denn häufig *glauben* wir, den Grund zu kennen (die Nacht war unruhig, gestern ein Glas zu viel getrunken), aber es ist etwas anderes dafür verantwortlich, etwas, das wir so leicht nicht erkennen können, da es nur unbewusst verarbeitet worden ist. Auch ein unbewusst wahrgenommener emotionaler Reiz löst die ganze emotionale Kette aus, an deren Ende ein Gefühl steht und die gleichzeitig weitere, möglicherweise bewusste Reize aktiviert. Das heißt, ein Reiz, der nur von unserem Unbewussten wahrgenommen worden ist (vielleicht der Albtraum, an den wir uns nicht erinnern können), kann assoziierte Gedanken und Erinnerungen hervorrufen, die dann unser bewusstes Emotionsempfinden beeinflussen. Und dann stehen wir dort an der Haltestelle, finden alles einfach blöd und wollen am liebsten nur zurück ins Bett und wissen nicht wieso.

Dass es keinen (bewusst erfahrenen) Reiz geben muss, um ein Gefühl zu empfinden, wissen wir eigentlich alle, nachdem wir sicherlich schon annähernd 100 Mal gelesen haben, man müsse nur für einige Sekunden den Mund zu einem Lächeln verziehen, und schon sei man ausgeglichener, zufriedener und glücklicher. Dieser Tipp basiert

2 Im Dschungel der Gefühle

auf wissenschaftlichen Erkenntnissen, die auf eine Studie von Ekman (1992) zurückgehen. Der Anthropologe und Psychologe konnte seine Hypothese belegen, das Ausführen des Verhaltensrepertoires einer Emotion (also beispielsweise Lächeln, Anspannung der Muskeln um die Augen herum) führe dazu, dass sich auf bewusster Ebene tatsächlich das entsprechende Gefühl einstellt. Es muss also für ein Gefühl nicht immer einen Reiz geben; das ist allerdings eine große Ausnahme und lässt sich nur durch manipulatives Einwirken erzielen. Aber ein Gefühl ohne *bewussten* emotionalen Reiz – das erleben wir häufig.

EXKURS ZUR WIRKUNG EINES LÄCHELNS

Kurz zurück zu dem verbreiteten Ratschlag zu lächeln, um bessere Laune zu bekommen. Inzwischen gibt es Studien, die diesen Befund differenzieren. Denn nicht immer ist einfach Lachen die beste Medizin, in Wirklichkeit ist es ein wenig komplizierter: Da normalerweise Lächeln mit Fröhlichkeit in Verbindung steht, hat Lächeln – auch wenn wir gerade nicht fröhlich sind – tatsächlich den Effekt, dass wir uns danach besser fühlen. Allerdings drücken wir auch andere Gefühle und nicht nur Fröhlichkeit durch Lächeln aus: Unsicherheit oder Angst stehen häufig auch in Verbindung mit Lächeln. Hierbei geht die Forschung davon aus, dass Menschen versuchen, mit einem Lächeln ihre negativen Gefühle zu überspielen. Diese beiden Formen des Lächelns – die erste Form nennen Forscher »reaktives Lächeln« (denn zuerst ist dort das Gefühl der Freude, und als Reaktion darauf erfolgt ein Lächeln) und die zweite Form »proaktives Lächeln« (denn das Lächeln soll über ein bestehendes negatives Gefühl hinwegtäuschen und Freude hervorrufen) – müs-

sen also unterschieden werden. Manche Menschen verwenden eher reaktives Lächeln, andere eher proaktives Lächeln. Je nachdem, zu welcher Personengruppe Sie also gehören, funktioniert Lächeln als Medizin oder nicht. Dies haben Forscher[19] herausgefunden – sie haben Probanden in zwei Gruppen eingeteilt. Der ersten Gruppe haben sie gesagt, Menschen würden meist reaktiv lächeln, also wenn sie bereits glücklich sind. Der anderen Gruppe machten sie glaubhaft, Menschen würden proaktiv lächeln, um negative Emotionen abzumildern. Das Experiment bestand nun darin, einer Hälfte der Probanden die Aufgabe zu stellen, einen Stift zwischen die Zähne zu klemmen, ohne ihn mit den Lippen zu berühren. Auf diese Weise aktiviert sich die Lachmuskulatur und die Probanden simulieren ein Lächeln. Die andere Hälfte der Teilnehmer sollte den Stift mit den Lippen festhalten, damit die Lachmuskulatur stillgelegt wurde. Diese Aufgabe wiederholten die Personen jeweils zehn Mal. Nach Beendigung der Übung fragte man alle Probanden, wie glücklich sie mit ihrem Leben seien.

Das Ergebnis zeigte, dass die Menschen, denen gesagt worden war, Lächeln sei ein Zeichen von Freude, sich nach der Lächelübung insgesamt glücklicher fühlten. Die Menschen, denen aber die proaktive Interpretation von Lächeln vermittelt worden war, gaben höhere Zufriedenheitswerte an, wenn sie NICHT gelächelt hatten, sondern den Stift zwischen den Lippen gepresst hielten.

Wir sehen also: Der Effekt, dass Lächeln fröhlich macht, tritt nur ein, wenn wir an die Verbindung zwischen tatsächlicher Freude und Lächeln glauben. Wenn Sie aber zu den Menschen zählen, die beispielsweise bei Verlegenheit oder Traurigkeit lächeln, kann die Lächelübung *gegenteilige Auswirkungen haben. Denn nur wenn Lächeln reaktiv interpretiert wird, erzielt es den gewünschten Effekt.*

Neben diesen unbewussten Prozessen gibt es aber auch noch andere Gründe, die dazu führen können, nicht zu wissen, was wir gerade fühlen. Denn es treten auch Situationen auf, in denen man ein Gefühl bewusst wahrnimmt, es aber nicht exakt deuten kann. Hier kommt wieder die Verbindung zwischen Sprache und Denken/Fühlen zum Tragen. Wenn wir gelernt haben, die richtigen Worte für Gefühle zu finden, dann hilft uns das nicht einfach nur, diese auszudrücken, sondern eben auch sie zu verstehen, sie innerlich zu ordnen. Sprache – und im Bereich von Gefühlen muss es exakte, differenzierte Sprache sein, denn Wut ist eben nicht immer Wut – ist notwendig dafür, unsere inneren Prozesse reflektieren zu können.

Um sich seiner Gefühle bewusst zu werden und sie klar benennen zu können, gibt es mittlerweile viele Ratgeber mit Wortlisten, anhand derer sich Gefühle ziemlich genau bestimmen lassen. Die Autoren empfehlen darin den Lesern, in sich hineinzuhorchen, um besser zu verstehen, was in einem los ist. Dies stellt einen ersten Schritt dar, Veränderungen anzustoßen.

Vielleicht haben Sie inzwischen den Eindruck gewonnen, wir seien einer unsteuerbaren Macht unserer Gefühle und Emotionen ausgesetzt, würden von ihnen beherrscht und seien auch den primitivsten Emotionen hilflos ausgeliefert.

Das ist aber bei uns Menschen zum Glück nicht so. Während die einfachen homöostatischen Prozesse in unserem Körper tatsächlich nicht zu beeinflussen sind (wer beispielsweise schon einmal versucht hat abzunehmen, weiß, wie schlecht man Hunger unterdrücken kann; wer als Kind schon einmal allein im Dunkeln nach Hause gegangen ist, weiß, wie schwierig es ist, aufkommende Angst nicht zu empfinden), können wir die komplexeren Emotionen durch Lernerfahrung verändern. Sonst wäre ja beispielsweise ein Mensch mit Keimphobie sein Leben lang seinem Schicksal ausgeliefert.

In die einfachen homöostatischen Prozesse eingreifen zu wollen, wäre zudem ziemlich kontraproduktiv – denn unser Körper weiß sehr genau und am allerbesten, wann er welche Hormone ausschütten muss; wann und wo er welche Abwehrstoffe produzieren muss und ob es nicht mal wieder Zeit ist, etwas zu essen.

Nun ist es aber nicht so, dass Emotionen immer recht haben. Unser Bauchgefühl ist leider nicht immer der beste Ratgeber, denn es ist geprägt von jahrtausendealten Prinzipien, überkommenen Wertvorstellungen unserer eigenen Erziehung und vielem mehr, von dem wir mit ein bisschen Anstrengung Abstand nehmen können. Fremdenfeindlichkeit beispielsweise hat vermutlich eine evolutionär begründbare Herkunft aus Zeiten, als fremdartig aussehende Menschen für den eigenen Stamm eine Bedrohung darstellten. Heutzutage ist das glücklicherweise nicht mehr so, und wir können lernen, unser Gehirn gewissermaßen umzuprogrammieren. Weitere Beispiele dafür sind Homophobie oder auch (übertriebene) Eifersucht. Wir können lernen, unmittelbare Reaktionen umzulenken, zu kontrollieren oder zu unterdrücken. Denn, wie gesagt, nicht alle Gefühle sind per se »gut« oder »berechtigt«, weil sie ein Gefühl sind. Und erst recht sollte man

2 Im Dschungel der Gefühle

nicht prinzipiell alle Gefühle ausdrücken, selbst wenn häufig zu lesen ist, dass dies nötig sei, um »authentisch« zu sein. Ich jedenfalls verzichte gut und gern darauf, von meinem Gegenüber authentisch angeschrien zu werden, weil es gerade authentisch seine Wut ausdrücken will.

Um die Gefühle allerdings zu verändern, müssen wir sie erst einmal zulassen. Denn wenn wir sie einfach unterdrücken, gehen sie dadurch nicht weg, im Gegenteil, sie machen sowieso, was sie wollen, und brechen irgendwann einmal durch. Vielleicht liegt hier das Missverständnis: Gefühle sind in dem Sinne machtvoll, als sie sich nicht wegdrücken lassen, man sollte sie – will man sie nutzen und ihrer Herr werden – zulassen und bewusst wahrnehmen, um sie (falls sie schädlich sind) zu verändern.

Von seinen Gefühlen überwältigt sein – die Regulation von Gefühlen

Gott sei Dank sind wir Menschen eben nicht nur fühlende, sondern auch denkende Wesen und können mit unserem Verstand auch eine Menge Unheil vermeiden, wenn wir bereit sind, ihn zu benutzen. Das heißt zudem, dass es für Menschen, die auf dem Gebiet der Gefühle Schwierigkeiten haben, Möglichkeiten gibt, diese Schwächen auszugleichen und ihre emotionale Kompetenz zu trainieren.

Gefühle wollen uns immer etwas mitteilen – wenn wir ihre Botschaften verstehen wollen, müssen wir uns erst einmal dafür öffnen, sie wirklich zu fühlen.

Manchmal aber nehmen Gefühle Überhand, so dass

wir nicht mehr Herr der Situation sind, oder aber wir unterdrücken Gefühle so stark, dass sie sich andere Wege suchen und auch das ist nicht gesund. Weder ständig extrem emotional zu sein, noch gefühlskalt – das ist das Ziel. Es gibt demzufolge für jede Situation ein optimales Maß an emotionaler Erregtheit. Und dieses optimale Maß sollten wir mit unserer Emotionsregulation erzielen.

Das klingt jetzt etwas pauschal im Zusammenhang mit Gefühlen – als würde ich sagen, es gebe für jedes Wetter die optimale Kleidung, aber es ist tatsächlich so:

Wenn Sie beispielsweise vor einer Präsentation stehen, wäre es schädlich, wenn Sie gar nicht aufgeregt wären. Die Anspannung lässt Sie nämlich energiegeladen und fokussiert sein. Wenn Sie aber dringend Schlaf brauchen, weil Sie morgen einen anstrengenden Tag vor sich haben, wäre es gut, wenn sie wenig Erregtheit spüren, denn die Anspannung würde Sie vom Schlafen abhalten. Vielleicht nehmen Sie ein Bad oder trinken eine warme Milch, all das kann helfen, die Erregtheit runter zu regulieren. Wir regulieren also ständig unseren emotionalen Zustand. Haben Sie auch schon mal in einer aufwühlenden Situation zu sich selbst gemurmelt: »Alles ist gut, alles ist gut«? Was glauben Sie, woher das kommt? Wenn mein Baby weint, weil ich außer Sichtweite bin, komme ich so schnell wie möglich zu ihm zurück, nehme es hoch und sage: »Alles gut, alles gut«.

Sich selbst beruhigende Sätze zuzumurmeln ist ebenfalls eine Strategie der Emotionsregulation, die offenbar viele Menschen in ihrer Kindheit gelernt haben.

Dieses Beispiel gehört zu den Strategien der Emotionsregulation, die bewusst ablaufen. Die Regulation von Emotionen kann allerdings auch unbewusst vonstattengehen, wenn auch seltener. Wenn wir zum Beispiel unsere Aufmerksamkeit, ohne es zu merken, von etwas weglenken, das uns aufregt, oder wir einen Anruf »vergessen« zu erledigen, der uns unangenehm ist.

Emotionsregulierung oder die »Domestizierung« von Emotionen ist nahezu so alt wie die Menschheit an sich. Im Stoizismus beispielsweise ging es genau darum. Den klassischen Stoiker muss man sich aber nicht wie ein abgestumpftes Wesen ohne Emotionen vorstellen, sondern als jemanden, der sich und seine Gefühle kennt und versteht.

Der Autor und Forscher Nassim Nicholas Taleb schreibt in seinem Buch *Antifragilität. Anleitung für eine Welt, die wir nicht verstehen*:

> »Betrachtet man die Sache so, dann geht es dem Stoizismus um die Domestizierung, aber nicht notwendigerweise um die Eliminierung von Emotionen. Ziel ist nicht die Verwandlung des Menschen in Gemüse. Nach meiner Vorstellung ist ein moderner stoischer Weiser jemand, der Furcht in Klugheit verwandelt, Schmerz in Information, Fehler in Anstöße und Begehren in Unternehmungen.«[20]

Hiermit beschreibt Taleb genau das, was ich meine, wenn ich sage, dass Emotionen uns etwas mitteilen wollen. Es geht bei der Emotionsregulierung nicht darum, Gefühle generell klein zu halten, sondern darum, sie zu nutzen, ohne dass sie uns im Wege stehen.

Schauen wir uns nun einmal an, wie es im Idealfall abläuft. Wie lernen wir Menschen überhaupt, mit diesen komplexen Gebilden, wie es die Emotionen sind, umzugehen?

Als Säugling und Kleinkind verfügen wir Menschen kaum über emotionsregulierende Fähigkeiten. Erst im Laufe der Entwicklung lernen wir, die Intensität und die Qualität unserer Gefühle zu regulieren. Wie geschieht das? In erster Linie ist mit Emotionsregulation gemeint, dass eine Phase der Überlegung, des Abwägens und des Planens zwischen dem Erleben einer Emotion und der entsprechenden Handlung stattfindet.[21] Und wie wir unsere Emotionen regulieren, steht in engem Zusammenhang zu der Art von Bindung, die wir in frühester Kindheit erfahren haben.

Sehen wir uns erneut ein Beispiel an: Wenn ich meinen Sohn morgens in der Kita seiner Erzieherin überreiche, weint er manchmal. Er ist traurig, weil ich weggehe. Und schließlich kann er sich selbst noch nicht sagen: »Mama kommt ja bald wieder; hier ist es doch auch ganz schön; meine Erzieherin passt gut auf mich auf«. Er fühlt einzig und allein Traurigkeit und Verlustangst. Da man mit einem Jahr noch nicht gut in Sachen Emotionsregulation ist, und das weiß jede Erzieherin, gilt es in einem solchen Fall, das Kind abzulenken und körperlich Sicherheit zu vermitteln. Die Erzieherin spricht beruhigend, aber weil sie weiß, dass das vielleicht bei einem sechsjährigen helfen könnte, nicht aber bei einem Kleinkind, stellt sie sich mit meinem Sohn ans Fenster. Vor dem Fenster baggert ein Bagger ein Loch, ein perfektes Ablenkungsszenario, und schon hört mein Kind auf zu weinen. Hat es seine Emotionen reguliert? Nein, so kann man das nicht nennen.

Und dennoch ist die Lektion nicht unwichtig. Zwar hat er es selbst nicht getan, sondern die Erzieherin hat ihn schlichtweg abgelenkt, aber auch im Erwachsenenalter kann Ablenkung eine Form von Emotionsregulierung darstellen. Nicht in dem Sinne, seine schlechten Gefühle einfach beiseitezuschieben, aber in dem Sinne, dass eine Änderung der Perspektive und der Fokussierung die Dinge oft schon anders aussehen lassen kann.

Mein ältester Sohn hingegen kann dies schon besser. Er geht zur Schule und, ohne müde zu werden, versucht er morgens auszuhandeln, zuhause bleiben zu dürfen. Etwa so: Man müsse im Unterricht aufzeigen, wenn man etwas sagen will, selbst wenn gerade alle still sind! So ein Unsinn! Wenn er dann doch das Haus verlässt, weint er nicht, er protestiert auch nicht oder boykottiert den Ablauf. Und das nicht, weil ich ihn auf den Arm genommen hätte und ihm Bagger vor dem Fenster gezeigt hätte – sondern weil ich mit ihm gesprochen habe und er seine Emotionen reguliert hat. »Naja, gestern war es ja eigentlich ganz schön«, sagt er manchmal, oder: »Aber du holst mich früh ab, okay?«. Mit seinen sechs Jahren kann er also die negativen Gefühle in sich wahrnehmen, ausdrücken und auf eine Weise regulieren, dass sie ihm im Alltag nicht im Wege stehen.

Als Baby geschieht die Emotionsregulation über die Bezugsperson(en). Die Eltern sind dafür verantwortlich, auf die Gefühle, die ein Säugling äußert, einzugehen und diese zu befriedigen. Bei einem Baby ist das zum Glück noch halbwegs übersichtlich: Hunger, Müdigkeit, Schmerzen, Angst. Diese Art der Emotionsregulation, die sozusagen ein Anderer übernimmt, nennt man »interpersonelle Emotionsregulation«. Dadurch, dass ich an seiner Stelle seine Emotionen lese und auf sie reagiere, wird es nach und nach lernen, dies für sich selbst zu übernehmen. Erst auf dieser Basis können Kinder irgendwann selbst ihre eigenen Gefühle regulieren (»intrapersonale Regulation«).

Aber viele Menschen haben Schwierigkeiten, ihre Gefühle zu steuern, wobei sich »unterregulierte« Emotionen von »überregulierten« Emotionen unterscheiden lassen: Menschen mit Borderline- oder Angststörungen beispielsweise sind typischerweise von ihren Emotionen beherrscht, sie werden von ihnen überflutet – hierbei handelt es sich also um unterregulierte Emotionen. Ein Mensch, der ein Burnout erleidet, weil er über Jahre hinweg zu viel gearbeitet hat, leidet an überregulierten Emotionen, denn er hat seine Gefühle von Traurigkeit und Erschöpfung sehr lang nicht zugelassen.

Die Strategien, die wir anwenden, um unsere Gefühle zu regulieren, sind für Forscher insofern interessant, als sie unser Wohlbefinden in hohem Maße beeinflussen. Man kann sie in zwei große Gruppe unterteilen:

– »antecedent-focused« (englisch für auf das Vorangegangene bezogen). Diese Strategien zielen auf die Prozesse in uns ab, die ablaufen, *bevor* unser Verhalten und unsere körperliche Reaktion auftreten. Hierzu zählt beispielsweise, wenn wir wegen eines bevorstehenden Vorstellungsgesprächs aufgeregt sind und versuchen, das Gespräch nicht als Prüfung zu sehen, sondern als Chance. Im Idealfall können sich dadurch die Nervosität, die Anspannung und die Angst gar nicht erst (in vollem Maße) breitmachen.
– »response-focused« (englisch für an Reaktionen orientiert). Hier geht es darum, zu beeinflussen, wie man seine Gefühle zeigt, bewusst erlebt oder nach ihnen handelt. Ein Beispiel etwa ist die Mutter, die ihr kleines

Kind zum ersten Mal im Kindergarten abgibt und beim Abschied ihres Kindes ihre eigene Traurigkeit und Angst nicht zeigt.

Die erste Gruppe von Strategien zur Emotionsregulation (*antecedent-focused*) sind also »präventiv«: Sie dienen im Idealfall dazu, dass die Emotion gar nicht erst (in vollem Maße) auftaucht. Die zweite Gruppe von Strategien (*response-focused*) zielt darauf ab, das bereits aufgetretene Gefühl möglichst gut zu regulieren.

Zur ersten Gruppe, also die Strategien, die sich mit den Vorläufern unserer Gefühle beschäftigen, gehören die ersten vier der folgenden fünf Strategien. Die fünfte Strategie in dieser Auflistung ist hingegen auf das Resultat, also das existierende Gefühl, gerichtet (siehe Abbildung 4).[22]

1. Reiz- oder Situationskontrolle (*Situation Selection*). Man kann versuchen, die Situationen zu vermeiden, die negative Emotionen auslösen. Wenn ein Mensch entscheidet, Weihnachten nicht zu seinen Eltern zu fahren, weil er Jahr um Jahr die Erfahrung gemacht hat, dass ihn diese Besuche in eine Depression stürzen, dann gehört das zur Reiz- oder Situationskontrolle.
2. Reiz- oder Situationsmodifikation (*Situation Modification*). Man kann versuchen, die Situation zu beeinflussen, indem man beispielsweise in einer Streitsituation sein Gegenüber bittet, ruhig zu bleiben oder einen nicht zu beleidigen. Wenn eine magersüchtige Frau beispielsweise zu Beginn eines Besuchs bei ihrer Familie darum bittet, nicht über ihr Essverhalten zu sprechen, weil genau das in ihr Nahrungsverweige-

rung auslöst, dann ist das eine Reiz- oder Situationsmodifikation.

3. Aufmerksamkeitsmodifikation (*Attentional Deploy-
ment*). Statt seine Aufmerksamkeit auf Dinge zu
lenken, die die negative Emotion verstärken, kann
man versuchen, andere Aspekte zu fokussieren, wie
zum Beispiel innerhalb einer Streitsituation das
Kompromissangebot des Streitpartners.

4. Kognitive Bearbeitung (*Cognitive Change*). Je nachdem, wie ich den Stimulus bewerte, empfinde ich ihn
auch. Wenn meine Kinder beispielsweise etwas tun,
was mich wütend macht, sage ich mir oft: »Sie tun
alles nur FÜR sich, nie GEGEN mich.«

5. Modifikation der Reaktion (*Response Modulation*).
Schließlich kann man seine Handlungen kontrollieren,
um beispielsweise die Streitsituation nicht zu ver-
schärfen. Wenn ich also beispielsweise in einem Streit
mit meinem Partner bin, kann ich versuchen, innerlich
bis drei zu zählen, bevor ich antworte. Diese kurze
zeitliche Verzögerung bewirkt eine Modifikation
meiner Reaktion.

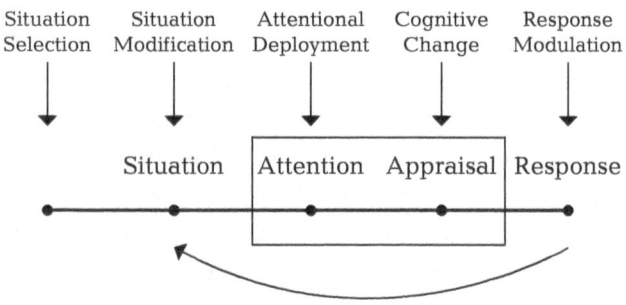

Abbildung 4: Gross & Thompson (2007)

2 Im Dschungel der Gefühle

Letztlich gibt es keine allgemein gültigen Regeln, die uns sagen, wann wir welche Gefühle wie stark regulieren sollten oder ob wir sie überhaupt regulieren sollten.

Stellen Sie sich vor, Sie bekommen zu Weihnachten von Ihrer Schwiegermutter ein Geschenk, über das Sie alles andere als erfreut sind. Sie würden es am liebsten sofort wegwerfen, so hässlich finden Sie es. Sie fühlen sich unverstanden und sind enttäuscht über so wenig Einfühlungsvermögen. Ob Sie diese Gefühle nun frei ausdrücken oder ob Sie einen Schritt zurücktreten sollten und sie noch einmal überdenken – das ist eine Frage, die jeder gemäß seinen Wertvorstellungen beantworten muss. Bei der Emotionsregulation geht es eher darum, Emotionen auf eine Weise zu beeinflussen, dass sie nicht krank machen. Emotionsregulation soll im Idealfall dabei helfen, die eigenen Gefühle wahrnehmen und den Umständen angemessen ausdrücken zu können, auf eine Weise, die zwischenmenschlichen Beziehungen zuträglich ist und diese nicht gefährdet.

Nun gibt es aber da die oben vorgestellten fünf Strategien, und Sie fragen sich vielleicht: Welche soll ich denn nun anwenden? Welche taugt am besten?

Natürlich ist diese Frage nicht absolut zu beantworten, vielmehr es kommt auf die Situation, auf die Emotion an (im praktischen Teil, Kapitel 5, gehe ich genauer darauf ein). Dennoch haben Wissenschaftler versucht, Tendenzen hinsichtlich der Wirksamkeit der verschiedenen Strategien auszumachen.

So ließ sich testen, welche der beiden Strategien – »kognitive Bearbeitung« (*reappraisal*, zu Deutsch Neu- oder Umbewertung) im Vergleich zu »Modifikation der Reaktion« (z. B. Unterdrückung) – besser ist.

Im Experiment haben Forscher[23] Probanden einen ekel-erregenden Film vorgespielt. Die eine Teilnehmergruppe sollte versuchen, keine Emotionen zu empfinden (indem sie also die Situation derart kognitiv deuteten, dass kein Gefühl von Ekel aufkam), die andere Gruppe sollte die Emotionen, die entstehen, nicht zeigen (Unterdrückung). Verglichen wurde das Verhalten der beiden Gruppen mit einer dritten Probandengruppe, die den Film einfach ohne weitere Instruktion betrachtete. Im Anschluss wertete man per Fragebogen aus, wie sich die Menschen fühlten. Zudem haben die Forscher während des Filmschauens physiologische Marker, wie beispielsweise Hautleitfähig-keit, gemessen.

Hier wurden also zwei Strategien miteinander vergli-chen: »reappraisal« (wir haben es schon zu Beginn unter dem Begriff »appraisal« kennengelernt) – eine »antece-dent-focused«-Strategie, die sich auf die Vorläufer des Gefühls konzentriert und mit der wir die Gefühle kognitiv neubewerten –, und die Strategie der Unterdrückung, eine »response-focused«-Strategie, also eine Strategie, die auf das Verhalten, das von einer Emotion ausgelöst wurde, zielt.

Die Studie kam zu dem Ergebnis, dass die kognitive Bearbeitung eines Stimulus, der eine Emotion auslöst, ratsamer ist als die Unterdrückung des Gefühls. Warum?

Unterdrückung hat leider einen unerwünschten Ne-beneffekt: Unterdrückung führt zwar dazu, das negative Gefühl, das ich unterdrücke, etwas weniger zu spüren, aber Unterdrückung wirkt auch wie eine Art Betäubung für positive Gefühle! Scheinbar ist es folgendermaßen: Wenn wir damit beschäftigt sind, ein negatives Gefühl zu unterdrücken, liegt unsere Aufmerksamkeit zu sehr auf dem Negativen; daher werden wir für Positives weniger empfänglich. Außerdem ist das negative Gefühl nur vorübergehend und nur in geringem Maße weniger intensiv. Dass Unterdrückung Kraft braucht, erkennt man am aktiver werdenden Herz-Kreislauf-System, was bei der Alternativstrategie, der kognitiven Modifikation, nicht der Fall ist. Die »*reappraisal*«-Strategie also führt dazu, negative Emotionen weniger intensiv und zudem positive Emotionen stärker werden zu lassen. Schließlich zeigen sich die Vorzüge der kognitiven Modifikation im Vergleich zur Unterdrückung auch auf sozialer Ebene: Menschen, die ihre Emotionen unterdrücken, neigen dazu, weniger über ihre (positiven sowie negativen) Gefühle zu sprechen, und so kommt es, dass sie weniger Unterstützung und Kontakt im sozialen Umfeld erfahren.

Die Studie bestätigt somit, was man sich vielleicht auch schon hätte denken können: Wenn es um eine negative Emotion geht, ist es gesünder, wenn wir versuchen (zum Beispiel durch kognitive Modifikation), sie gar nicht erst entstehen zu lassen, als die negative Emotion nicht auszudrücken (Unterdrückung).

Es ist allerdings wichtig zu betonen, dass dies längst nicht heißt, die kognitive Modifikation sei IMMER die richtige Lösung: Stellen Sie sich vor, Sie hätten einen Job, wobei Ihr Chef Sie tagtäglich schlecht behandelt. Sie fühlen sich überfordert, nicht respektiert, wertlos und gedemütigt. In einem solchen Fall wäre es schädlich, wenn Sie versuchen würden, die Reize kognitiv zu bearbeiten, um keine Wut, keine Wertlosigkeit und keine Demütigung mehr zu empfinden. Diese Art von negativen Gefühlen sollte Anlass für Sie sein, Grundlegendes zu verändern und in letzter Konsequenz den Job zu kündigen (was dann zu Strategie Nummer 1, Reiz- oder Situationskontrolle, zu zählen wäre). Im Gegensatz dazu wäre es falsch, einem Menschen um die 50, der an seinem Älterwerden leidet und sich deshalb jugendlich kleidet und verhält, zu raten, er solle gegen den Reiz seiner Angst vor dem Altern ankämpfen! Denn daran, älter zu werden, kann er nun einmal wirklich nichts ändern. Hier geht es vielmehr darum, die Gefühle, die mit dem Älterwerden in Verbindung stehen, anzunehmen, wirklich zu fühlen und schließlich zu ergründen, welche Ursache sie haben, um sie idealerweise positiv zu beeinflussen.

In Kapitel 5 werde ich ausführlicher auf die Strategien der Emotionsregulation zu sprechen kommen.

Emotionale Kompetenz/ emotionale Intelligenz

Der Begriff »emotionale Kompetenz« und der eng damit verbundene Begriff der »emotionalen Intelligenz«[24] haben seit rund 20 Jahren enorm an Bedeutung gewonnen. Im Zuge der emotionalen Wende, auf die ich bereits eingegangen bin, haben sich Emotionen nicht nur im Bereich der Wissenschaft als wichtiges Thema durchgesetzt, sondern in all unseren Lebensbereichen. So ist es inzwischen beispielsweise üblich, bei einem Einstellungsverfahren nicht mehr nur klassische Intelligenztests ausfüllen zu lassen, vielmehr legen Arbeitsgebers ebenfalls großen Wert auf die emotionale Intelligenz des Bewerbers.

Was genau ist damit eigentlich gemeint? Die emotionale Intelligenz (EI) ist »die Fähigkeit, Emotionen wahrzuneh-

2 Im Dschungel der Gefühle

men und auszudrücken, sie in Gedanken zu verarbeiten, zu verstehen und mit ihnen zu argumentieren und sie in sich selbst und bei anderen zu regulieren.«[25]

Unter emotionaler Intelligenz versteht man:

- *die eigenen Emotionen kennen.* Um sich selbst verstehen zu können, ist es wichtig, die eigenen Gefühle laufend zu beobachten und zu erkennen. Denn wenn wir unsere Gefühle erkennen, können wir sie besser verarbeiten und regulieren, als wenn wir ihnen »ausgeliefert« sind.

- *Emotionen handhaben.* Es ist ungemein erleichternd, wenn man die Fähigkeit besitzt, die eigenen Gefühle so zu handhaben, dass sie angemessen sind. So lassen wir uns zum Beispiel von Schwermut oder Angst nicht herunterziehen, sondern sind in der Lage, solche Emotionen zu bearbeiten, uns dann aber auch wieder von ihnen zu lösen.

- *Emotionen in die Tat umsetzen.* Wenn wir es schaffen, die Dinge, die wir tun, mit einem emotionalen Antrieb zu tun, sind wir motivierter, aufmerksamer und erfolgreicher.

- *Empathie.* Wenn wir in der Lage sind, unsere eigenen Gefühle wahrzunehmen, können wir (sehr wahrscheinlich) auch die Gefühle anderer erkennen und »nachfühlen«. Empathie ermöglicht es uns, die versteckten sozialen Signale zu erkennen und wirkt wie Schmieröl für jegliche Art von Beziehung.

- *Umgang mit Beziehungen.* In Beziehungen – persönlichen sowie professionellen – erfolgreich zu sein, bedeutet in erster Linie, mit den Emotionen anderer Menschen umgehen zu können. Hiermit kommen wir in den Bereich der sozialen Kompetenz.[26]

Zusammengefasst:

Wir sollten Emotionen:

- *bewusst erleben* (wahrnehmen, zulassen)
- *verstehen* (differenzieren, benennen)
- *tolerieren* (wenn sie negativ sind)
- *regulieren* (wenn sie zu intensiv sind)
- *adäquat ausdrücken*

Studien konnten zeigen, dass der klassische Intelligenz-quotient (IQ) nicht ausschlaggebend ist für Erfolg und Zufriedenheit in persönlichen Beziehungen.[27]

Emotionale Intelligenz macht eine Person nicht nur zu einem attraktiven Arbeitnehmer, sondern auch (und vielleicht noch mehr) zu einem attraktiven Partner, denn sie ermöglicht eine enge Bindung und trägt dazu bei, dass Beziehungen stabil bleiben.

Der Umgang mit einem traumatischen Erlebnis zeigt besonders deutlich, ob ein Mensch emotional intelligent ist oder eher weniger, da sich das Ereignis selbst nicht mehr verändern lässt, sondern nur das eigene Verstehen und Interpretieren. Studien kamen zu dem Ergebnis, »Grübeln« (damit ist das passive und anhaltende Fokussieren der eigenen Symptome und der Begleitumstände gemeint) führe zu längeren und intensiveren depressiven Episoden.[28] Grübeln ist also das Gegenteil von einer erfolgreichen Bewältigungsstrategie. Gleichzeitig konnten Forscher aber auch darlegen, dass es hilfreich ist, über traumatische Erfahrungen zu schreiben.

Demnach ist es wichtig, den Unterschied zwischen unproduktivem Grübeln, das die negativen Gefühle bloß verstärkt, und einem Nachdenken und Umdeuten des traumatischen Erlebnisses zu erkennen. Genauso ist es ein Unterschied, ob man Ablenkung sucht, um ein negatives Gefühl zu vermeiden und zu unterdrücken, oder ob man Ablenkung – zum Beispiel in Form eines Treffens mit Freunden – sucht, um sich selbst daran zu erinnern, dass das Leben auch noch positive Seiten hat. Emotional intelligente Menschen scheinen in der Lage zu sein, Ablenkung in der richtigen Dosierung als Bewältigungsstrategie einzusetzen. Wenn wir Freunde treffen und über unsere negativen Emotionen sprechen, hilft uns dies, das Erlebnis besser einzuordnen und möglicherweise neue Perspektiven auf das Erlebnis zu entwickeln. Darüber hinaus führt allein schon die Tatsache, positive Gefühle zu erleben, dazu (das kann dann auch in jeder anderen Form von Ablenkung passieren, auch ohne sozialen Kontakt), dass das negative Gefühl an Intensität verliert. Wenn wir aber Ablenkung mit dem Ziel einsetzen, das negative Gefühl nicht zu spüren, tritt der gegenteilige Effekt ein (dazu mehr in Kapitel 5).

Der Umgang emotional intelligenter Menschen mit einem Trauma ist von drei Merkmalen gekennzeichnet: Emotional intelligente Menschen …

1. erkennen ihre emotionalen Reaktionen auf ein Trauma als natürlich an
2. sehen das Trauma und ihre Gefühle im breiteren Kontext ihres Lebens
3. können Positives in ihren Gefühlen und dem traumatischen Erlebnis sehen.[29]

In einer Studie[30] untersuchten Forscher, wie sich emotionale Intelligenz auf die Handlungsfähigkeit auswirkt. Probanden wurden anhand von Tests in zwei Gruppen eingeteilt: solche mit hoher und solche mit niedriger emotionaler Intelligenz. Man fragte beide Gruppen, ob sie einen Dollar einsetzen würden, um bei einem Spiel möglicherweise zehn Dollar zu gewinnen. Die Ja- und Nein-Antworten hielten sich in beiden Gruppen die Waage.

In der nächsten Testrunde ging es darum, bei den Probanden bewusst Ängstlichkeit, Nervosität und Angespanntheit hervorzurufen. Die Versuchsleiter kündigten also an, alle Probanden zu filmen. Sie sollten eine kurze Rede halten, und eine Gruppe von Menschen würde dann die Aufnahme von ihrem Auftritt beurteilen. Nichts von dem geschah tatsächlich – allein diese Ankündigung ließ die Probanden ängstlich und nervös werden.

Nun fragte man beide Gruppen erneut, ob sie einen Dollar wetten würden, um im Fall des Sieges, zehn Dollar zu gewinnen. Bei der Gruppe der niedrig emotional intelligenten Probanden sank nun die Quote der Ja-Antworten von rund der Hälfte auf nur noch 16 Prozent. In der Gruppe der Probanden mit hoher emotionaler Intelligenz sagten hingegen genauso viele Teilnehmer zu wie im ersten Durchgang. Das Ergebnis zeigt: Zu emotionaler Intelligenz gehört, die Ursachen der eigenen Gefühle verstehen zu können. Die Teilnehmer mit hoher emotionaler Intelligenz erkannten, dass die Angst oder Aufregung, die sie spürten aufgrund des bevorstehenden Gefilmtwerdens, nicht mit ihren Gewinnchancen bei dem Spiel um die zehn Dollar in Verbindung stand, und blieben gelassen. Die Probanden mit niedriger emotionaler Intelligenz hingegen waren ängstlich und angespannt wegen der Ankündigung und ließen diese Ängstlichkeit ihr Handeln beeinflussen, selbst wenn das Handeln nichts mit dem angstauslösenden Reiz zu tun hatte.

Wenn wir lernen wollen, unsere Gefühle besser zu verstehen und sie für uns zu nutzen, dann ist es nicht nur wichtig, sie besser zu erspüren, sondern auch ihre Ursachen einordnen zu können.

Wie lernt der Mensch fühlen?

Das Ziel des emotionalen Lernens ist der Erwerb der emotionalen Kompetenz. Und wie alles Wichtige beginnt das emotionale Lernen in der frühsten Kindheit. Das Gehirn wächst und reift in den ersten Lebensjahren enorm – ein kleines hilfloses Baby, das nicht laufen und nicht essen kann, reift zu einer Person, die zielsicher Tomatensauce an die Wand schmiert und Sofas bemalt, ein Wunder der Natur!

Der Umgang mit Kindern hat sich in den vergangenen Jahrzehnten stark gewandelt. Behandelte man sie in der Nachkriegszeit wie »kleine Erwachsene«, von denen in erster Linie Gehorsam erwartet wurde, nehmen heutzutage viele Eltern Kinder in ihren kindlichen Bedürfnissen ernst und praktizieren einen sogenannten demokratischen Verhandlungsstil. (Dieser Stil wird einem allerdings dann zum Verhängnis, wenn – wie bei mir zuhause der Fall – die Kinder die Mehrheit bilden.) Im vergangenen Jahrhundert prägte sich ein pädagogischer Stil aus, der vor allem ein Ziel hatte: das Kind zu zähmen, das Kind nicht zu dem Tyrannen werden zu lassen, der in ihm steckt. Erziehungsliteratur, wie etwa das berühmte Buch *Die deutsche Mutter und ihr erstes Kind* (1934), glich einer Kampfanleitung, gespickt mit Tricks, wie man als Elternteil nur ja die Oberhand behält und sich nicht »unterbuttern« lässt. Der Bestseller von Johanna Haarer verkaufte sich über eine Million Mal; die Lehren der Autorin wurden in den sogenannten »Reichsmütterschulungen« weitergegeben und waren Grundlage für die Erziehung in Kindergärten und Heimen. Natürlich ist es nicht dieses eine Buch, das verantwortlich ist für den Erziehungsstil einer ganzen Generation – es herrschte bereits vor 1934 im damaligen Preußen eine Kultur von Härte und Drill, sonst hätte dieses Buch keinen solchen Erfolg haben können.

»Das Kind wird gefüttert, gebadet und trockengelegt, im Übrigen aber vollkommen in Ruhe gelassen«, rät Haarer. Sie warnt vor »äffischer« Zuneigung, denn »die Überschüttung des Kindes mit Zärtlichkeiten, etwa gar von Dritten, kann verderblich sein und muss auf die Dauer verweichlichen. Eine gewisse Sparsamkeit in diesen Dingen ist der deutschen Mutter und dem deutschen Kinde sicherlich angemessen.« Der Ratschlag, dass Schreien die Lungen stärke, den man noch heute oft zu hören bekommt, stammt übrigens auch aus ihrer Feder. Der rote Faden in Haarers Ideologie ist: Gib dem Kind keine Zuwendung, wenn es danach ruft.

Heute aber wissen wir: Das Baby erlebt jeden seiner Hilferufe, auf den seine Bezugsperson nicht reagiert, als Zurückweisung und kann in diesem Szenario selbstverständlich überhaupt nicht verstehen, was es mit seinen Gefühlen anstellen soll. Bald wird es aufhören, nach Hilfe zu rufen, Babys sind schließlich nicht dumm, aber die Gefühle werden nicht unbedingt verschwinden. Und so wachsen Menschen heran, die ihre eigenen Gefühle nicht verstehen, vielleicht gar nichts mehr empfinden, keine Gefühle zeigen und mit den Gefühlen ihrer Mitmenschen nichts anfangen können.

In milderen Versionen ist die Ideologie aus dem vergangenen Jahrhundert heute noch immer zu spüren, beispielsweise in Ratschlägen, nicht sofort zu springen, wenn das Kind weint. Oder wenn Eltern erklärt bekommen, das Kind lege dieses oder jenes Verhalten nur an den Tag, »um seine Grenzen zu testen«, »um zu sehen, wie weit es gehen kann«. In der deutschen Pädagogik ist noch immer eine tief verwurzelte Angst zu spüren, Eltern könnten ihr Kind durch zu viel Zuwendung verhätscheln. Denn wenn man ihm den kleinen Finger reiche, packe es ja doch nur die ganze Hand. Zuneigung, Liebe und Aufmerksamkeit sollten deshalb nur in wohldosierten und gut überlegten Dosen eingesetzt werden, nicht dass sich das Kind am Ende noch daran gewöhne! »Nicht geschimpft ist genug gelobt« ist zwar angeblich ein schwäbisches Sprichwort, aber es repräsentiert meiner Meinung nach ziemlich gut die gesamtdeutsche Mentalität. In Ländern wie beispielsweise Frankreich, wo es noch üblicher ist als in Deutschland, das Baby sehr früh in eine Krippe zu geben, es nicht zu stillen und alleine schlafen zu lassen, ist diese Mentalität genauso vorzufinden.

Natürlich gibt es zu jeder Bewegung eine Gegenbewegung, und Deutsche verhalten sich in ihrer Kindererziehung selbstverständlich nicht alle gleich – aber man kann sagen, dass es Babys und kleinen Kindern hierzulande häufig an emotionaler Zuwendung fehlt. Und emotionale Zuwendung besteht eben weder aus einem Chinesischkurs mit fünf Jahren noch aus einem neuen Spielzeug. Wenn Kritiker also behaupten, Kinder stünden doch bereits viel zu sehr im Mittelpunkt, weil es Yoga für Babys und Programmierkurse für Erstklässler gebe, dann hat das Eine schlichtweg nichts mit dem Anderen zu tun: Eltern, die ihre Kinder zu kleinen Einsteins und Mozarts heranziehen wollen, indem sie ihre Kindheit zu einem einzigen Stundenplan machen, schenken ihren Kindern dadurch keine emotionale Zuwendung. Ebenso wenig ist Konsum ein wirksamer Ersatz: Die vielen Kinder, die in ihren mit Spielzeug zugestopften Kinderzimmern hocken, mit denen sich aber keiner beschäftigt, diese Kinder werden das, wenn sie so weit sind, bestätigen.

Bei meinem ersten Elternabend in der Grundschule meines Sohnes lautete die Empfehlung der Klassenlehrerin: »Nehmen Sie sich doch am besten jetzt, in der Anfangszeit, jeden Tag 20 Minuten Zeit, um mit Ihrem Kind zu sprechen.« Wenn eine Grundschullehrerin das Gefühl hat, Eltern explizit darauf hinweisen zu müssen, in einer extremen Umstellungsphase des Kindes etwas Zeit aufzuwenden, die sie nur dem Kind widmen, dann sagt das doch alles.

Dass es allerdings tatsächlich nicht selbstverständlich ist, seinen Kindern bewusst und explizit Aufmerksamkeit zu schenken, und dass dies noch im vergangenen Jahrhundert noch viel weniger selbstverständlich war, das wurde mir vor kurzem deutlich, als ich die Serie *Comedians in Cars getting Coffee* (*Comedians auf Kaffeefahrt*) auf Netflix schaute. In dieser Serie lädt der amerikanische Comedian Jerry Seinfeld verschiedene andere Comedians und Schauspieler zu einem Kaffee ein und unterhält sich mit ihnen. In dieser einen Folge, auf die ich mich jetzt beziehe, hat Jerry Seinfeld den Radiomoderator Howard Stern zu Gast. Sie sprechen über psychische Probleme und Therapien, als Howard Stern sagt: »›I would've loved if my father had sat me down and just said: ›How are you‹?« – zu Deutsch etwa: »Ich hätte mich sehr gefreut, wenn sich mein Vater mit mir hingesetzt hätte und einfach nur gefragt hätte, wie es mir geht.«

Und auch wenn Jerry Seinfeld im Gegensatz zu Howard Stern keinerlei Impuls hat, öffentlich seine Schwächen oder Verletzungen zu zeigen, und ihm die gesamte Thematik unangenehm zu sein scheint, an dieser Stelle stimmt er Howard Stern zu.

Da sitzen also zwei erwachsene, erfolgreiche und extrem wohlhabende Männer beisammen und sind berührt von der Vorstellung, echte Zuwendung von ihrem Vater gezeigt zu bekommen. Sie einigen sich darauf, dass es früher nun mal so war. Aber ist es heute wirklich so anders?

Erst kürzlich hat der Film *Elternschule* mit exakt dieser althergebrachten Pädagogik für Aufsehen gesorgt. Der Film dokumentiert den Alltag in einer kinderpsychologischen Klinik und zeigt, wie das Fachpersonal Kinder mit extremen emotionalen Problemen zu »korrektem Verhalten« dressiert. In eine ähnliche Kerbe schlägt der Bestseller *Jedes Kind kann schlafen lernen*, in dem der Autor Eltern Tipps vermittelt, wie sie ihr Kind trainieren können, damit es alleine ein- und durchschläft.

Der rote Faden ist überall derselbe: Je mehr du den Bedürfnissen deines Kindes nachgehst, je mehr du sie erfüllst, desto abhängiger werde dein Kind von dir, desto mehr werde es verlangen, bis zu einem solchen Ausmaß, dass es dich komplett vereinnahmt. Dem Kind sei ein Drang zum Tyrannentum angeboren, und wir Eltern müssten alles daransetzen, es ihm auszutreiben, indem wir das Kind von Anfang an in seine Schranken weisen. Solche Einstellungen waren noch zu Lebzeiten unserer Großeltern gang und gäbe.

Aber wie gering muss ein Selbstwertgefühl eines erwachsenen Menschen sein, um sich von einem Baby dermaßen bedroht zu fühlen? Heutzutage gibt es genügend Ansätze, die versuchen, das emotionale Miteinander in unserer Gesellschaft zu verändern – sei es die Achtsamkeitsbewegung oder der Trend der gewaltfreien Kommunikation – überall können Menschen sich Unterstützung suchen, wenn sie spüren, dass sie ihre eigenen Kinder anders behandeln wollen, als es früher üblich war.

Nehmen wir das Beispiel mit dem Schlaftraining: Auf diesem Gebiet gibt es keine gewinnbringenden Tipps, die human vertretbar umzusetzen wären. Das Problem ist: All die Ratschläge für diverse Schlaftrainings basieren darauf, nicht auf das Schreien des Kindes zu reagieren. In milderen Varianten soll man nur eine gewisse Zeit lang (eine Minute, fünf Minuten usw.) nicht reagieren. Nachdem es erlebt hat, dass niemand auf sein Schreien (sofort) reagiert, so das Ziel dieser Ratgeber, werde das Baby aufhören zu schreien und alleine einschlafen. Das tut es auch tatsächlich irgendwann! Anhänger der Schlaftrainings nehmen dies dann als Beweis dafür, die Methoden würden doch funktionieren, und untermauern häufig noch, es tue dem Kind ja auch gut, weil es ja so zu mehr Selbständigkeit gelange. Nun wissen wir allerdings, dass intrapersonale Emotionsregulierung (also die Emotionsregulierung in und mit sich selbst) schlichtweg für ein Baby noch nicht möglich ist. Babys brauchen eine andere Person dafür. Wenn Babys also nach einiger Zeit aufhören zu schreien und ohne Hilfe einschlafen, heißt dies nicht, sie hätten sich selbst beruhigt, sondern vielmehr, dass sie aufgegeben haben.

Das Schreien generell ist *der* emotionale Ausdruck

eines Babys. Zwar können wir mit einem Baby noch nicht ausschweifend über seinen emotionalen Zustand sprechen, aber wir können ihm vermitteln: Wenn du weinst, nehme ich dich in den Arm. Was glauben Sie, wie viele Ehen sich retten ließen, wenn ein Partner den anderen einfach in den Arm nehmen würde, wenn dieser weint?

Wenn wir allerdings unseren Kindern beibringen, dass sie uns mit ihren Gefühlen nicht belästigen und sie stattdessen lieber mit sich ausmachen sollen, dann entwickeln sich diese Kinder eben nicht zu selbständigen, eigenständigen Wesen, die ihre Emotionen perfekt alleine regulieren können und stets ausgeglichen sind! Wie auch? Sie haben es ja nicht gelernt. Stattdessen werden sie zu Erwachsenen, die vor ihren eigenen Emotionen und den Gefühlen anderer Menschen stehen wie der Ochs vor dem Berg.

Die sprachliche Entwicklung ist eine der wichtigsten kognitiven Fertigkeiten, die wir benötigen, um emotionale Kompetenz zu entwickeln. Denn: Sprache heißt Mitteilen, heißt Verbindung, Beziehung, Gefühl. Das Problem ist nur: Babys können nicht sprechen.

Sprache und Fühlen

Kann man fühlen, wofür man keine Worte hat? Die Frage nach dem Zusammenhang zwischen Sprache und Denken beschäftigt die psycholinguistische Forschung, die Wissenschaft von der menschlichen Sprachfähigkeit, bereits seit langer Zeit. Hier geht es darum zu erforschen, ob der Mensch etwas denken kann, das sich nicht in Worte fassen lässt. Kann der Mensch beispielsweise rein visuell denken, ohne das Visualisierte innerlich zu verbalisieren?

Nehmen wir ein klassisches Beispiel für visuell geprägtes Denken: den Weg von Ihrem Zuhause bis zur nächsten Bus- oder Bahnhaltestelle. Stellen Sie sich den Weg genau vor. Was passiert gerade? Sprechen Sie innerlich Wörter wie »und dann rechts«, »Kreuzung« oder »geradeaus«? Oder denken Sie wirklich einfach nur in Bildern, ganz ohne Sprache?

Während diese Frage hinsichtlich des Denkens recht komplex ist, fällt die Antwort leichter, wenn wir fragen, ob wir fühlen können, wofür wir keine Worte haben. Hier lautet die Antwort intuitiv sicherlich eher ja. Wir fühlen etwas, wissen aber nicht genau, wie wir es beschreiben können; kein Wort scheint richtig zutreffend zu sein. Begriffe für die internen Prozesse zu finden, ist schwierig, und zwar für Menschen jeden Alters. Aber für Kinder, die das Universum der Sprache gerade erst kennenlernen, ist es besonders schwierig. Man muss ihnen helfen, die richtigen Wörter für ihre Gefühle zu finden. Denn – und hier kommen wir zum Zusammenhang zwischen Sprache und Fühlen – das In-Worte-Fassen ist die Grundlage für das Verstehen und Verarbeiten der eigenen Gefühle. Solange wir keinen Namen finden für das, was in uns vorgeht, bleiben wir stecken. Spracherwerbsforscher betrachten daher die Kategorie der Sprache für innere Zustände (»*internal state language*« (ISL)) häufig gesondert. Der Erwerb der Sprache für innere Zustände ist ein wichtiger Bestandteil des Spracherwerbs, da ein umfangreiches ISL-Vokabular und dessen Gebrauch fundamentale Voraussetzungen für die emotionale Kompetenz bilden.

Mein großer Sohn konnte mit fünf Jahren komplexere Gefühle wie Stolz mit seinem Gesichtsausdruck darstellen. Wir machten daraus manchmal ein Spiel, nicht zuletzt, weil es so wahnsinnig süß anzusehen ist, sondern natürlich auch, weil er weiß, er bekommt alles, was er will, wenn er zum Beispiel das traurige Gesicht macht. Interessant ist, dass Stolz in seinem Gesicht anders aussieht als Freude, Angst anders als Traurigkeit. Sein kleiner Bruder hatte damals, er war zwei, hingegen gerade einmal zwei unterschiedliche Gesichtsausdrücke. Er versuchte, so gut er konnte, mitzuspielen, allerdings verfügte er eben nur über einen positiven und einen negativen Gesichtsausdruck. Die Worte »Stolz« oder »Schüchternheit« konnte er einfach noch nicht oder zumindest noch nicht in ihrer vollen Bedeutung verstehen. Er befand sich genau in der Phase des Spracherwerbs, in der der Erwerb der Sprache für innere Zustände beginnt.

Lange Zeit haben Wissenschaftler den gesamten Bereich der Emotionen im Allgemeinen und auch speziell auf dem Feld der Psycholinguistik vernachlässigt. Daher kommt es, dass erste Studien zum Thema ISL-Erwerb erst in den 1980er Jahren durchgeführt worden sind. Die beiden Psychologinnen Inga Bretherton und Majorie Beeghly (1982) waren die ersten, die systematisch erforscht haben, wie Kinder die Sprache für innere Zustände erlernen. Sie verwendeten Berichte von Eltern, deren Kinder 28 Monate alt waren. Die Autorinnen benutzten eine Liste von über 78 Wörtern für innere Zustände, und die Eltern sollten ankreuzen, welche Wörter zum aktiven Vokabular ihrer Kinder gehörten. Die abgefragten Wörter waren sechs verschiedenen begrifflichen Kategorien zugeordnet:

– Wahrnehmung (Sehen, Hören, Schmecken, Riechen, Fühlen, Schmerz, Temperatur, Berührung)
– Physiologie (Hunger, Durst, Müdigkeit)
– positiver und negativer Affekt (Freude, Überraschung, Liebe, Traurigkeit, Ekel, Wut, Angst)

- Wollen und Können (Wunsch, Bedürfnis, Fähigkeit, etwas Schwieriges zu tun)
- Kognition (Wissen, Erinnerung, Unsicherheit, Träumen, Realität vs. Spiel)
- moralisches Urteil (moralische Konformität, Erlaubnis, Pflicht)

Die Studie kam zu dem Ergebnis, dass der ISL-Erwerb im zweiten Lebensjahr beginnt und sich im dritten Lebensjahr rapide intensiviert. Zu Beginn verwenden Kinder vor allem Wörter aus den Bereichen »Wollen«, »Physiologie« und »Wahrnehmung« (64–69 %). Allerdings sind die individuellen Unterschiede zwischen Kindern enorm. Auf die Studie von Bretherton und Beeghly folgten zahlreiche weitere Untersuchungen, die die Erkenntnisse bestätigten und erweiterten.[31] Aus all den gesammelten Befunden geht hervor, dass Kinder im Alter zwischen zwei und drei Jahren beginnen, Sprache für die inneren Zustände zu verwenden, welche sich hauptsächlich auf ihren physischen oder perzeptuellen Zustand bezieht, wie beispielsweise »Hunger«, »Aua«. Später treten Begriffe aus dem Feld »Wollen« hinzu, und nach dem dritten Geburtstag erfolgt der Erwerb der Wörter, die kognitive und mentale Zustände beschreiben. Erst mit der Entwicklung einer »*theory of mind*« (die Fähigkeit, die Gedanken und Gefühle anderer Menschen zu erkennen, und diese im eigenen Handeln zu berücksichtigen) können Kinder die semantische Komplexität von mentalen Zustandsbeschreibungen, wie beispielsweise »wissen«, »glauben« und »denken«, erfassen und die Unterschiede zwischen diesen Wörtern verstehen.

Vielleicht ist Ihnen der Begriff »Theory of Mind« schon einmal begegnet. Was genau steckt aber dahinter? Die »Theory of Mind« (ToM) ist eine Fähigkeit, die sich etwa ab dem vierten bis fünften Lebensjahr entwickelt. Dank der ToM können wir begreifen, dass andere Menschen andere Wünsche, Gedanken, Gefühle, Meinungen und Absichten haben als wir selbst. Das heißt, durch eine ToM sind Menschen in der Lage, sich selbst und andere Personen als Subjekte mit Bewusstsein zu erkennen. Zwar können bereits Dreijährige verstehen, dass andere Menschen andere Gefühle haben als sie selbst – das dreijährige Kind nimmt also zum Beispiel wahr, wenn ein anderer Mensch gerade traurig ist, obwohl es selbst gerade Freude empfindet – aber es kann noch nicht begreifen, dass seine eigenen Gedankeninhalte subjektiv sind und nicht von allen anderen geteilt werden. Diese Fähigkeit entwickelt sich erst im vierten Lebensjahr, und es gibt einfache Tests, mit denen man herauskriegen kann, ob ein Kind bereits ToM-fähig ist oder nicht. Die meisten Tests operieren mit den sogenannten »False Befliefs« – also den falschen Annahmen. Sie werden gleich verstehen, was damit gemeint ist: Einer der bekanntesten Tests heißt »Maxi und die Schokolade«. Dabei spielt man Kindern mit Figuren eine kleine Szene vor: Maxi, die Spielfigur hat ein Stück Schokolade. Vor ihm stehen zwei Dosen. Maxi versteckt das Schokoladenstück in Dose 1 und verlässt die Szene. Maxis Mutter taucht auf und nimmt das Schokoladenstück aus der ersten Dose und legt es in Dose 2. Nun verschwindet Maxis Mutter wieder und Maxi kommt zurück. Nun wird dem Kind die Testfrage gestellt: »Wo sucht Maxi nach der Schokolade?«

Wenn das Kind antwortet: »In Dose 2«, dann hat es noch keine vollständigen ToM-Fähigkeiten erlangt, weil es offensichtlich nicht zwischen seinem eigenen Wissen (darüber, wo die Schokolade tatsächlich ist) und Maxis Nicht-Wissen (»False Belief«) unterscheiden kann. Wenn das Kind aber antwortet, Maxi werde in der Dose suchen, in der er die Schokolade versteckt hatte, dann lässt sich dadurch erkennen, dass das Kind seine eigenen Bewusstseinsinhalte von denen anderer Personen trennen kann.

Ähnlich ist es mit Ausdrücken für komplexere Gefühle. Die Tatsache, dass manche Kinder Wörter für mentale Zustände oder komplexe Emotionen schon vor dem dritten oder vierten Lebensjahr benutzen, heißt nicht, sie würden die Bedeutung dieser Wörter in ihrem vollen Umfang begreifen. Dieser Umstand wird in der Forschung »*use before meaning*« genannt. Hiermit ist gemeint, dass Kinder zum Teil abstrakte Wörter, beispielsweise für Konzepte wie Zeit oder mentale Zustände, verwenden, ohne sie im »erwachsenen Sinne« komplett verstanden zu haben.[32] Im Alltag verwenden Kinder Wörter, die lange Zeit eine »private«, kontextgebundene Bedeutung für sie haben, die an die Reaktion der Bezugspersonen und den immer wieder wiederholten Gebrauch in derselben Situation gebunden ist. Erst im Laufe der Zeit erfassen sie schrittweise die Bedeutung, die die gesamte Sprachgemeinschaft akzeptiert und teilt.

Mein älterer Sohn beispielsweise hat lange Zeit »gestern« in Bezug auf alles verwendet, was in der Vergangenheit lag. »Im Sommer fahren wir wieder nach Korsika. Da waren wir gestern schon.« Während die Unterscheidung zwischen gestern, vorgestern, morgen und über-

2 Im Dschungel der Gefühle

morgen ihm immer noch nicht ganz klar ist, kann er jedoch klar zwischen emotionalen Zuständen und mentalen Prozessen unterscheiden und fordert dies auch von seinem Gegenüber regelrecht ein. Wenn es beispielsweise abends mal wieder eine gefühlte Ewigkeit dauert, bis die Kinder sich gewaschen und die Zähne geputzt haben, und ich fortschreitend ungeduldiger und müder werde, fragt mich mein Sohn oft: »Bist du jetzt sauer oder genervt?« Oder: »Bist du auf mich wütend oder bist du nur müde?«

Warum sind ihm diese Begriffe so wichtig, warum fordert er mich dazu auf, mich klarer auszudrücken? Genauso wie es einem beim Verstehen der eigenen Gefühle hilft, diese in die passenden Worte zu fassen, ist es vor allem in (nahenden) Konfliktsituationen nötig, die inneren Prozesse des Gegenübers zu verstehen. Und hierfür brauchen wir Sprache.

Wie kann also die Entwicklung der Sprache für innere emotionale Zustände von Kindesbeinen an gefördert werden? Warum sind die individuellen Unterschiede speziell bei der Sprache für innere Zustände so groß? Weil es hierbei ums Eingemachte geht. Es besteht eine enge Verbindung zwischen dem Erwerb der ISL und den Bindungserfahrungen, die wir als Kind machen.

Der Zusammenhang zwischen Bindung und dem Sprechen über Gefühle

In der Bindungsforschung ging man ursprünglich davon aus, dass sich aus der Art und Weise, wie die Beziehung zwischen Kind und Bezugsperson ausgestaltet ist, vier unterschiedliche Bindungstypen ergeben, die ein Leben lang stabil bleiben. Inzwischen deuten immer mehr Befunde in die Richtung, ein Bindungstyp ließe sich im Laufe des Lebens verändern, wenn man entsprechende andere Bindungserfahrungen macht, die stark genug sind. Ein Bindungstyp charakterisiert sich dadurch, dass Konzepte von Nähe und Distanz zu sich selbst und dem Anderen, Verbindungen und Grenzen bereits im Säuglingsalter festgeschrieben werden. Die Art und Weise, wie die Bezugsperson Blick- und Körperkontakt zu ihrem Baby hält, wie intensiv sie ihm Aufmerksamkeit schenkt, wie unmittelbar und adäquat sie auf die Signale des Babys reagiert – all diese Dinge sind Bindungserfahrungen, die nach und nach einen der vier Bindungstypen begründen. Dabei geht es darum, wie die Haltung der Bezugsperson(en) dem Kind gegenüber *überwiegend* aussieht (schließlich hat jedes Elternteil mal schwache Momente).

Die Bindungsforschung geht zurück auf den Kinderarzt und Psychoanalytiker John Bowlby, der in den 1930er Jahren in einer Betreuungsstelle für straffällig gewordene Kinder arbeitete. Während dieser Zeit beobachtete er Kinder, die zu niemandem ein Vertrauensverhältnis aufbauen wollten/konnten, und brachte dieses Verhalten mit Erfahrungen aus ihrer frühen Kindheit in Zusammenhang. Auf Bowlby folgten weitere Wissenschaftler, allen voran Mary Ainsworth, die ein Verfahren entwickelte, mit dem man das Bindungsverhalten von Kindern zwischen 12 und 18 Monaten testen kann (»Fremde Situation«);[33] in diesem Test geht es darum, ein Kind einer – wie der Name schon sagt – fremden Situation auszuliefern. Das Kind befindet sich in einem unbekannten Raum, in dem es allerdings viel zu entdecken gibt: vor allem Spielsachen. Das Kind wird also von zwei Bedürfnissen dominiert: seinem Explorationsdrang (es will das neue Spielzeug ausprobie-

2 Im Dschungel der Gefühle

ren) und seinem Bedürfnis nach Absicherung und Nähe zu seiner Bezugsperson.

Da Bindungsverhalten, Bindungsunsicherheit oder Bindungserfahrungen so populäre Begriffe sind und häufig nicht mit der ausreichenden Vorkenntnis verwendet werden, möchte ich hier kurz darstellen, wie das ursprüngliche Experiment, das Ainsworth als Erste durchgeführt hat, im Einzelnen aussieht.

Der Fremde-Situations-Test ist folgendermaßen aufgebaut: Mutter und Kleinkind betreten einen Raum, in dem Spielzeug liegt. Die Mutter setzt das Kind in der Nähe des Spielzeugs ab, setzt sich auf einen Stuhl und liest in einer Zeitschrift. Nach wenigen Minuten betritt eine fremde Frau den Raum und setzt sich schweigend auf einen weiteren Stuhl. Eine Minute danach beginnen die Mutter und die fremde Frau ein Gespräch, und die fremde Frau fängt an, sich mit dem Kind zu beschäftigen. Nun folgt die erste Trennungssituation, denn die Mutter verlässt den Raum (an dieser Stelle beobachtet man, wie das Kind auf die Fremde reagiert und ob Trennungsprotest eintritt). Die fremde Frau wird sich um das Kind kümmern, falls es weinen sollte. Nach kurzer Zeit kommt die Mutter wieder zurück in den Raum, nimmt ihr Kind in den Arm und begrüßt es, wobei diese erste Wiedervereinigungssituation von besonderem Interesse für die Psychologen ist.

In der zweiten Phase setzt die Mutter es wieder zum Spielzeug und animiert es zum Spielen. Nun verlässt zuerst die fremde Frau und drei Minuten später auch die Mutter den Raum, und das Kind bleibt für drei Minuten alleine im Zimmer. Nach Ablauf der drei Minuten kommt die fremde Frau zurück und spielt mit dem Kind oder tröstet es, je nachdem, wie das Kind gestimmt ist. Einen Moment später kommt auch die Mutter wieder herein und hebt ihr Kind hoch. Diese zweite Wiedervereinigungssituation ist ein weiterer wichtiger Moment – sie ist mit der Frage verknüpft, ob das Kind sich von seiner Mutter trösten lässt. Schließlich verlässt die fremde Frau wieder den Raum, und Mutter und Kind bleiben im Testraum zurück.

Bei diesen Schritten wird (per Filmaufnahme) beobachtet, wie sich das Kind während des Getrenntseins und beim Wiedersehen mit der Bezugsperson verhält.

Auf Basis der gezeigten Verhaltensmuster konnten Wissenschaftler vier systematisch unterschiedliche Bindungstypen identifizieren.

Aber warum ist das hier von Interesse? Weil unsere frühesten Bindungserfahrungen immensen Einfluss haben auf die Art und Weise, wie wir Gefühle empfinden, ausdrücken und bei anderen erkennen. Eine sichere Bindung ist die Grundlage dafür, Gefühle wahrzunehmen und sie angemessen zu äußern. Unsichere Bindungen können sich auf der anderen Seite dahingehend äußern, dass Menschen entweder »zu wenig« (Bindungstyp unsicher-vermeidend) oder »zu viel« (Bindungstyp unsicher-ambivalent) Emotionen zeigen.

Hier eine Übersicht über die vier Typen:
- sicher gebundene Kinder mit einem stabilen und angemessenen Bindungsverhalten,
- unsicher-vermeidende Kinder, die in bindungsrelevanten Situationen (z. B. Trennung) nicht zeigen, dass es ihnen schlecht geht,
- unsicher-ambivalente Kinder, die auf eine Trennungssituation extrem gestresst und ängstlich reagieren und sich nur schwer beruhigen lassen, und

– desorganisierte Kinder, die keinem Bindungsmuster eindeutig entsprechen, da sie teils chaotisches, widersprüchliches, extrem kontrollierendes oder unkoordiniertes Verhalten der Bezugsperson gegenüber an den Tag legen.

Kindern mit einer sicheren Bindung macht es Spaß, eine neue Umgebung zu erkunden. Sie versichern sich der Nähe der Bezugsperson, sobald etwas Beunruhigendes eintritt. Sie suchen den Kontakt, akzeptieren es aber in einem gewissen Rahmen auch, wenn man sie ablegt. In der fremden Situation zeigen sie offen ihren Kummer über die Trennung. Sie suchen Nähe zur Bindungsperson, sobald diese wieder im Raum ist (Wiedervereinigung). Dann beruhigen sie sich schnell und nehmen das Erkunden wieder auf.

Kinder des unsicher-vermeidenden Typs suchen nicht aktiv den Kontakt zur Mutter. Sobald man sie jedoch ablegt, protestieren sie dennoch. In der fremden Situation lassen sie weniger Trennungsschmerz erkennen als sicher gebundene Kinder und ignorieren ihre Bezugsperson mehr oder weniger bei der Wiedervereinigung. Stattdessen wenden sie sich dem Spielzeug zu. Studien zeigen jedoch, dass ihre Pulsfrequenz genauso stark ansteigt wie bei sicher gebundenen Kindern, wenn sie von der Bezugsperson getrennt sind – sie lassen es sich nur nicht anmerken,[34] was eine enorme emotionale Anstrengung darstellen muss für ein einjähriges Kind.

Kinder mit einer unsicher-ambivalenten Verhaltensstrategie erkunden unbekannte Umgebungen nicht gern und »kleben« förmlich an ihrer Bezugsperson. Kleinste Trennungen versetzen das Kind in Wut; es schreit viel. In der fremden Situation lässt sich das Kind nicht beruhigen, und sobald die Bezugsperson wiederauftaucht, sucht es einerseits ihre Nähe, drückt aber andererseits ebenfalls seinen Zorn gegen sie aus.

Die meisten Kinder zeigen ein sicher gebundenes Muster auf (60–70 %), die beiden Gruppen unsicher-vermeidend und unsicher-ambivalent kommen jeweils mit einer Häufigkeit von etwa 10 bis 15 Prozent vor. Desorganisierte Bindungen sind vergleichsweise selten (5–10 %).[35]

Interessant in diesem Kontext ist übrigens, dass eine emotionale Vernachlässigung in der frühen Kindheit für das spätere Leben eines Menschen schädlicher zu sein scheint als eine massive Misshandlung in Form von Gewalt und/oder sexuellem Missbrauch.[36]

Die Bindungserfahrungen, die ein Kind macht, beeinflussen maßgeblich, in welchem Ausmaß und zu welchem Zeitpunkt es die Sprache für innere Zustände erwirbt.[37] Sicher gebundene Kinder verwenden früher und häufiger ISL, als es unsicher-vermeidende und desorganisierte Kinder tun.

Was kann man aus diesem Zusammenhang lernen? Vor allem eines: Über Gefühle sprechen lehrt Kinder nicht nur das entsprechende Emotionsvokabular, sondern stärkt auch Beziehungen.

Nun wird das Baby nicht viel sagen, wenn man es fragt, was es denn gerade fühlt – es geht schließlich um einen viel fundamentaleren Austausch über Gefühle, der, vor allem im frühen Kindesalter, auch nonverbal vonstattengeht. Da die Mehrheit der Kinder sicher gebunden ist, gehen wir jetzt einmal von dem Fall einer sicheren Bindung zwischen Kind und Bezugsperson aus. Diese zeichnet sich unter anderem dadurch aus, dass die Bezugsperson ihrem Kind Aufmerksamkeit schenkt. Je jünger das Kind ist, desto länger sind die Zeiten, in denen die Bezugsperson ihre Augen auf das Kind richtet. Mit der Zeit dehnen sich die Phasen aus, in denen die Mutter oder der Vater ihr Baby aus dem Blick lässt und beispielsweise andere Dinge tut. Ein weiterer wichtiger Faktor sind die feinfühligen Reaktionen der Bezugsperson auf die Signale des Babys. Diese nimmt vor allem Signale von Unwohlsein, also Schreien oder Weinen, im Fall einer sicheren Bindung sofort wahr und reagiert unmittelbar und adäquat darauf.[38] Diese nonverbale Interaktion zwischen Kind und Bezugsperson nennt sich auch »Abstimmung«[39] und meint, dass das Kind erfährt, wenn seine Mutter oder sein Vater seine Emotionen mit Empathie aufnimmt, akzeptiert und erwidert. Durch diese Abstimmung bzw. Fehlabstimmung werden die Erwartungen des späteren Erwachsenen geprägt, die er an enge Beziehungen heranträgt.

Die große Mehrheit der Eltern kann sowieso nicht anders – selbst bei Fremden löst Babygeschrei ein starkes Bedürfnis nach sofortigem Trösten aus. Außerdem verbalisiert die Bezugsperson auf der einen Seite die Regungen des Kindes und legt ihm dadurch im Laufe der Zeit die sprachlichen Mittel dafür in die Hand, seine eigenen Gefühle zu verstehen. Auf der anderen Seite versprachlicht die Bezugsperson auch ihre eigenen Gefühle. Etwa so: »Mama ist müde, lass uns jetzt schlafen.«[40]

In einem ganz frühen Stadium besteht die Abstimmung darin, dass die Bezugsperson das Baby ihr Wissen darum spüren lässt, was das Kleine empfindet. Wenn das Baby also vor Freude quietscht, erwidert die Bezugsperson diese Freude, indem sie beispielsweise ebenfalls mit hoher Stimme spricht und das Erregungsniveau des Babys übernimmt. Solche Botschaften sendet die Bezugsperson im Minutenabstand an ihr Baby aus. Daniel Stern zufolge erhält das Baby dadurch das beruhigende Gefühl, emotional verbunden zu sein. Je größer das Baby wird, desto größer wird der sprachliche Anteil. Das Kind lernt durch das Sprechen über Gefühle Grenzen kennen – wo beginne ich, wo höre ich auf, wo fängt Mama/Papa an? Ein Leben lang können wir davon profitieren, wenn uns in der Kindheit ein solches Fundament gegeben worden ist, was unser soziales Verständnis, unsere Empathiefähigkeit und unsere emotionale Kompetenz stärkt.[41] Für eine sichere Bindung zwischen Kind und Bezugsperson bedarf es aber mehr als über Gefühle zu sprechen, obwohl dies ein wichtiger Grundstein ist. Das Kind muss ein Fundament bekommen, auf dem es sich sicher genug fühlt, um seinem Explorationstrieb nachgehen zu können; es muss das Gefühl haben, dass seine Bezugsperson berechenbar und zuverlässig verfügbar ist.

In der folgenden Graphik sind die Bedürfnisse des Kindes in den verschiedenen Altersstufen bildlich dargestellt, deren Erfüllung zu einer sicheren Bindung führt.

Besteht also ein solches Fundament einer sicheren Bindung, kann das Kind uneingeschränkt die Welt der Emotionen kennenlernen und erlernen und schließlich zu einem emotional kompetenten Menschen heranreifen.

Wie kann man sich also dieses emotionale Lernen genau vorstellen? Zunächst: Man kann die Lernschritte, von denen die wichtigsten in den ersten sechs Lebensjahren stattfinden, drei Bereichen zuordnen: »Emotionsausdruck«, »Emotionsverständnis« und »Emotionsregulation«. In al-

Kreis der Sicherheit:
Wie Eltern auf die Bedürfnisse ihres Kindes achten

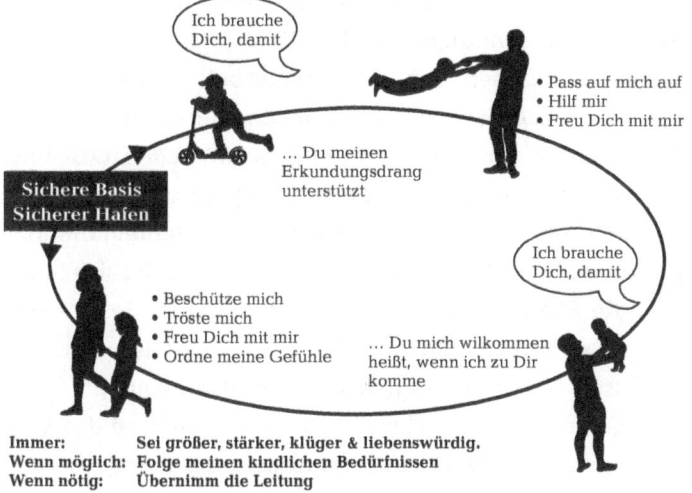

Abbildung 5: Kreis der Sicherheit (Marvin et al. (2003))

len drei Bereichen erwirbt das Kind nach und nach immer mehr Fähigkeiten, die eng miteinander verknüpft sind und größtenteils parallel ablaufen (die gesamte Entwicklung ist überblicksartig bei Textor und Bostelmann in ihrem Online-Handbuch *kindergartenpaedagogik.de* sowie bei Petermann und Wiedebusch in *Emotionale Kompetenz bei Kindern* (2016)[42] nachzulesen).

0–1 Jahre

Mein kleiner Sohn liebte als Baby eine ganz bestimmte Rassel. Als er etwa drei Monate alt war, begann er damit, freudig zu strahlen, wenn ich sie ihm vor das Gesicht hielt. Er versuchte danach zu greifen, riss die Augen und den Mund auf, gluckste und quietschte. Und ich? Ich riss auch die Augen und den Mund auf und quietschte: »Ja! Na da freust du dich aber! Guck mal! Toll, oder?«

Mein Baby hatte gelernt, Freude und Interesse auszudrücken. Die Fähigkeit zum *Emotionsausdruck*, also dazu, eigene Emotionen mimisch (nonverbal) und sprachlich darzustellen, entwickelt sich langsam. Bereits direkt nach der Geburt kann der Säugling zwar zwischen Lust und Unlust und zwischen Ruhe und Erregung unterscheiden, aber um seinen Gefühlen Ausdruck zu verleihen, braucht es Vorbilder. Ab dem dritten Lebensmonat bildet sich langsam die Fähigkeit aus, mehr als diese Zustände zu empfinden, es entwickeln sich die Basisemotionen: Freude, Interesse, Überraschung, Wut, Traurigkeit, Angst.[43]

Eng verbunden mit dem Emotionsausdruck ist das Verständnis von Emotionen. Ab dem siebten Monat etwa lernen Kinder, Lächeln gezielt einzusetzen, um Kontakt zu anderen Menschen herzustellen. Dass Kinder ein Wissen und ein Verständnis über Emotionen erwerben, zeigt sich auch in der nach und nach einsetzenden Empathiefähigkeit. Empathie bezeichnet die Fähigkeit, eine emotionale Situation wahrzunehmen und die Gefühle anderer stellvertretend mitzuerleben, wofür eine Reihe von ausgereiften kognitiven Fähigkeiten nötig ist. Im ersten Lebensjahr, in dem die Grenzen des Babys zwischen ihm und der Außenwelt noch nicht klar definiert sind, kann das Kind noch nicht zwischen den eigenen Gefühlen und denen anderer Menschen unterscheiden. Bei Kindern ist jedoch eine emotionale »Ansteckung« von den Gefühlen anderer zu beobachten (»*emotional contagion*«), was Forscher als eine Art Frühform von Empathie ansehen und »globale Empathie« nennen.[44] Man kann beispielsweise oft beobachten, dass ein Baby weint und ein anderes ebenfalls anfängt zu weinen, obwohl es seinerseits gar keinen eigenen Grund zu Trauer oder Furcht gibt.[45]

1–2 Jahre

Im Laufe des zweiten Lebensjahrs wird der Emotionsausdruck facettenreicher. Das Kind erlernt nun nach und nach auch Wörter, die Emotionen beschreiben – bei manchen Kindern sind es eher Verben, bei anderen eher Adjektive wie »traurig« oder »fröhlich«. Das Kind hat nun gelernt, Mimik und Gestik mit Emotionsvokabular zu verbinden und kann einfache Emotionen verbalisieren. Häufig hat das Kleinkind zum Ziel, andere dazu zu bewegen, auf seine emotionalen Bedürfnisse einzugehen.[46] Zumeist ist es in diesem Alter in der Lage, zwischen positiver und negativer Emotion zu unterscheiden, kann aber keine weiteren Differenzierungen treffen. Dennoch zeigt dieser erweiterte Emotionsausdruck ein vorangeschrittenes Verständnis der Kinder von Gefühlen. Sie verstehen jetzt beispielsweise, dass Gefühle innere Zustände sind, verfügen bereits über ein Wissen über mögliche Ursachen und auch über einige Methoden zur Emotionsregulation.

Mein jüngster Sohn (damals 1) kennt zum Beispiel ein Mittel, das hilft, wenn er sich weh getan hat, und das er inzwischen von sich aus bei mir und meinem Mann einfordert. Ich bin mir nicht sicher, ob es pädagogisch eine vorbildliche Routine ist, die wir da im Laufe der Zeit entwickelt haben – vermutlich würden Fachleute die Hände über dem Kopf zusammenschlagen, aber es geht nicht um Erziehung, sondern um das Erlernen von Emotionen und den eigenen persönlichen Umgang mit ihnen. Wenn also mein Sohn sich beispielsweise an der Tischkante gestoßen hat, dann kommt er zu mir oder zu meinem Mann gelaufen und möchte auf den Arm genommen werden. Dort signalisiert er sofort, dass der Trostspendende jetzt bitte zu der Tischkante hingehen und mit ihr schimpfen soll. Mein Mann oder ich sprechen dann also mit harschem Ton und erhobenem Zeigefinger mit der Tischkante und sagen ihr, sie dürfe unserem Sohn nicht weh tun. Und schwupps – ist der Schmerz verflogen.

Mein Sohn weiß, dass ihm diese Routine bei der Verarbeitung hilft, und wendet sie an. Das kann man eine frühe Form von Emotionsregulation nennen, auch wenn dafür noch eine weitere Person notwendig ist, und sie nicht vollkommen in ihm selbst stattfindet – aber dafür sind einjährige Kinder eben noch zu klein.

Außerdem entwickelt sich die Empathiefähigkeit im zweiten Lebensjahr weiter. Aus der Phase der »globalen Empathie« kommen die Kinder nun in die der »egozentrischen Empathie«. Sie reagieren erstmals auf den Gefühlsausdruck anderer und beginnen, sich in sie hineinzuversetzen. Man spricht von Empathie, wie bereits erwähnt, wenn Menschen auf das Erkennen von Gefühlen anderer emotional reagieren und dasselbe oder ein ähnliches Gefühl empfinden.[47] Das Hineinversetzen ist aber insofern noch schwierig, weil die Grenzen zwischen den eigenen Gefühlen und denen anderer Menschen noch nicht klar umrissen sind. Und auch diesen Schritt kann ich bei meinen Kindern beobachten: Wenn einer der großen Brüder weint, dann läuft der Kleinste sofort zu ihm und pustet.

Studien[48] zeigen, dass die Empathiefähigkeit eng in Verbindung steht mit der Fähigkeit, sich selbst im Spiegel zu erkennen. So wurde in einer Untersuchung getestet, wie Kinder (im Alter von etwa 18 Monaten) darauf reagieren, wenn die Spielpartnerin innerhalb des gemeinsamen Spieles eine Niederlage oder ein Missgeschick erlebt. Stellen Sie sich vor, das anderthalbjährige Kind spielt mit der Versuchsleiterin, und während des Spieles geht die Spielfigur der Frau kaputt und die Frau zeigt deutlich, dass sie darüber traurig ist. Kinder, die sich bereits selbst im Spiegel erkennen konnten, haben in dieser Situation fast immer Formen von Empathie gezeigt – sie haben getröstet oder Hilfe geholt. Kinder hingegen, die sich selbst noch nicht im Spiegel erkannten, haben in keinem der 126 untersuchten Fälle Formen von Empathie an den Tag gelegt.

Was diese Studie deutlich zeigt, ist der Zusammenhang zwischen dem Erkennen des eigenen Ichs und der Perspektivübernahme des emotionalen Zustands eines Gegenübers.

EXKURS: HABEN ELEFANTEN EMPATHIE?

Eine Langzeitstudie[49] über eine Gruppe von 2200 Elefanten in Kenia hat Formen von Empathie bei diesen Tieren nachgewiesen. Mit Empathie ist dabei die Fähigkeit gemeint, die Bedürfnisse und Wünsche eines Anderen zu erkennen; sich in den Anderen hineinversetzen zu können. Dass auch Nicht-Primaten, also Elefanten beispielsweise, über solche Formen von Empathie verfügen ist erstaunlich, da diese komplexe kognitive Prozesse beanspruchen. Forscher haben bei den kenianischen Elefanten verschiedene Verhaltensweisen beobachtet, die sich auf Empathie zurückführen lassen. Elefanten trösten etwa junge Elefantenkälber – egal, ob es die eigenen sind oder Babys von anderen Elefanten aus der Herde. Das Kalb stößt einen Laut aus, der auf ein Unwohlsein hinweist, und die

erwachsenen Elefantendamen reagieren darauf mit Kör-
perkontakt oder säugen das Kalb. Außerdem entdeckten
die Forscher, dass fremde Elefanten Elefantenbabys, die
von der Herde abgekommen waren, zur Herde zurück-
brachten. Ebenso beschützen Elefanten hilfsbedürftige
Mitglieder ihrer Herde, indem sie Angreifer verjagen –
sogar bevor ein tatsächlicher Angriff geschieht. Die For-
scher folgerten aus diesen Beobachtungen, Elefanten
könnten sich selbst und andere Elefanten als Lebewesen
mit Zielen und Bedürfnissen wahrnehmen.

Als mein mittlerer Sohn zwei Jahre alt war, liebte er es, Küsschen zu geben. Was geschah da in ihm? Empfand er Liebe zu seiner Puppe, wenn er sie in seinen Body steckte, um sie wie in einem Tragetuch am Bauch zu tragen, und ihr einen Kuss auf den kahlen Plastikkopf drückte?

In bindungsorientierten Spracherwerbstheorien spricht man von einem gemeinsamen Bezugsrahmen bzw. »*at-tentional frame*«, der beim Erlernen der Muttersprache fundamental wichtig ist. Das Kind und seine Bezugsperson richten beide ihre Aufmerksamkeit auf ein Objekt oder eine Szene oder – wie in dem Beispiel mit dem Kuss – eine Situation. Wenn mein Sohn auf meinem Schoß sitzt, umarme ich ihn, sage »ich habe dich lieb« und küsse ihn auf die Wange oder auf den Kopf. Auf komplexe Weise hat sich in seinem Kopf das Umarmen mit dem Küssen und dem Wort »lieb« verbunden. Schließe ich mein Kind in die Arme und küsse es, überträgt sich das Gefühl und das Kind lernt, Gefühle mit Aktionen und Wörtern zu verbinden – es lernt, wie es Gefühle ausdrücken kann.

Das klappt nicht immer reibungslos, das merkt man ja offensichtlich an der kruden Ausdrucksweise von kleinen

2 Im Dschungel der Gefühle

Kindern. Und auch mein Sohn hatte zu der Zeit den Begriff »lieb« noch nicht vollkommen korrekt verstanden. Denn wenn er eine Fliege sah und anfing zu weinen (denn er hatte Angst, dass sie stechen könnte), und ich ihn beruhigte mit den Worten »hab keine Angst, die Fliege ist ganz lieb«, dann versuchte er, sie mit seinem Mund zu erhaschen und machte einen Kussmund.

2–3 Jahre

Neben dem Lernen von positiven und negativen Emotionen beginnt das zweijährige Kind auch ganz langsam, komplexere Emotionen (oder sekundäre Emotionen) zu verstehen. Hierzu zählen unter anderem Stolz, Scham, Schuld oder Neid. In diesem Alter beginnen Kinder, beispielsweise mit ihrer Mimik und ihrer Körperhaltung Stolz auszudrücken, wenn sie ein Erfolgserlebnis hatten.[50] Für diese sekundären Emotionen ist es charakteristisch, dass sie entweder aus einem sozialen Gefüge heraus entstehen (sich *vor jemandem* schämen) oder selbstbezogen sind und keinen direkten, unmittelbaren äußeren Anlass haben (sich schuldig für etwas fühlen). Beide Gruppen von Emotionen benötigen ein gewisses Maß an Selbstbewusstsein und gleichzeitig ein inneres Wertesystem, welche erst in den folgenden Jahren (in etwa bis zum Schulalter) reifen und zu einem tatsächlichen Verständnis der komplexen Emotionen führen.

Mit circa drei Jahren erwerben Kinder eine sehr wichtige Fähigkeit: das emotionale So-tun-als-ob. Sie können mit ihrer Mimik Gesichtsausdrücke vortäuschen oder auch verstecken. Sie wissen, dass emotionaler Ausdruck nicht unbedingt dem emotionalen Erleben entsprechen muss. Ihr Wissen über und ihr Verständnis von Emotionen sind inzwischen stark gewachsen. Während zweijährige Kinder wahrscheinlich noch glauben, Menschen seien traurig, wenn ein Spielzeug kaputt oder verloren gegangen ist, können Kinder im dritten Lebensjahr bereits begreifen, dass Emotionen nicht immer nur die unvermeidliche Folge von äußeren Ereignissen sind. Sie verstehen, dass Menschen in ihren Empfindungen unterschiedlich sind, dass Emotionen also subjektiv sind – da, wo der eine weint, lacht ein anderer noch. Außerdem lernen Kinder, einen Emotionsausdruck nicht nur *einer* Emotion zuzuweisen – Weinen ist nicht mehr ausschließlich Zeichen von Trauer, vielmehr können auch erfreuliche Ereignisse und Rührung ihn auslösen.

Wir sehen, wie viel es über Gefühle zu lernen gibt, wie viele ungeschriebene Regeln zu beherrschen und wie intensiv die ersten Lebensjahre sind, was das emotionale Lernen angeht. Die Zeit, in der Kinder nach und nach die Grenze ihres eigenen Selbst kennenlernen und begreifen, dass andere Personen (und vor allem die Bezugsperson) eben *andere* und von *ihm getrennte* Menschen sind, ist eine sehr sensible Phase. Für die Bindung zwischen Kind und Bezugsperson und für die Entwicklung eines gesunden Selbstbewusstseins ist es in dieser Zeit sehr förderlich, wenn Eltern es schaffen, über Gefühle zu sprechen. Der sprachliche Austausch mit den Eltern stellt die wichtigste Unterstützung dar, um im Dschungel der Emotionen zurechtzukommen. Denn Emotionen verstehen und Emotionen ausdrücken zu können, stehen in wechselseitiger Abhängigkeit zueinander: Ein gutes Sprachvermögen hilft dabei, Gefühle mitzuteilen, zu verstehen und zu verarbeiten, und ein größeres Wissen über Emotionen trägt dazu bei, das Emotionsvokabular auszuweiten.

2 Im Dschungel der Gefühle

3–5 Jahre

Das Kind hat inzwischen viel gelernt, aber Emotionen sind noch immer oftmals verwirrend. Letztlich sind sie ja sogar für Erwachsene nicht immer klar zu verstehen. Kinder wissen aber häufig noch nicht, wie sie mit Emotionen umgehen können, sie kennen zwar vielleicht inzwischen die sozialen Regeln (dass man beispielsweise bei Wut ein anderes Kind nicht schlagen darf), doch es fällt ihnen schwer, passende Verhaltensstrategien zu finden.

Die Beziehung zur Bezugsperson und inzwischen auch zu anderen nahestehenden Personen (Großeltern oder Erziehern) ist in diesem Alter fundamental wichtig: Sie sind die Vorbilder, an denen das Kind den Umgang mit Emotionen lernen kann. Hier verdeutlicht sich einmal mehr, wie eng die soziale und die emotionale Entwicklung miteinander Hand in Hand gehen.

Im vierten und fünften Lebensjahr verschiebt sich nach und nach der Fokus der emotionalen Aufmerksamkeit: Während kleinere Kinder ihre eigenen Gefühle beachten und im Rahmen ihrer Möglichkeiten ausdrücken und benennen, interessieren sich Kindergartenkinder vermehrt für die Emotionen ihrer Mitmenschen. Sie lernen, dass nicht nur aktuelle Ereignisse Emotionen auslösen können, sondern dass die Ursachen auch abstrakter Natur sein (z.B. Erinnerungen oder Gedanken) oder in der Vergangenheit liegen können. Im vierten und fünften Lebensjahr begreifen Kinder außerdem langsam die Komplexität von Emotionen – sie sind vielschichtig und manchmal sogar widersprüchlich. Das Gefühl, das man hat, wenn man etwas zum ersten Mal tut – zum Beispiel das erste Mal mit der Achterbahn fahren, diese Mischung aus Angst und Freude –, solche komplexen Zustände können Kinder in diesem Alter inzwischen wahrnehmen und zwischen den verschiedenen Komponenten abwägen. Ein einjähriges Kind hingegen wird entweder Angst haben, mit der Achterbahn zu fahren, oder sich darauf freuen – beide Gefühle kann es allerdings nicht gleichzeitig empfinden.[51] Außerdem bildet sich das Wissen über die sekundären bzw. komplexen Emotionen aus. Zwar wussten Kinder vermutlich bereits im dritten Lebensjahr, dass Stolz beispielsweise eine positive Emotion und Scham eine negative ist; die möglichen Ursachen und Folgen verstehen sie allmählich erst im vierten und fünften Lebensjahr.

Darüber hinaus erwerben Kinder in diesem Alter immer mehr Strategien zur (intrapersonalen) Emotionsregulation. Es entstehen zum Beispiel erste Formen von Selbstberuhigung (beispielsweise »tief durchatmen« oder »Selbstgespräche«). Kinder sind nun nach und nach in der Lage, ihre Gefühle zu regulieren, indem sie die auslösenden Situationen gedanklich umdeuten und darüber sprechen. Die Fähigkeit, die Perspektive auf eine (womöglich konfliktbehaftete) Situation zu verändern, erlernen Kinder in diesem Alter, sie ist außerordentlich hilfreich für das gesamte Leben – letztlich ist Psychotherapie nichts anderes! Die Perspektive zu ändern beinhaltet, die Perspektive anderer Menschen einnehmen zu können, also eine Art von Empathiefähigkeit, die Kinder am besten im Rahmen einer sicheren Bindung erwerben. Im vierten und fünften Lebensjahr sind Kinder dann imstande, die Emotionen der Mitmenschen zu erkennen und ihr Verhalten daran anzupassen – sie haben nun die Stufe der »emotionalen Empathie« erreicht.

Ihr Vierjähriger wird Ihnen leider keinen Kaffee bringen, wenn Sie erschöpft sind, aber ich meine mich zu erinnern, dass mein großer Sohn mir einmal eine Massage angeboten hat, als ich über Kopfschmerzen klagte.

5–7 Jahre

Kinder haben nun ein großes Repertoire an Regeln des sozialen Zusammenlebens erworben und passen ihren Emotionsausdruck daran an. Sie kontrollieren ihn oder setzen ihn strategisch ein. Vor allem negative Emotionen zeigen sie nun nicht mehr vollkommen ungezügelt, vielmehr halten Kinder – vor allem in der Öffentlichkeit – Weinen und Schreien zurück, weil sie beobachtet haben, dass Erwachsene (und vor allem ihre Bezugspersonen) das eben (in den allermeisten Fällen) so tun. Kinder im Vorschulalter sind bereits fähig, Scham und Bloßstellung zu empfinden.[52] Sie lernen auch andere komplexe Emotionen besser verstehen – so verknüpfen sie beispielsweise ab dem sechsten Lebensjahr die Emotion »Stolz« mit Lob oder Anerkennung für eine Leistung. Auch die Emotionen Eifersucht und Neid spielen eine zunehmend größere Rolle, und die Kinder speichern immer mehr Situationen ab, die diese Emotionen hervorrufen können. Mit diesem wachsenden Emotionsverständnis entwickeln Kinder auch immer mehr Möglichkeiten, ihre Emotionen zu regulieren. Schließlich erreichen Kinder in diesem Alter auch die letzte Stufe der emotionalen Entwicklung und damit die Empathiefähigkeit. Sie sind nun in der Lage, die Persönlichkeit eines Menschen, also dessen Erfahrungen und Wertevorstellungen, in dessen emotionale Reaktionen mit einzubeziehen. Das heißt, ein sechsjähriges Kind kann vermutlich ein Verständnis dafür entwickeln, dass Silvesterböller seiner Oma, die den Krieg und Bombennächte erlebt hat, Angst machen, während sie für das Kind selbst ein riesiger Spaß sind.

Hat ein Kind das Glück, eine oder mehrere Bezugspersonen zu haben, die ihm einen gesunden Umgang mit Gefühlen vorleben und das Kind dazu einladen, über seine eigenen Gefühle und die Anderer zu sprechen, wird das Kind sehr wahrscheinlich die oben beschriebenen Stufen des emotionalen Lernens durchlaufen und ein emotional kompetenter Erwachsener werden.

Im folgenden Kapitel stelle ich dagegen die Personengruppen vor, denen Emotionen besondere Probleme bereiten, weil sie aufgrund ihrer psychischen Disposition keinen positiven Umgang mit ihren Gefühlen finden können.

3 Wenn Gefühle zum Problem werden

Ein afrikanisches Sprichwort lautet: »Das Kind, das nicht vom Dorf umarmt wird, wird es niederbrennen, um die Wärme zu spüren.« Dieses Sprichwort macht sehr deutlich, wie wichtig emotionale Bindung für das Heranwachsen ist. Was geschieht jedoch, wenn ein Kind nicht das Glück hat, in einer sicheren Bindung aufzuwachsen?

Werden Kinder ohne sichere Beziehungen zu ihren Bezugspersonen groß, fehlt ihnen eine Basis, auf der sie ein gesundes Selbstbewusstsein aufbauen können. Dann haben sie keine Vorbilder, die dabei helfen, das eigene Handeln zu reflektieren, Fehler zu erkennen und aus ihnen zu lernen. Wenn Bezugspersonen die emotionalen Bedürfnisse des Kindes nicht ausreichend befriedigen, spricht man von »emotionaler Vernachlässigung« (»*childhood emotional neglect*«). Ob emotional vernachlässigt oder unsicher gebunden – beides sind Bedingungen, unter denen das emotionale Lernen erschwert ist, und somit Risikofaktoren für psychische Erkrankungen und Gefühlsblindheit.

Ohne sichere Bindung

Aus unterschiedlichsten Gründen – sei es, weil Eltern nicht anders können aufgrund von (psychischer oder körperlicher) Krankheit, schweren Schicksalsschlägen während der Schwangerschaft oder kurz nach der Geburt oder weil Eltern es bewusst so wollen aufgrund von pädagogischen Ideologien und Wertvorstellungen – kommt es dazu, dass die Bezugsperson (im Folgenden sage ich häufig »Mutter« anstelle von Bezugsperson, wobei dies keineswegs heißen soll, nicht auch der Vater oder eine andere Person könne die Bezugsperson sein!) ihrem Kind (zu) wenig Aufmerksamkeit schenkt, nicht oder zu wenig auf seine Bedürfnisse eingeht und das Kind aus diesen Gründen kein sicheres inneres Bild von sich selbst und seinem Gegenüber entwickeln kann. Eine – um Sterns Begriff zu verwenden – Abstimmung zwischen Kind und Bezugsperson findet dabei nicht statt.

Viele unter uns können sich vermutlich nicht vorstellen, wie man seinem Neugeborenen zu wenig Aufmerksamkeit schenken und nicht auf seine Bedürfnisse achten kann. Stellen wir uns beispielsweise vor, eine Mutter würde ihr Kind zwar versorgen, wenn es weint, dabei aber Ungeduld und Ärger vermitteln. Sie küsst nicht den Bauchnabel ihres Babys beim Wickeln, schaut ihm nicht in die Augen, greift nicht die kleinen Händchen und schnuppert nicht an seiner Kopfhaut. Sie tut, was getan werden muss, und zwar so schnell wie möglich. Das Bedürfnis des Kindes nach Nähe erfüllt seine Mutter entweder gar nicht oder nur hastig. Sie setzt das Baby wieder vom Arm ab, bevor es selbst seine Bereitschaft dazu signalisiert hat (weil es zum Beispiel neugierig ist, etwas zu erkunden). So lernt das Baby im Laufe des ersten Lebensjahrs, dass sein Bindungsbedürfnis, mit dem es – wie alle Menschen – zur Welt gekommen ist, unerwünscht ist. Außerdem erfährt es Zuspruch, wenn es sich allein beschäftigt. Sobald er für einige Zeit friedlich allein auf der Krabbeldecke liegt oder sich mit einem Spielzeug beschäftigt, lobt die Mutter den Säugling. Nach und nach verinnerlicht das Baby also, die Zuwendung der Mutter und ihre wohlwollende Aufmerksamkeit würden ihm hauptsächlich zuteil, wenn es selbständig zurechtkommt; das eigene Bedürfnis nach körperlicher Nähe auszudrücken, trainieren sich Kinder hingegen immer mehr ab. Sie lernen, dass sie das Verhalten, auf das ihre Bezugsperson nicht reagiert, erst gar nicht zeigen müssen.

Wie stark aber das Bedürfnis nach Zuwendung ist, veranschaulicht das sogenannte »Still-Face-Experiment«:

EXKURS ZUM STILL-FACE-EXPERIMENT
(EXPERIMENT MIT AUSDRUCKSLOSEN AUGEN)

Das Bedürfnis von bereits sehr kleinen Kindern (ab ca. 6 Monaten) nach Abstimmung, Interaktion und Zuwendung kann man in dem sogenannten »Sill-Face-Experiment« gut beobachten. Der Psychologe Ed Tronick entwickelte dieses Experiment in den 1970er Jahren, um zu zeigen, wie massiv ein Baby leidet, wenn es nicht »gesehen wird«. Das Bedürfnis, das sich dabei bei Babys beobachten lässt, ist ein Bedürfnis nach Gemeinsamkeit – Babys, so die Theorie, wollen mit ihrer Bezugsperson gemeinsame Intentionen und Motivationen entwickeln. Es geht also um etwas sehr Spezifisches, das vielleicht mit Begriffen wie »Zuwendung«, »Nähe« und »Aufmerksam-

keit« nicht genau genug beschrieben wird. Psychologen wie Tronick sind der Überzeugung, es sei für die sichere Bindung eines Kindes notwendig, mit seiner Bezugsperson einen »attentional frame«, einen gemeinsamen Bezugsrahmen zu teilen; zusammen mit seiner Bezugsperson die Welt aus dem gleichen Blickwinkel zu betrachten. Wenn beispielsweise ein Elternteil bei seinem Kind das Spiel »Kommt die Maus die Treppe rauf« spielt, bei dem die Finger des Erwachsenen die Beine des Kindes hochkrabbeln, dann wartet das Elternteil darauf, dass das Kind, spätestens dann, wenn die Finger sein Ohr erreicht haben, anfängt zu lachen. In dem Moment haben sich Bezugsperson und Kind darauf geeinigt: Das ist lustig, das macht uns Spaß. In dieselbe Kategorie gehört das bei Babys häufig zu beobachtende Zeigen: Sie zeigen nicht einfach nur, weil sie etwas Interessantes sehen, sie zeigen, weil sie ihr Gegenüber dazu bringen wollen, dasselbe zu sehen wie sie. Und um dieses »dasselbe sehen« geht es schließlich auch im Bereich von Gefühlen. Wenn das Kind weint, muss – wenn die sichere Bindung nicht verletzt werden soll – die Bezugsperson versuchen, a) das Weinen zu sehen, b) den Grund des Weinens zu erkennen und c) eine Form von Abhilfe zu schaffen.

Jetzt aber zurück zu dem Experiment: Bezugsperson und Kind betreten den Testraum, setzen sich voreinander und interagieren miteinander. Nach einer Weile dreht die Bezugsperson den Kopf weg, dreht sich wieder zum Kind um, diesmal aber mit einem versteinerten, ausdruckslosen Gesicht. Dieses leblose Gesicht hält die Bezugsperson über zwei Minuten aufrecht. In diesen zwei Minuten ist zu beobachten, wie das Baby darauf reagiert, dass seine Bezugsperson es auf einmal nicht mehr zu sehen

3 Wenn Gefühle zum Problem werden

scheint. Das Baby versucht mit allen Mitteln, die Bezugs-
person wieder auf sich aufmerksam zu machen – es zeigt,
es lacht sie an – und schließlich enden solche Situatio-
nen meistens damit, dass das Baby weint oder sich die
Hände in den Mund steckt, um sich selbst zu beruhigen.
Wohlgemerkt: Seine Bezugsperson sitzt direkt vor ihm,
das Baby ist weder allein noch mit einem Fremden zu-
sammen: Das löst Stress im Kind aus.

Stellen Sie sich nun vor, wie ein Kind sich entwickelt,
das das Gesicht seines Gegenübers nicht anders kennt,
als leblos und ausdruckslos.

Babys lernen bereits im Laufe ihres ersten Lebensjahrs,
Gefühle auszudrücken (indem man sie dazu ermuntert
und sie dadurch Erfolge erzielen), aber genauso früh
kann es ihnen auch ausgetrieben werden. Ganze Empfin-
dungsbereiche können auf diese Weise verkümmern.

Die oben genannten Szenen sind nur Beispiele, die veranschaulichen sollen, wie eine Mutter-Kind-Beziehung
aussehen kann, in der keine sichere Bindung besteht. Das
Kind kann aber auch auf andere Weise unsicher gebunden sein, zum Beispiel weil die Bezugsperson so viel mit
sich selbst, anderen Kindern, Arbeit und Haushalt zu tun
hat und daher nicht flexibel auf das Nähebedürfnis des
Babys eingehen kann. Es gibt auch Fälle, in denen die
Bezugsperson so wenig präsent ist und so sehr in Sorgen
vertieft, dass sie ihr Kind nicht wahrnimmt. Aus solchen
Verhaltensweisen entwickelt sich bei den Babys schon
früh der Eindruck einer Unberechenbarkeit. Diese Kinder
äußern ihre Bindungsbedürfnisse, wenn eine verunsi-
chernde Situation eintritt, meist extrem stark und drama-
tisch, damit sie eben überhaupt Beachtung finden.

Wenn ein Kind keine sichere Bindung zu seiner Bezugsperson aufbauen kann, gibt es unterschiedliche Wege, wie es sich entwickeln kann: entweder unsicher-vermeidend, unsicher-ambivalent oder desorganisiert.

Ist ein Kind durch eine unsicher-vermeidende Bindung geprägt, so wird es (typischerweise) keinen Austausch über Gefühle – speziell über negative Gefühle – kennen, beherrschen oder von sich aus initiieren. Bei Menschen mit unsicher-ambivalenter Bindung ist meist ein übersteigerter Gefühlsausdruck zu sehen, der unangemessen ist und kaum Kompromisse zulässt. Bei dem desorganisierten Bindungstyp fehlen dem Kleinkind Anpassungs- und Bewältigungsstrategien, und die Kinder zeigen ein unberechenbares und willkürliches Verhalten der Bindungsperson gegenüber.

Gemeinsam ist allen drei Typen, dass diese Kinder große Schwierigkeiten haben, ihre eigenen Gefühle wahrzunehmen, zu verstehen und adäquat zu vermitteln. Hinzu kommen Probleme, die inneren Zustände des Gegenübers lesen und sich in andere hineinversetzen zu können.

Emotionale Vernachlässigung

Eng mit dem Bild der unsicheren Bindung hängt der Begriff »emotionale Vernachlässigung« zusammen. Emotionale Vernachlässigung in der Kindheit, wie bereits erwähnt, ist dann der Fall, wenn Bezugspersonen die emotionalen Bedürfnisse des Kindes nicht ausreichend erfüllen. Dies kann in Familien der Fall sein, die auf anderen Ebenen vollkommen optimal für das Kind sorgen – finanziell, körperlich, geistig. Da es sich bei der emotionalen Vernachlässigung – im Gegensatz zu beispielsweise einem Missbrauch – um etwas handelt, das dem Kind nicht widerfährt, sondern um einen Mangel, der durch das Unterlassen von bestimmten Verhaltensweisen der Bezugsperson(en) entsteht, fällt es Betroffenen häufig schwer, sich selbst als emotional vernachlässigt zu erkennen.

In der Wissenschaft ist der Begriff »emotionale Vernachlässigung« noch nicht so stark verbreitet, dass es einen entsprechenden Test gibt. Meist wird emotionale Vernachlässigung in Studien mithilfe eines Fragebogens zu Kindheitstraumata[1] erfasst. Die Fragen in der Rubrik »emotionale Vernachlässigung« lauten:

»Als ich aufwuchs …

– gab es jemand in der Familie, der mir das Gefühl gab, wichtig und jemand Besonderes zu sein
– hatte ich das Gefühl, geliebt zu werden
– gaben meine Familienangehörigen aufeinander acht
– fühlten sich meine Familienangehörigen einander nah
– war meine Familie mir eine Quelle der Unterstützung.

Sollten Sie auf diese Fragen mit Nein antworten, so deutet das darauf hin, als Kind emotional vernachlässigt worden zu sein.

Im Zusammenhang mit Gefühlsblindheit, auf die ich an späterer Stelle ausführlich eingehen werde, sind emotionale Vernachlässigung sowie unsichere Bindung in zweierlei Hinsicht interessant: Zum einen besteht eine große Wahrscheinlichkeit, dass Menschen, die als Kind unsicher gebunden waren bzw. emotional vernachlässigt worden sind, später gefühlsblind werden.[2] Zum anderen ist es naheliegend, dass gefühlsblinde Menschen ihre

eigenen Kinder tendenziell häufiger emotional vernachlässigen bzw. in unsicheren Bindungen aufziehen. Um
diesen Teufelskreis zu durchbrechen, müssen wir lernen,
Emotionen wahrzunehmen, sie zu verstehen und den
Umgang mit ihnen an die nächste Generation weiterzu-
geben.

Natürlich sind es nicht nur soziale Faktoren (Umweltfaktoren), die dazu führen, eher Schwierigkeiten mit Gefühlen zu haben als andere. Genauso gibt es genetische
Dispositionen, die einen Einfluss auf die emotionale Kompetenz des Menschen haben. Bei psychischen Erkrankungen ist in 85 Prozent der Fälle[3] ein problematischer
Umgang mit Gefühlen zu beobachten: auf der einen Seite
steht der Exzess (also die übertrieben starke Empfindung
und Ausdrucksweise von Gefühlen), auf der anderen das
Defizit (also ein vermindertes, abgeschwächtes Emotions-
leben).

Innerhalb der psychopathologischen Forschung lassen
sich drei unterschiedliche Formen von pathologischen
emotionalen Beeinträchtigungen unterscheiden:[4]

a.) emotionale Valenzstörungen

b.) emotionale Intensitäts-/Regulationsbeeinträchtigungen

c.) fehlende emotionale Verbindungen

1. emotionale Valenzstörungen: Die häufigsten emotionalen Störungen (und ebenso die häufigsten Probleme
   mit Emotionen im nicht-pathologischen Bereich) lassen sich dem Bereich »*Exzesse an unangenehmen
   Emotionen*« zuordnen. Sowohl die Dauer als auch die
   Intensität der negativen Emotion (meist Traurigkeit,
   Angst oder Schuld) sind dabei extrem. Es gibt aber

3 Wenn Gefühle zum Problem werden

auch den »*Exzess an angenehmen Emotionen*«, wobei Sie vielleicht einwenden: »Was soll daran bitte verkehrt sein?« Tatsächlich können aber auch manische Episoden oder ein pathologisch hohes Maß an Stolzempfinden ein Problem für Betroffene sein. Bei Menschen mit narzisstischer Persönlichkeitsstörung ist dies beispielsweise der Fall. Neben dem Exzess bestehen auch Defizite, wie etwa das »*Defizit an angenehmen Emotionen*«: Die typischste Erkrankung in diesem Bereich sind wohl Schizophrenie und Depression. Zudem gibt es auch das »*Defizit an unangenehmen Emotionen*«, das zum Beispiel bei psychopathischen Menschen entsteht, die wenig oder gar keine Scham, Angst oder Schuld empfinden können.

2. emotionale Intensitäts-/Regulationsstörung: Zu dieser Gruppe von Störungen gehört die »*emotionale Hyperreaktivität*«: Häufig sind es Menschen mit Persönlichkeitsstörungen, die bereits auf kleinste Ereignisse extrem stark reagieren, egal ob es sich um positive oder negative Ereignisse handelt. Dem gegenüber steht die »*emotionale Hyporeaktivität*«, die bei Menschen mit Depression und bei Menschen mit posttraumatischer Belastungsstörung zu beobachten ist. Diese »Emotionsarmut« führt letztendlich zum Ausbleiben von Zielen, Wünschen oder Interessen.

3. fehlende emotionale Verbindungen: Als eine »*fehlende Affektverbindung*« versteht man den Sachverhalt, dass das äußere Zeichen einer emotionalen Reaktion, also beispielsweise die Mimik oder die Stimme, abgetrennt sind von dem restlichen emotionalen System. Bei Menschen mit Schizophrenie, aber auch bei Menschen mit neurologischen Erkrankungen sind die

Gesichtsmuskeln oftmals schwer beweglich. Zu der emotionalen Hyporeaktivität tritt hier also eine neurologische Veränderung hinzu. Parallel dazu gibt es auch eine »*fehlende Bewusstseinsverbindung*«: Hier geht es darum, dass das Bewusstsein über emotionale Zustände vom restlichen emotionalen System getrennt ist – Menschen mit Gefühlsblindheit (Alexithymie) oder auch dissoziativen Störungen erleben zwar Formen von emotionaler Erregung, können aber keine bewusste Repräsentation in Form von beispielsweise Sprache dazu entwickeln.

Im Folgenden stelle ich einige typische Beispiele von Personengruppen bzw. Krankheitsbildern vor, bei denen emotionale Schwierigkeiten zu den Kernsymptomen zählen und die in unserer Gesellschaft vergleichsweise häufig vorkommen. Da es aber in diesem Buch nicht um krankhafte Formen von emotionalen Problemen gehen soll, sondern um die Art von Schwierigkeiten, die ein jeder von uns kennt, möchte ich diese Störungen nur kurz beschreiben, um die Palette an emotionalen Schwierigkeiten zu komplettieren. Als letztes werde ich Gefühlsblindheit (die keine Krankheit ist) vorstellen, die in diesem Buch im Fokus steht.

Borderline-Persönlichkeitsstörung

Die Borderline-Persönlichkeitsstörung ist eine psychische Erkrankung, die sich dadurch auszeichnet, dass Betroffene Affekte nicht in normalem Maße regulieren können. Menschen mit einer Borderline-Persönlichkeitsstörung sind typischerweise hoch impulsiv und haben schnelle Stimmungswechsel. Häufig berichten sie davon, unter einer großen Anspannung zu stehen. Um diese Spannung abzubauen, können verschiedene Strategien zum Einsatz kommen: von Selbstverletzung (beispielsweise dem Schneiden mit einem scharfen Gegenstand in die Haut, meist an den Unterarmen), über Drogenkonsum bis hin zu Extremsportarten.

Außerdem sind die Beziehungen zu Mitmenschen oft intensiv, aber instabil. Denn Borderline-Patienten sehnen sich zwar nach Nähe, haben aber gleichzeitig häufig die Befürchtung, von dieser Nähe erstickt zu werden, oder große Angst, verlassen zu werden.

Das stete Auf und Ab ihres Selbstwertgefühls ruft Gefühle von Scham, Schuld, Ohnmacht und Selbstverachtung hervor. Diese zwiespältigen Gefühle sich selbst und Beziehungen gegenüber führen wiederum dazu, dass Menschen mit Borderline-Persönlichkeitsstörung selten lange und stabile Beziehungen pflegen. Zudem geht die Krankheit häufig mit Depression, Essstörungen und Abhängigkeiten einher. Etwa zehn Prozent der Betroffenen begehen Suizid.

Depression

Unter einer Depression versteht man eine psychische Erkrankung, die sich durch eine anhaltende (also über Wochen hinweg bestehende) gedrückte Stimmung, Antriebs- und Lustlosigkeit auszeichnet. Hinzu kommen oft körperliche Begleiterscheinungen wie Schlaflosigkeit, Schmerzen und Appetitlosigkeit. Während die Einen ein überwältigendes Gefühl von Traurigkeit verspüren, viel weinen müssen und suizidale Gedanken haben, ist bei den Anderen eher eine starke innere Leere wahrnehmbar. Hier ist es dann vielmehr der Mangel an jeglichem Gefühl, der für die Depression typisch ist.

Der Auslöser für Depressionen kann ein akutes Ereignis sein, sie können aber auch vollkommen losgelöst davon auftreten.

Depressionen können in jedem Alter auftreten und gehören zu den häufigsten psychischen Erkrankungen: 16 bis 20 Prozent leiden irgendwann in ihrem Leben einmal unter einer Depression oder einer depressiven Phase.

Autismus-Spektrum-Störung

Das bekannteste Beispiel für eine eingeschränkte Emotionalität ist vermutlich Autismus – oft denkt man dabei an einen Mr.-Spock-ähnlichen Menschen, der keinen Blickkontakt herstellt und keinerlei Gefühlsregungen hat.

Wenn ich Menschen von meiner Forschung über Gefühlsblindheit erzähle, dann fragen viele, ob diese Menschen nicht Autisten seien. Aber Gefühlsblindheit und Autismus-Spektrum-Störungen (ASS) sind zwei verschiedene Dinge, die manche Ähnlichkeiten haben.

Der Begriff Autismus-Spektrum-Störungen ist ein Sammelbegriff für die unterschiedlichen Ausprägungen, die früher als abgegrenzte, eigene Störungen galten. Hierzu zählen der »frühkindliche Autismus«, der sich bereits vor dem dritten Lebensjahr manifestiert, der »atypische Autismus«, bei dem nicht alle Diagnosekriterien erfüllt sind,

3 Wenn Gefühle zum Problem werden

und das »Asperger Syndrom«, bei dem der Bereich Sprache und kognitive Fähigkeiten intakt bleiben.

Gemeinsam haben die drei Störungen, dass ein reduziertes Interesse an sozialen Kontakten charakteristisch ist. Zu diesem mangelnden Interesse tritt ein reduziertes Verständnis für soziale Zusammenhänge. Menschen mit ASS haben Schwierigkeiten im Umgang mit sozialen, emotionalen, nonverbalen und sogenannten pragmatischen (sachorientierten) Signalen in der zwischenmenschlichen Kommunikation.

Die Auffälligkeiten im Verhalten lassen sich zwei Bereichen zuordnen: Zum einen haben Menschen mit ASS Schwierigkeiten in der sozialen Kommunikation und Interaktion, zum anderen zeigen sie sich in wiederholenden und stereotypen Verhaltensweisen und Interessen.

Diese Schwierigkeiten sind häufig bereits im Kindesalter zu beobachten. So zeigen Studien etwa deutliche Unterschiede im Geschichtenerzählen bei Kindern (im Alter zwischen 8 und 12 Jahren) mit Asperger Syndrom (AS) und Kindern mit Aufmerksamkeitsdefizit- und Hyperaktivitätsyndrom (ADHS) im Vergleich zu Kindern der Kontrollgruppe.[5] Bei der Aufgabe, die Geschichte eines Bilderbuchs nachzuerzählen, sind Unterschiede hinsichtlich der Länge der Erzählung erkennbar: Kinder mit AS und ADHS erzählen die Geschichte kürzer nach und vernachlässigen zudem wichtige Aspekte der Handlung. Außerdem fällt vor allem in den Erzählungen der AS-Kinder auf, dass sie deutlich weniger Sprache für innere Zustände verwenden als die Kontrollkinder.

Dieses Ergebnis ist nicht überraschend – mangelnde Empathie- und »Theory of Mind«-Fähigkeiten (ToM-Fähigkeiten, zum Erkennen von Gefühlen anderer Men-

schen) gehören einigen Studien zufolge zu den Kern-
merkmalen der ASS. Schließlich sind Menschen mit ASS
sehr unterschiedlich, und die Störung hat viele verschiedene Erscheinungsbilder, was wichtig ist zu betonen. So
kann es beispielsweise vorkommen, dass ein Mensch mit
ASS die Gefühle seiner Mitmenschen sehr wohl erkennt
und auch mitfühlen kann, ihn das aber so sehr unter
Stress setzt, da seine Emotionsregulation gestört ist. Aufgrund dessen ist er nicht imstande, empathisch zu reagieren, vielmehr zeigt er ein von außen betrachtet kühles
Verhalten. Daher rührt der Eindruck des emotionslosen
Roboters, der aber keineswegs der Wahrheit entspricht.
Menschen mit ASS haben Schwierigkeiten, Mimik, Körpersprache und Sprachmelodie ihrer Mitmenschen zu
deuten, und reagieren deshalb nicht auf solche nonverbalen Signale. Das ist auch der Grund, warum sie anderen
Personen oft nicht (so stark) in die Augen sehen – das,
was ihr Gegenüber durch den Blick ausdrückt, können
sie nicht entschlüsseln. Das mag dann auf Außenstehende unterkühlt wirken. Ebenso die Tatsache, dass sie
selbst selten Emotionen auf nonverbaler Ebene ausdrücken. Menschen mit ASS haben also durchaus Gefühle,
sie zeigen sie nur nicht auf die gewohnte Weise.

Die Ausprägung von ASS kann unterschiedliche
Schweregrade haben – sie kann bei der einen Person so
mild sein, und daher gewinnt man im direkten Kontakt
mit diesem Menschen lediglich den Eindruck, er sei etwas schüchtern. Andere Menschen hingegen mit stark
ausgeprägter ASS können stark geistig behindert sein.

Viele einander widersprechende Forschungsergebnis-
se – wie etwa zu der Frage, ob Menschen mit ASS über
eingeschränkte Empathie- und ToM-Fähigkeiten verfü-

3 Wenn Gefühle zum Problem werden

gen – sind vermutlich darauf zurückzuführen, dass Menschen mit ASS häufig zudem auch noch gefühlsblind sind (rund die Hälfte der Menschen mit ASS ist gefühlsblind).[6] Die mangelnden Empathie- und ToM-Fähigkeiten wären demnach der Gefühlsblindheit und nicht dem ASS zuzuschreiben.

Menschen mit ASS sind also zusätzlich häufig gefühlsblind, aber Gefühlsblindheit ist keineswegs gleichzusetzen mit Formen von ASS. Was unterscheidet die beiden Phänomene? Zum einen zählt Gefühlsblindheit nicht zu den pathologischen Störungen oder Krankheiten. Gefühlsblinde Menschen können sich außerdem häufig in der sozialen Interaktion mit Mitmenschen sehr gut anpassen und fallen dadurch überhaupt nicht als *andersartig* auf. Und schließlich ist das Diagnosekriterium der ritualisierten Verhaltensweisen, das bei ASS zentral ist, bei Gefühlsblindheit nicht vorzufinden.

4 Die Sprache der Gefühle

Keine Wörter für Gefühle

Emotionen sind die Farben in unserem Leben, aber nicht alle Menschen sehen sie. Natürlich haben wir alle hin und wieder Schwierigkeiten, unsere eigenen Gefühle oder die anderer zu erkennen, aber einigen Menschen fällt dies besonders schwer.

Zehn Prozent der Bevölkerung sind gefühlsblind, das ist durch zahlreiche Studien gesichert.[1] Häufig geht Gefühlsblindheit einher mit psychischen Erkrankungen wie Depression, Essstörungen oder Suchterkrankungen, aber auch Menschen, die keinerlei psychische Auffälligkeiten haben, können gefühlsblind sein.

Ist es nicht merkwürdig, über dieses so verbreitete Phänomen so wenig zu hören? Dass die meisten Menschen gar nichts von der Existenz der Gefühlsblindheit wissen?

Vor etwa 13 Jahren startete an der Berliner Freien Universität ein fächerübergreifendes Forschungsprojekt, das sich mit Gefühlsblindheit beschäftigte. Psychologen, Mediziner, Linguisten und Forscher weiterer Fachbereiche wollten herausfinden, was es mit diesem Phänomen auf sich hat: Woher kommt sie? Was genau zeichnet sie aus? Ist sie genetisch bedingt? Ich arbeitete damals in der sprachwissenschaftlichen Sektion und wollte gemeinsam mit meinen Kollegen erforschen, durch was die Sprache von alexithymen Menschen gekennzeichnet ist.

Was aber braucht man als Erstes für ein solches Projekt? Natürlich Probanden. So suchten wir also gefühlsblinde Menschen, die NICHT zusätzlich auch eine psychische Krankheit hatten, die also gesund waren. Dafür platzierten wir Annoncen in den Berliner U-Bahnen. Warum erzähle ich Ihnen das alles? Weil der Zulauf unfassbar war. Für die Studie bewarben sich unerwartet viele Menschen!

Aber was stand überhaupt auf dem Aushang in den U-Bahnen? Darauf war die Überschrift zu lesen: »Sprechen Sie nicht gern über Ihre Gefühle?«

Was diese kleine Anekdote zeigt, ist: Gefühle sind wichtig. Gefühle beschäftigen uns. Das Bedürfnis, über Gefühle zu sprechen ist enorm, weil wir alle emotional unterversorgt sind.

Umso schwieriger ist es für gefühlsblinde Menschen, in dieser Welt zurechtzukommen.

Sie selbst kennen mit großer Wahrscheinlichkeit einen solchen Menschen in Ihrem Umfeld. Gefühlsblinde Menschen können ihre eigenen Gefühle weder erkennen noch ausdrücken, noch können sie die Gefühle ihrer Mitmenschen lesen. Wenn sie auf ihr Leben zurückblicken, ist da kein Auf und Ab, keine Erinnerung daran, frisch verliebt gewesen zu sein, oder an Momente tiefer Trauer.

Wenn sie an ihre Zukunft denken, ist da kein Kribbeln in Vorfreude auf den nächsten Urlaub; keine Aufregung, weil der Sohn zum ersten Mal auf Klassenfahrt geht. Für diese Menschen ist jeder Tag gleich, ein steter, ruhiger Fluss. In ihren Augen sind alle anderen einfach nur hysterisch.

Ein aus der Fachliteratur bekanntes Fallbeispiel ist Gary, der gefühllose Chirurg.[2] Garys Ehefrau drängte ihn irgendwann zu einem Therapeuten, weil sie an ihm verzweifelte. Sie hatte einen intelligenten, erfolgreichen Mann geheiratet, der aber, sobald es um das Thema Gefühle (seine eigenen oder ihre) ging, vollkommen verstummte. Sie hatte das Gefühl, gegen eine Wand anzulaufen. Ihr zuliebe suchte er schließlich einen Therapeuten auf, und als dieser ihn nach seinen Gefühlen fragte, antwortet er: »Ich weiß nicht, wovon ich reden sollte; ich habe keine starken Gefühle, weder positive, noch negative«.[3]

Der Mensch aus Ihrem Umfeld, an den Sie nun vielleicht denken, gilt wahrscheinlich als »rationaler Typ«, als »Kopfmensch«, als »unnahbar«, als »langweilig«. So wirken gefühlsblinde Menschen auf ihr Umfeld, einen solchen Eindruck hatte auch ich von den Begegnungen mit Alexander, den ich zu Beginn vorgestellt habe.

Obwohl wir über Jahre hinweg mehrmals teilweise recht private Gespräche geführt haben, stellte sich nie so etwas wie Vertrautheit ein. Alexander vermittelte im persönlichen Kontakt nie den Eindruck, viel Interesse an den Testsitzungen oder an dem Thema zu haben, denn er war stets eher kurz angebunden und wenig positiv. Oft erhielt ich jedoch im Nachhinein eine E-Mail von ihm, in der er Fragen stellte oder Nachbetrachtungen zu unserem Treffen machte. Es war offensichtlich, dass er gedanklich

4 Die Sprache der Gefühle

stark in das Thema involviert und hoch interessiert daran war, mehr über sein Persönlichkeitsmerkmal zu lernen; nur im direkten Kontakt konnte er das nicht ausdrücken, vermutlich weil die soziale Nähe, die während der Testsitzungen herrschte – ich als Versuchsleiterin und er als Proband saßen einander gegenüber, zu zweit in einem ruhigen Raum, und sprachen über Gefühle –, ihn irritierte.

In den 70er Jahren beschäftigten sich viele amerikanische und europäische Wissenschaftler mit diesem Phänomen. Die Studien waren meist qualitativer Natur, also Studien basierend auf interpretativen Methoden, oder Untersuchungen mit relativ geringer Fallzahl. Innerhalb der Fachgemeinde diskutierte man, ob Alexithymie tatsächlich eine eigenständige und unabhängige Erscheinung ist oder ob sie eher als Begleiterscheinung psychischer Störungen anzusehen ist. Nachdem das Phänomen zwischenzeitlich wieder etwas in den Hintergrund der wissenschaftlichen Aufmerksamkeit geraten war, stieg das Interesse an Gefühlsblindheit in den 90er Jahren wieder enorm an – dank der sogenannten »emotionalen Wende«. So galten Gefühle lange Zeit als nicht erforschbar – weil sie als wirr, willkürlich und dem Verstand sowieso unterlegen betrachtet worden waren, aber nach und nach öffnete sich die Wissenschaft diesem riesigen, extrem spannenden und fundamental wichtigen Bereich. Ebenso wie sich ein Mediziner, der auf Prestige aus ist, nicht auf Gastroendokrinologie spezialisieren wird, sondern vielleicht auf Neurochirurgie, haben sich Psychologen lange Zeit tendenziell eher mit Persönlichkeitsstörungen beschäftigt als mit dem, was Menschen fühlen. Aber genauso wie es mehr Menschen mit Verdauungsproblemen gibt als Menschen, die eine Gehirn-OP benötigen, spielen auch Emotionen im Alltag der meisten Menschen eine größere Rolle als Schizophrenie oder eine psychische Störung des Sozialverhaltens. Glücklicherweise erlangen Emotionen immer mehr an Bedeutung, werden ernst genommen – sowohl im Privaten als auch als Forschungsobjekt.

Und dennoch leben wir (noch) nicht im emotional befreiten Paradies, in dem jeder seine Gefühle frei äußern kann, auf die Gefühle des Anderen angemessen reagiert und Wohlwollen, Respekt und Harmonie herrschen; die heutige Lage ist bigott. Es herrscht zwar ein großes Bedürfnis nach Emotionen, und Emotionen sind ein Thema in Mainstreammedien, aber wirklich echte Gefühle gibt es kaum.

Ich weiß ehrlich gesagt nicht, ob es heutzutage noch Kontaktanzeigen gibt, aber wenn, dann würde wahrscheinlich eine übliche Forderung an den Partner in spe lauten: Er soll emotional kompetent sein, über Gefühle sprechen können, gefühlvoll sein (vermutlich lassen sich dafür dann im Inserat ziemlich schräge Formulierungen finden). Selbst Männer sehen sich mit dem Anspruch konfrontiert, sie sollten über Gefühle sprechen können! Auf der anderen Seite, im beruflichen Umfeld, gilt emotionales Auftreten schnell als unprofessionell. Den Chef anzubrüllen oder bei Kritik in Tränen auszubrechen, ist in diesem Bereich eher unprofessionell; aber ich halte es sehr wohl für möglich, Gefühle auf eine professionelle Weise in berufliche Kontexte mit einzubeziehen – ohne dass man selbst oder die Kollegen dabei ihr Gesicht verlieren. Aber so weit sind wir noch nicht.

Geschichte der Gefühlsblindheit

Den amerikanischen Psychiatern John Case Nemiah und Peter Emanuel Sifneos fielen in den 1970er Jahren Patienten auf, die ihre eigenen Gefühle nicht in Worte fassen konnten. Als sie die Patienten nach ihren Gefühlen fragten, antworteten diese häufig mit Beschreibungen körperlicher Prozesse oder hatten Schwierigkeiten, Worte zu finden. Nach systematischer Beobachtung und Beschreibung dieses Phänomens prägten die beiden Psychiater den Begriff Alexithymie. Alexithymie ist ein aus dem Griechischen stammendes Wort, das übersetzt »keine Wörter für Gefühle« bedeutet. Es stellt ein Konstrukt aus unterschiedlichen Defiziten dar:

1. Schwierigkeiten, eigene Gefühle zu beschreiben und anderen mitzuteilen
2. Schwierigkeiten, eigene Gefühle zu identifizieren und von körperlichen Empfindungen zu unterscheiden
3. Mangel an Fantasie und Vorstellungsfähigkeit
4. nach außen orientierter, rationaler Denkstil

Das Phänomen Gefühlsblindheit/Alexithymie tauchte nicht einfach aus dem Nichts auf. Schon Mitte des vergangenen Jahrhunderts beschrieben Psychologen und Psychiater immer mal wieder Patienten, die auf verschiedenste Arten emotional unterentwickelt schienen. Diese Patientengruppen bezeichneten sie zum Beispiel als »infantile personalities« (zu Deutsch: unreife Persönlichkeiten),[4] »emotionale Analphabeten«,[5] Menschen mit »Pinocchio-Syndrom«[6] oder mit »pensée opératoire« (operatives/rationales Denken).[7] All diese Begriffe setzten sich jedoch auf Dauer aufgrund mangelnder systematischer Beschreibungen nicht durch und wurden von der Bezeichnung »Alexithymie« ersetzt.

Alexithymie ist ein Persönlichkeitsmerkmal so wie beispielsweise Extraversion bzw. Extrovertiertheit. Extraversion ist eine Eigenschaft, die zu den sogenannten »big five« gehört – den fünf wichtigsten Persönlichkeitsmerkmalen. Es gibt eine Reihe von Tests, mithilfe derer man einschätzen kann, wo die eigene Persönlichkeit auf den fünf Skalen liegt. Neben Extraversion gehören »Offenheit«, »Kontrolle«, »Altruismus« und »Emotionale Stabilität« zu den zentralen Merkmalen.

Mein Mann beispielsweise ist introvertiert. Wenn man ihn unter Leuten erlebt, würde man das nicht vermuten, denn er ist sehr unterhaltsam und führt oft das Gespräch. Aber Introvertiertheit ist eben nicht Schüchternheit oder Sozialphobie, sondern bezeichnet den Umstand, dass Introvertierte den Kontakt mit Menschen als anstrengend empfinden und Energie eher aus dem Alleinsein schöpfen. Aus meinem Mann wird niemals ein Cliquentyp werden, jemand, dessen Haustür immer offensteht. Genauso wenig wird ein gefühlsblinder Mensch jemals ein sensibles Pflänzchen oder ein aufbrausender Euphoriker.

Gefühlsblindheit ist somit keine Krankheit, sondern eine Disposition, die genau wie andere Persönlichkeitsmerkmale relativ stabil und zeitlich überdauernd ist. Man kann sich Alexithymie als eine Art Gegenpol zu Empathie oder emotionaler Intelligenz vorstellen[8] – hohe Alexithymiewerte gehen häufig mit geringen Empathiewerten einher. Empathie wird in psychologischen Kontexten häufig mit einem Test gemessen, der »Interpersonal Reactivity Index« heißt (IRI, was ins Deutsche übersetzt etwa Fragebogen zur zwischenmenschlichen Reaktivität bedeutet). Gefühlsblinde oder alexithyme Personen erzielen überdurchschnittlich häufig niedrige IRI-Werte.[9] Sich in andere hineinversetzen zu können, ist nämlich eng verknüpft mit der Fähigkeit, sich selbst verstehen zu können. Menschen, die keinen Zugang zu ihren eigenen Gefühlen haben, keine großen emotionalen Regungen in sich spüren oder diese nicht begreifen und ausdrücken können, haben gleichermaßen Schwierigkeiten, andere Menschen in ihren Gefühlen nachzuvollziehen. Das liegt daran, dass das Gehirn gewissermaßen keinen Unterschied macht, ob die beobachteten Gefühle im eigenen Körper entstehen oder beim Gegenüber zu finden sind (dem »shared-network«-Modell zufolge, ein Modell, bei dem man von einem gemeinsamen Netzwerk ausgeht, werden sowohl beim Erleben als auch beim Beobachten ähnliche neuronale Netzwerke aktiviert[10]).

Das Empathiedefizit bei Alexithymie ließ sich durch zahlreiche Studien belegen: Menschen mit und ohne emotionale Einschränkung betrachteten dabei beispielsweise Bilder von einem menschlichen Arm, dem gerade eine Spritze gesetzt wird. Nun sollten die Probanden angeben, wie schmerzhaft diese Situation vermutlich für den auf dem Bild abgebildeten Menschen ist und wie das Bild auf sie selbst wirkt. Gefühlsblinde Personen gaben deutlich niedrigere Werte auf beide Fragen hin an als nicht-gefühlsblinde Teilnehmer.[11] Dieses Ergebnis ließ sich auch neurowissenschaftlich unterfüttern, denn verschiedene emotionsverbundene Areale (u. a. das Kleinhirn (Cerebellum), der anteriore zinguläre Kortex (ein Bereich der Großhirnrinde) oder der Inselcortex (ebenfalls ein Teil der Großhirnrinde)) zeigten im Magnetresonanztomographen niedrigere Aktivierungen bei alexithymen Menschen in Reaktion auf emotional aufgeladene Bilder.[12]

Wie und warum werden Menschen gefühlsblind?

Leider weiß man noch nicht ganz genau, wie diese Art der emotionalen Einschränkung entsteht, bzw. welche Faktoren dazu führen, dass ein Mensch gefühlsblind wird. Wissenschaftler diskutieren dabei heute vor allem zwei unterschiedliche Theorien: die neuropsychologische und die entwicklungspsychologische Theorie.

Wie ich weiter oben bereits erläutert habe, ist das emotionale Lernen in der frühen Kindheit eng an die Bindungen und Erfahrungen des Kindes mit seinen engsten Vertrauten gekoppelt. Entwicklungspsychologen sind der Ansicht, traumatische Erfahrungen, wie beispielsweise Gewalt oder sexueller Missbrauch, aber auch emotionale Vernachlässigung oder eine unsichere Bindung zur Bezugsperson seien mögliche Ursachen von Gefühlsblindheit.[13] Wenn beispielsweise die Bezugsperson in emotional geladenen Situationen ihre eigenen Gefühle oder die des Kindes unzureichend oder falsch benennt oder sie gar ignoriert, kann die emotionale Entwicklung auf den verschiedensten Ebenen beeinträchtigt bleiben: Das Kind lernt die eigenen Gefühle nicht verstehen und in Worte fassen, es lernt nicht, wie und warum sein Gegenüber fühlt, was es fühlt. Wie weiter oben geschildert, hängen die Bindungserfahrungen auch eng mit der Entwicklung der Sprache für innere Zustände zusammen, was die entwicklungspsychologische These zur Entstehung von Gefühlsblindheit sehr überzeugend macht.

Neurowissenschaftliche Forscher hingegen vertreten die These, angeborene hirnanatomische Bedingungen, die einen Menschen gefühlsblind machen, seien der Grund dafür. In diesem Bereich gibt es vier unterschiedliche Theorien, die sich jeweils auf unterschiedliche Hirnareale beziehen. Kurz gesagt: Studien belegen, dass die Gehirne von gefühlsblinden Menschen tatsächlich anders aussehen als die von nicht-gefühlsblinden Menschen.[14] So ließen sich sowohl strukturelle Unterschiede finden – das heißt, die Gehirne der beiden Personengruppen unterscheiden sich auch im neutralen bzw. Ruhezustand – als auch funktionale – das bedeutet, die Gehirne weisen unterschiedliche Aktivierungsmuster auf, wenn sie Reize verarbeiten.

Ob aber diese neuroanatomischen Unterschiede in den Gehirnen der Probanden bereits ab Geburt vorhanden gewesen sind oder ob sich die Gehirne aufgrund von Umweltfaktoren unterschiedlich entwickelt haben, das lässt sich zum heutigen Zeitpunkt noch nicht mit letzter Sicherheit beantworten.

Wie lässt sich Gefühlsblindheit feststellen?

Alexithymie kann, wie andere Persönlichkeitsmerkmale auch, unterschiedlich stark ausgeprägt sein und wird anhand eines Fragebogens zur Selbstauskunft gemessen. Die Auswertung des Fragebogens ergibt einen Wert, anhand dessen man als entweder niedrig oder hoch alexithym bzw. gefühlsblind eingestuft werden kann.

Im Folgenden sind die beiden verbreitetsten Fragebögen aufgeführt und jeweils eine Anleitung zur Auswertung, damit Sie ihren eigenen Alexithymiewert herausfinden können.

Bitte kreuzen Sie an, inwieweit die folgenden 20 Aussagen auf Sie zutreffen. Sie können den Grad Ihrer Zustimmung oder Ablehnung anhand einer 5-Punkte-Skala einschätzen:

1 = trifft überhaupt nicht zu 2 = trifft selten zu 3 = trifft teilweise zu, teilweise auch nicht 4 = trifft oft zu 5 = trifft immer zu

1. Mir ist oft unklar, welche Gefühle ich gerade habe.   1 2 3 4 5

2. Es fällt mir schwer, die richtigen Worte für meine Gefühle zu finden.   1 2 3 4 5

3. Ich habe körperliche Empfindungen, die sogar die Ärzte nicht verstehen.   1 2 3 4 5

4. Es fällt mir leicht, meine Gefühle zu beschreiben.   1 2 3 4 5

5. Ich gehe Problemen lieber auf den Grund, als sie nur zu beschreiben.   1 2 3 4 5

6. Wenn mich etwas aus der Fassung gebracht hat, weiß ich oft nicht, ob ich traurig, ängstlich oder wütend bin.   1 2 3 4 5

7. Ich bin oft über Vorgänge in meinem Körper verwirrt.   1 2 3 4 5

8. Ich lasse die Dinge lieber einfach geschehen und versuche nicht herauszufinden, warum sie grade so passiert sind.   1 2 3 4 5

9. Einige meiner Gefühle kann ich gar nicht richtig benennen.   1 2 3 4 5

10. Sich mit Gefühlen zu beschäftigen, finde ich sehr wichtig.   1 2 3 4 5

11. Ich finde es schwierig zu beschreiben, was ich für andere Menschen empfinde.   1 2 3 4 5

12. Andere fordern mich auf, meine Gefühle mehr zu beschreiben.   1 2 3 4 5

13. Ich weiß nicht, was in mir vorgeht.   1 2 3 4 5

14. Ich weiß oft nicht, warum ich wütend bin.	1 2 3 4 5
15. Ich unterhalte mich mit anderen nicht so gerne über ihre Gefühle, sondern lieber darüber, womit sie sich täglich beschäftigen.	1 2 3 4 5
16. Ich sehe mir lieber »leichte« Unterhaltungssendungen als psychologische Problemfilme an.	1 2 3 4 5
17. Es fällt mir schwer, selbst engen Freunden gegenüber meine innersten Gefühle mitzuteilen.	1 2 3 4 5
18. Ich kann mich jemanden sogar in Augenblicken des Schweigens sehr nahe fühlen.	1 2 3 4 5
19. Ich finde, daß das Mir-Klarwerden über meine persönlichen Gefühle wichtig ist, wenn ich persönliche Probleme lösen muß.	1 2 3 4 5
20. Durch die Suche nach verborgenen Bedeutungen nimmt man sich das Vergnügen an Filmen oder Theaterstücken.	1 2 3 4 5

Abbildung 6: Toronto Alexithymia Scale 20-item Version[15]

Auswertung

Bei der Auswertung des Tests ist zu beachten, dass einige Aussagen/Items »negativ« kodiert sind; das bedeutet, Ihnen wird dabei die umgekehrte Punktzahl angerechnet. Ein Beispiel: Der Aussagepunkt Nummer 4 ist negativ kodiert. Wenn Sie also bei »Es fällt mir leicht, meine Gefühle zu beschreiben« die 4 angekreuzt haben, dann erhalten Sie nicht 4 Punkte, sondern 2. Hätten Sie die 5 angekreuzt, würden Sie einen Punkt erhalten, und hätten Sie den mittleren Wert angekreuzt, die 3, dann blieb es bei 3 Punkten.

Negativ kodierte Items sind: Nummer 4, Nummer 5, Nummer 10, Nummer 18 und Nummer 19. Dies hat keinen inhaltlichen Grund, sondern dient lediglich einer zuverlässigeren Auswertung.

Die Antworten auf die restlichen Aussagen ergeben direkt (also ohne irgendein Umrechnen) die Punktzahl. Sie addieren nun Ihre Punkte bei allen 20 Aussagepunkten und landen irgendwo zwischen 5 und 100. Der Wert gibt das Ausmaß der Gefühlsblindheit an. Ab einem Wert von 60 gilt man als gefühlsblind, wenn der Wert unter 51 liegt, gilt man als nicht-gefühlsblind. Das Mittelfeld, zwischen 51 und 60, bedeutet weder gefühlsblind noch nicht-gefühlsblind.

Neben dem TAS-20 gibt es noch weitere Fragebögen zur Selbstauskunft (hierzu gehören vor allem der »Bermond-Vorst-Alexithymie-Questionnaire« (BVAQ) und die »Levels of Emotional Awareness Scale« (LEAS)) und Tests, die auf Fremdbeurteilung basieren (»Observer Alexithymie Scale« (OAS)).

Die »Levels of Emotional Awareness Scale« (fünfstufiges Modell zur Einschätzung des emotionalen Bewusstseinsstands) ist ein Fragebogen, bei dem man frei auf Fragen antworten soll. Der Fragebogen gibt Situationen wieder, und der Proband soll schildern, wie er sich in dieser Situation fühlen würde. In den Szenen taucht auch noch eine andere Person auf, über die der Proband ebenfalls sagen soll, wie diese sich in der beschriebenen Situation fühlen würde.

Einer unserer Probanden mit emotionaler Einschränkung (TAS-Wert von 69) antwortete beispielsweise folgendermaßen auf diese Fragen:

»Ein unerwartetes Ferngespräch erreicht Sie: Ein Arzt teilt Ihnen mit, dass Ihre Mutter gestorben ist. Wie würden Sie sich fühlen? Wie würde sich der Arzt fühlen?«

4 Die Sprache der Gefühle

»Ich meine, für den Arzt ist es ein Stück weit Routine, weil ich davon ausgehe, dass man als Arzt bestimmt eine Menge Elend sieht. Und dann auch den Tod oder so. Und er wird sich nicht wohl fühlen bei dem Gespräch, glaube ich oder ich denke mal, das ist auch eine gewisse Professionalität beim Arzt. Ich kann das nicht beschreiben, aber wahrscheinlich wird er sich genauso unwohl fühlen wie ein Polizist, der vor der Tür klingelt oder an der Tür klingelt und kommt und sagt: ›Ja, Familienmitglied ist beim Verkehrsunfall verstorben.‹ Also genauso wird er sich fühlen, denke ich mal. Aber ich weiß nicht, wie, also ich würde, ich bin der Meinung, dass er sich nicht wohl fühlt und dass es keine schöne Sache ist, aber es gehört halt zur Arbeit dazu. Und ich würde, wenn ich das erfahren würde, würde ich erst mal ein bisschen schlucken, würde darüber nachdenken – also je nachdem, wie es ihr ging, wenn es jetzt, ich sage mal, plötzlich, also von jetzt auf hier, wäre ich schon auf jeden Fall geschockt. Wenn es jetzt aber so ist wie bei einer, nach einer langen Krankheit, wo man sagt, das ist abzusehen, dass es heute oder morgen oder nächste Woche passieren kann, wäre ich sicherlich genauso betroffen, aber es käme nicht mehr so unerwartet von jetzt auf hier. Also ich würde mich nicht freuen, das ist Blödsinn, aber das ist so, wie soll ich das sagen? Bisschen treffen würde mich das schon. Aber ja, ich glaube, im Nachhinein würde ein bisschen Trauer dazukommen, dass sie nicht mehr da ist, aber sonst? Weiß ich nicht.«

Auf eine andere Frage der LEAS antwortete derselbe Proband wie folgt:

»Sie bekommen ein Kompliment von jemandem, der Ihnen in der Vergangenheit kritisch gegenübergestanden hat. Wie würden Sie sich fühlen? Wie würde sich der Andere fühlen?«

»Um Gottes willen! Muss ich überlegen. (Proband fragt, in welchem Umfeld die Szene spielt, Interviewerin antwortet.) Ja, ich bin der Meinung, dass die Person, die mir irgendwie ein Loblied auf einmal anfängt zu singen, würde ich sagen, dass ist nicht ganz ernst gemeint, aber auch nicht wirklich heuchlerisch, sondern vielleicht schon, also so ein bisschen würde ich denken: Weißt du, was du willst? Erst so und dann so. Also ich würde der Person unterstellen, dass das nicht ganz ernst gemeint ist. Auch wenn es vielleicht doch wirklich ernst gemeint ist, weil erst so und dann so, das ist mir ein bisschen komisch. Und ich selber würde mich nicht drüber freuen. Weil, weiß ich nicht. Ja. Kann ich nicht beschreiben, ist irgendwie komisch, kenne ich nicht, gab es, glaube ich, noch nicht. Kann mich da auch nicht so wirklich reinversetzen. (Proband fragt, ob er etwas vergessen hat.) Wie würde der Andere sich fühlen. Ja. Also ich gehe jetzt mal von mir aus, wenn ich das machen müsste, dass ich auf der einen Seite eine Person kritisiere und dann im Nachhinein feststelle, das war ja doch nicht so schlimm, der kann es ja doch besser. Ich glaube, ich wäre ein bisschen, wie in so einem Zwiespalt, so irgendwie, kann ich nicht beschreiben. Wie würde der sich fühlen? Also, ich habe dafür keinen Ausdruck, ich kann das nicht beschreiben, wie ich das sagen soll. Gibt es hier ein Wörterbuch? Nein. Ich überlege, wie man das, ob man dafür ein Wort nehmen kann. (Pause) Weiß ich echt nicht. (lange Pause) Mir fällt kein Wort ein, wie man das sagen kann, weiß ich nicht. Ich überlege … (sehr lange Pause) Ich weiß es nicht, ich kann es nicht beschreiben, also mir fällt kein Wort ein.«

In den Antworten dieses Probanden wird deutlich, dass er häufig Schwierigkeiten hat, Gefühle in Worte zu fassen (»ich kann es nicht beschreiben, also mir fällt kein Wort ein«). Auch scheint an manchen Stellen die emotionale Reaktion von der Norm abzuweichen (»Also ich würde mich nicht freuen, das ist Blödsinn, aber das ist so, wie soll ich das sagen? Bisschen treffen würde mich das schon.« – in Reaktion auf die Nachricht, die Mutter sei gestorben).

Neben der TAS, dem BVAQ und der LEAS, die allesamt der Erfassung eines Messwerts dienen, haben wir im Rahmen unseres psycholinguistischen Projekts auch noch weitere Interviews geführt. Bei einem Interview ging es darum zu erfassen, wie komplex das Wissen über Gefühle bei Gefühlsblinden ausgeformt ist. In der Linguistik spricht man hierbei von Konzepten – das heißt von allem, was im Gehirn unter einem gewissen Begriff abgespeichert ist. Um das herauszufinden, haben wir die Probanden zu Beginn des Interviews ganz einfache Fragen beantworten lassen – zumindest auf den ersten Blick scheinen sie einfach. Zu sechs verschiedenen Emotionen haben wir die folgenden drei Fragen gestellt: »Was ist für Sie Emotion X?«, »Wie erkennen Sie Emotion X bei sich oder bei anderen?« und »In welchen Situationen oder Momenten empfinden Sie Emotion X?«

Eine alexithyme Probandin mit einem TAS-Wert von 77,5 gab beispielsweise folgende Antworten:

»Was ist für Sie Freude?«

»Schwer. Freude. (Pause) Irgendwie kann ich das schwer beschreiben, weiß ich jetzt nicht. Vielleicht eine schöne Sache angucken.«

»Wie erkennen Sie Freude bei sich oder bei anderen?«

»Vielleicht Gesichtsausdruck, bei anderen Gesichtsausdruck, ja, dass die Augen von denen vielleicht glänzen oder, weiß ich nicht, er guckt nicht griesgrämig. Ja, bei mir: einen gelassenen Gesichtsausdruck oder ja.«

»In welchen Situationen oder Momenten empfinden Sie Freude?«

»Vielleicht wenn mir etwas gelungen ist.«

Die Probandin beschreibt den Gesichtsausdruck bei Freude als »nicht griesgrämig« bzw. als »gelassen«. Ihr scheint es schwerzufallen, neben der Unterscheidung zwischen positiver und negativer Emotion weitere Differenzierungen über den Gesichtsausdruck zu treffen.

Am Beispiel der Emotionen Stolz und Eifersucht wird ihre Unsicherheit nochmals deutlicher:

»Was ist für Sie Stolz?«

»Das empfinde ich meistens auch so richtig nicht. Wenn ich so gefragt werde, warum bist du denn nicht stolz darüber, was weiß ich, dass du in der Schule eine gute Arbeit geschrieben hast oder früher und dann, weiß ich nicht, ja, Abitur geschafft, Studium geschafft, irgend so etwas, aber ist eigentlich selbstverständlich für mich gewesen. Also fällt mir auch schwer nachzuempfinden, Stolz.«

»Wie erkennen Sie Stolz bei sich und bei anderen?«

4 Die Sprache der Gefühle

»Also bei mir selber irgendwo, denke ich, so richtig nicht. Manchmal bin ich echt erstaunt, dass da jemand dann meint, er müsste da das als toll empfinden. Ja und bei manchen anderen, die dann eben sagen: ›Oh, da habe ich ja etwas Tolles gemacht!‹ So, dass die das dann so verbal äußern.«

»In welchen Situationen oder Momenten empfinden Sie Stolz?«

»Naja, wird auch schwierig zu beantworten.«

Die Empfindung des Gefühls Stolz ist ihr also offenbar fremd. Dementsprechend schwer scheint es ihr zu fallen, Stolz bei anderen zu erkennen, es sei denn, sie äußern explizit, dass sie stolz sind.

Ähnlich schwierig ist es mit dem Gefühl Eifersucht:

»Was ist für Sie Eifersucht?«

»(Pause) Mh, nein, so richtig auch nicht. Also ich kann es erklären, Eifersucht, das Wort. Wenn, weiß ich, wenn ein Mensch, dass man von dem irgendwas will, der einem das nicht gibt oder so. Das, ja.«

»Wie erkennen Sie Eifersucht bei sich und bei anderen?«

»Dass der wütend auf das Verhalten von dem Anderen ist oder über das Verhalten des Anderen ist. Ja, irgendwie.«

»In welchen Situationen oder Momenten empfinden Sie Eifersucht?«

»Also eigentlich gibt es das nicht, also kann ich so nicht sagen.«

Das Sprechen über Gefühle scheint diese beiden Beispielprobanden zu überfordern. Sie machen den Eindruck, als hätten sie nicht viel Übung in dem Bereich und als würden sie andere Themen bevorzugen. Viele Gefühle sind ihnen einfach fremd und den Ausdruck dieser Gefühle können sie nicht richtig deuten.

Man kann sich vorstellen, dass Menschen, die große Schwierigkeiten im emotionalen Bereich haben, häufig auch in anderen Bereichen mit Problemen konfrontiert sind. Die bereits erwähnten Begleiterkrankungen (fachsprachlich Komorbidität) von Alexithymie und psychischen sowie körperlichen Erkrankungen machen es schwierig, das Phänomen Alexithymie zu erforschen, denn um tatsächlich zu verstehen, wie Gefühlsblindheit aussieht, benötigen Forscher Probanden, die gefühlsblind sind, aber ansonsten psychisch unauffällig. Nur wenige große experimentelle Studien konnten dies bislang sicherstellen, denn die Auswahl der Probanden ist extrem schwierig, wenn man jede Person, die aktuell oder in ihrer Vergangenheit psychische Auffälligkeiten aufweist, ausschließen will.

In den Studien, an denen ich in den vergangenen Jahren gearbeitet habe, konnten wir dies jedoch gewährleisten. Alle Probanden hatten sich auf unsere Anzeige mit dem Text »Sprechen Sie nicht gern über Ihre Gefühle?«, die in den Berliner U-Bahnen aushing, gemeldet. Durch umfangreiche psychologische Interviews und Testverfahren haben wir schließlich rund hundert »reine« gefühlsblinde Menschen herausgefiltert.

Alexander gehört zu dieser Gruppe, er hatte einen TAS-Wert von 83. Zwischen den Testsitzungen hat er mir manchmal aus seinem Leben erzählt. Eines Tages rief seine Frau bei mir an und bat mich um Hilfe. Aus all diesen Gesprächen habe ich mir ein Bild von Alexanders Privatleben machen können. Alexander soll in diesem Buch als prototypischer gefühlsblinder Mensch dienen, und seine Geschichte soll zeigen, wie sehr emotionale Defizite ein Leben einschränken können.

Roboter oder Vulkan?

Eine, wenn nicht *die* zentrale Frage innerhalb der Alexithymieforschung lautet: Fühlen gefühlsblinde Menschen nichts oder weniger oder fühlen sie genauso wie nichtgefühlsblinde Menschen, können diese Gefühle jedoch nur nicht verstehen und ausdrücken?

Auch wenn wir inzwischen über hochentwickelte Forschungsmethoden in der Neurowissenschaft verfügen, lässt sich diese Frage zurzeit noch nicht abschließend beantworten. Sind Menschen mit emotionaler Einschränkung in Wirklichkeit emotionale Vulkane, in denen es unter der Oberfläche brodelt, die aber die emotionalen Prozesse nicht deuten und kanalisieren können? Oder geht in ihnen schlichtweg nicht viel vor?

Manche Forscher, die erstere Hypothese vertreten, sind der Ansicht, Menschen mit eingeschränktem Affektleben würden zwar eine Emotion fühlen, sich seien aber nicht sicher, welche Emotion es ist. Hierzu zählt das Fallbeispiel, das der Psychiater Peter Sifneos beschreibt: Eine Frau war, nachdem sie einen Film gesehen hatte, in dem eine Mutter an Krebs stirbt, dermaßen aufgewühlt, dass sie sich in den Schlaf weinte. Als Sifneos sie fragte, wie sie sich fühle, sagte sie »schrecklich«, aber sie konnte darüber hinaus nicht beschreiben, was in ihr vorging. Sie würde manchmal weinen, aber sie wisse nicht, wieso. Diese Frau konnte nicht nachvollziehen, aufgrund des Filmes möglicherweise deshalb so traurig geworden zu sein, weil ihre eigene Mutter an Krebs erkrankt war. Die emotionalen Regungen ihres Körpers verwirrten und erschreckten sie.

Das ist für diese Gruppe von Alexithymen typisch: Die eigenen Gefühle kommen ihnen wie eine riesige, verwirrende Qual vor. Sie können kein geistiges Abbild ihrer Gefühle erstellen, was ihnen das Verständnis und erst recht die Versprachlichung erschwert bzw. unmöglich macht.

Nun ist es fraglich, inwieweit man ein Gefühl empfinden kann, ohne es zu verstehen oder verbalisieren zu können, aber dieser Theorie zufolge besteht ein klaffender Abgrund zwischen dem, was in gefühlsblinden Menschen vorgeht, und ihren geistig-emotionalen Fähigkeiten, das verarbeiten zu können, was sie bewegt.

Man stelle sich vor, man fühle in einem vollkommen »normalen« Maß (was immer das ist), hätte aber kaum jemals eine Ahnung davon, was man da genau fühlt und warum. Über Jahre hinweg kann das nur krank machen. Insofern wäre diese Theorie eine gute Erklärung dafür, dass so viele gefühlsblinde Menschen psychisch erkranken. Denn wenn man seine Gefühle nicht mitteilen kann, bleibt man mit ihnen allein, und das macht uns Menschen anfällig für Krankheiten.

Es gibt jedoch auch Wissenschaftler, die der zweiten These anhängen und Alexithymie als emotionale Stumpfheit betrachten.[16] Auch hierfür sprechen zahlreiche Befunde, was schließlich dazu geführt hat, in der aktuellen Forschung davon auszugehen, es gebe unterschiedliche Typen von Alexithymie. Der eine Typus entspricht dem Vulkan – er fühlt wie ein durchschnittlich emotional intelligenter Mensch, kann seine Gefühle aber nicht in Worte fassen; der andere Typus entspricht dem Roboter – in seinem Inneren gibt es kaum Schwankungen, deshalb redet er auch nicht viel darüber.

Die Forschung hat lange Zeit versucht herauszufinden, ob gefühlsblinde Menschen sich bereits auf der Wahrnehmungsebene – also dem, was sie empfinden – von nicht-alexithymen Menschen unterscheiden oder ob die Unterschiede erst an späterer Stelle auftreten, wenn es darum geht, Gefühle auszudrücken und zu verstehen. Jahrzehntelang waren Wissenschaftler uneinig und frustriert wegen der uneinheitlichen Ergebnisse. Inzwischen ist man sich allerdings einig, dass diese Unterschiedlichkeit zu einem großen Teil in der Annahme begründet ist, Alexithymie sei ein einheitliches Phänomen. Davon hat man Abstand genommen und geht nun davon aus, es gebe unterschiedliche Subtypen, die mit den unterschiedlichen Ebenen zusammenhängen, und eben diese Ebenen sind bei der Emotionsverarbeitung beteiligt. Denn, wie bereits erwähnt, die Verarbeitung von Emotionen ist kein rein emotionaler Prozess, sondern ebenso ein geistiger. Die eigenen Gefühle verstehen zu können, sie also auf einer geistigen Ebene einordnen und regulieren zu können, ist ein mindestens genauso wichtiger Teil der Emotionsverarbeitung wie der früher stattfindende, rein empfindende Part. Diese beiden Komponenten, die affektive und die kognitive, sind Grundlage der beiden Subtypen.[17]

Personen des *Typs 1* haben einen Mangel an emotionalem Empfinden und emotionalem Ausdruck, sie sind die »Roboter«. Ihre Fantasie ist eingeschränkt und ebenso ihr Wissen über Gefühle. Alexithyme des Typs 1 sind emotional unterkühlt und distanziert, was zu Problemen in sozialen Beziehungen führen kann.

Personen des *Typs 2* hingegen empfinden Emotionen ähnlich oder sogar in stärkerem Maße als nicht-alexithyme Personen, haben jedoch nur unzureichend entwickelte Fähigkeiten, ihre Gefühle geistig zu regulieren und sprachlich auszudrücken – sie sind die »Vulkane«. Ihr mimischer Ausdruck ist stark eingeschränkt, sie sind emotional sehr instabil und haben ein gesteigertes Risiko, an Angststörungen, Depression oder dissoziativen Störungen zu erkranken.

Was sich in dieser Unterteilung in die beiden Typen erkennen lässt, ist: Emotionsverarbeitung hat – wie wir im Kapitel zu Emotionen gesehen haben – sowohl affektive als auch kognitive Komponenten. Der weiter oben vorgestellte »Bermond-Vorst-Alexithymie-Questionnaire« (BVAQ) integriert diese beiden Komponenten und ermöglicht es, eine Person nicht nur als »gefühlsblind oder nicht« (bzw. hoch oder niedrig alexithym) einzustufen, sondern zugleich eine Einordnung in Typ 1 oder Typ 2 vorzunehmen. Personen, die auf allen Skalen (insgesamt verfügt der BVAQ über fünf Skalen, siehe oben) eine vergleichsweise hohe Punktzahl erreichen, entsprechen dem Typ 1. Personen, die auf den kognitiven Skalen (Identifizieren, Verbalisieren und Analysieren) eine hohe Punktzahl, auf den affektiven Skalen (Fantasieren und Emotionalisieren) aber wenige Punkte erzielen, werden als Typ 2 eingestuft.

Kopfmenschen

Alexander ist – genauso wie der eingangs erwähnte Chirurg Gary – gefühlsblind und gehört zum ersten Subtyp.

Wie wir inzwischen gesehen haben, ist Selbstwahrnehmung, das heißt die Fähigkeit, die eigenen Gefühle zu beobachten und zu erkennen, die wichtigste Grundlage, um die Gefühle anderer einschätzen zu können. Menschen wie Alexander, die allerdings keinen blassen Schimmer von dem haben, was in ihnen selbst vor sich geht, stehen den Gefühlen ihrer Mitmenschen ratlos gegenüber. Sie können nicht nur die versteckten emotionalen Hinweise nicht deuten – wie etwa die nonverbalen emotionalen Signale, die sich durch Sprachmelodie, Körperhaltung oder Mimik vermitteln; sie sind auch irritiert, wenn ihr Gegenüber seine Gefühle direkt und konkret ausdrückt. Denn für Menschen mit eingeschränktem Affektleben sind Gefühle nicht mit Handlungen verbunden; sie wissen eben nicht sofort, wie sie reagieren sollen, wenn ihr Gegenüber ihnen sagt, dass er oder sie traurig ist. Dabei gibt es – wie ich später noch ausführlicher darlegen werde – einen Weg, die Defizite zu überwinden und emotionales Verhalten zu trainieren.

Die allermeisten emotionalen Signale drücken wir nicht unmissverständlich und wörtlich aus – mehr als 90 Prozent der emotionalen Mitteilungen innerhalb der menschlichen Kommunikation werden auf nonverbalen Ebenen gesendet. Das ist für alexithyme Menschen natürlich fatal. Und auch wenn wir auf sprachlich eindeutige Weise eine Emotion vermitteln, ist sie gepaart mit einem nonverbalen emotionalen Ausdruck, und so gilt: der nonverbale Kanal spricht die Wahrheit. Nicht *was* wir sagen, sondern *wie* wir es sagen, ist zentral.

Meistens fühlt Alexander gar nichts. Wenn dann mal eine Spur von Gefühl aufflackert, weiß er nicht, was er fühlt. Dann sucht er nach körperlichen Anzeichen und versucht, diese zu deuten. In extremen emotionalen Situationen kann das passieren, so zum Beispiel am Tag seiner Hochzeit. Den ganzen Vormittag, während die Vorbereitungen liefen, spürte er einen Druck im Darm und er hatte feuchte Hände. Als er gefragt wurde, wie es ihm gehe, jetzt, so kurz vor dem großen Moment, dann antwortete er so etwas wie »ganz normal« oder »okay«. Die körperlichen Anzeichen haben auf seine Aufregung hingewiesen, das hat er aber erst deutlich später, am Tag danach, verstanden. So eine zeitliche Verzögerung ist sicher vielen Menschen bekannt. Oft versteht man beispielsweise erst im Nachhinein, wieso man in einem Streit mit dem Partner plötzlich anfangen musste zu weinen, den Raum verlassen hat oder laut geworden ist. In der Situation selbst sind die Gefühle so ungeordnet und gleichzeitig so intensiv, dass man sie nicht reflektieren kann. Die verschiedenen Stränge – denn häufig sind ja gerade bei Streitigkeiten innerhalb einer Beziehung mehrere Aspekte miteinander verwoben – lassen sich erst in der Retrospektive ordnen, verstehen und angemessen ausdrücken.

Bei Gefühlsblinden dauert dieses Übersetzen länger als bei nicht-gefühlsblinden Menschen, es kann Minuten, Stunden oder sogar Tage in Anspruch nehmen. Und es ist auch in Situationen nötig, in denen nicht-gefühlsblinden Menschen die eigenen Gefühle oder die anderer Personen vollkommen klar sind.

Man darf sich aber dennoch diese Menschen nicht wie Mister Spock vorstellen. Gefühlsblinde Menschen wissen natürlich, dass ein Mensch sich freut, wenn er lächelt, und dass er traurig ist, wenn er weint. Genauso empfinden gefühlsblinde Menschen auch nicht *nichts*. Es scheint eher so zu sein, als läge ein dicker Schleier über ihrem Gefühlsleben, der alles abdämpft.

Als Alexanders Vater an Krebs erkrankte, wachte Alexander immer öfter mit Herzrasen auf. Er bemerkte seinen beschleunigten Herzschlag, aber er konnte dieses Signal nicht deuten. Der Herzschlag fühlte sich für ihn nicht wie Angst an. Nach einigen Wochen besuchte Alexander aufgrund seiner Beschwerden sogar einen Arzt, aber dieser attestierte ihm nur, mit seinem Herzen sei alles in Ordnung. Körperliche Empfindungen wie Puls, Übelkeit, Zittern, Erröten, Hitzewallungen usw. zu deuten, fällt gefühlsblinden Menschen schwer. Als Alexanders Ehefrau ihn fragte, ob sein Herzrasen vielleicht mit der Erkrankung seines Vaters zu tun haben könnte, wies er diese Vermutung von sich. »Naja, vielleicht hast du einfach Sorgen oder Angst um deinen Vater?«, fragte sie, aber er antwortete: »Nein, mein Herz macht das einfach, ich habe keine Angst.«

Dass Gefühlsblinde, wenn man sie nach ihren Gefühlen fragt, mit Beschreibungen über körperliche Zustände antworten, ist ein bekanntes und früh beobachtetes Phänomen.

Alexander fiel es schwer zu beschreiben, was er fühlte, nachdem sein Vater schließlich an der Krebserkrankung gestorben war. Immer wieder sprach seine Frau ihn darauf an und bot ihm ihren Trost an. Kollegen fragten ihn, wie es ihm gehe. Aber auch wenn er versuchte, richtig in sich hineinzuhören, kam meist kaum mehr als ein: »Ja, er ist jetzt weg. Er hatte halt Krebs und es war ja klar, dass er nicht 100 werden würde.« Sein Umfeld sprach nun oft von Alexanders dickem Fell oder dem Panzer, den er sich offenbar zugelegt habe. In Alexander war tatsächlich eher eine große Leere als wirklich tiefe, langanhaltende Trauer. Er wollte nicht reden, ihm war danach weiterzumachen.

Niemand käme auf die Idee, Alexander zum Arzt zu schicken – Bekannte, Nachbarn oder Kollegen würden Alexander vermutlich als »Kopfmenschen« beschreiben und sich nichts weiter dabei denken. Schließlich können gefühlsblinde Menschen zwischenmenschliche Konventionen gut beherrschen – sie lächeln beispielsweise, wenn der Chef sie begrüßt, auch wenn sie vielleicht keinen inneren Impuls dazu verspüren. Alexanders Arbeitsumfeld weiß nicht von seiner Gefühlsblindheit, denn Alexander ist ein guter Schauspieler.

Viele Menschen mit emotionaler Einschränkung sind äußert anpassungsfähig. So beschreibt ein betroffener Nutzer in einem Forum zum Thema Gefühlsblindheit, wie er emotionales Verhalten imitiert:

»Ich erinnere mich auch an den Moment, als mir meine Mutter von dem Tod meiner Oma erzählte: Damals drehte ich mein Gesicht weg und täuschte Weinen vor. Dann hatte mir neulich ein Freund erzählt, wie an einer Tankstelle seiner Frau das Auto samt Kind auf eine viel befahrene Straße gerollt ist. Wenn ich ehrlich bin, habe ich kein Entsetzen oder Schrecken gefühlt, sondern ganz bewusst so was wie ›das find ich schrecklich‹ gesagt. Auch in anderen Situationen spüre ich ganz deutlich, wie ich meine Gefühlsworte entsprechend der Situation (egal ob Freude, Trauer, Ärger) sozial kompatibel wähle, ohne wirklich etwas dergleichen zu fühlen. (...) Wenn ich Geschenke bekomme, täusche ich Freude vor. Wirkliche Freude ist da nicht wirklich, sondern ich weiß den Aufwand wertzuschätzen.«

Die Nachahmung von Verhaltensweisen ist bei Gefühlsblinden, aber auch bei nicht-gefühlsblinden Menschen häufig anzutreffen. Wenn wir zu einer Gruppe Menschen dazugehören wollen, beobachten wir – meist unbewusst – ihr Verhalten und ahmen es nach. Gefühlsblinde Menschen fallen dadurch häufig im erweiterten Bekanntenkreis gar nicht als irgendwie »anders« auf. Je enger aber die Beziehung ist, desto weniger können antrainierte Verhaltensweisen über die emotionalen Defizite hinwegtäuschen: Für eine Paarbeziehung – wenn denn überhaupt eine Beziehung entstehen kann – ist Gefühlsblindheit eine extreme Belastung.

»Mein Mann kann nicht lieben«

Die Liebe ist die größte Hürde für gefühlsblinde Menschen. Wie kann sie funktionieren, wenn man sie gar nicht fühlt? Wie lebt es sich mit einem Menschen zusammen, der einem keine Liebe zeigt? Vor allem die nicht-gefühlsblinden Partner von Gefühlsblinden leiden stark unter emotionaler Vernachlässigung und dem Gefühl, vollkommen allein für die Beziehung verantwortlich zu sein. Auf Dauer kann ein solcher Entzug an emotionaler Zuwendung ebenfalls krank machen.

In einem Internetforum schreibt eine Nutzerin über ihren alexithymen Partner:

> »Unter der Woche schreibt er manchmal ›Ich küsse und umarme dich‹.
>
> Doch er tut es nicht, wenn wir beieinander sind.
>
> Wenn ich ihn umarme, scheint er es zu ›dulden‹, einen Moment.
>
> Manchmal bitte ich ihn, mich einfach in den Arm zu nehmen.
>
> Er fragt mich dann, warum ich das jetzt brauche. Die Frage finde ich so seltsam.
>
> Versuche, es zu erklären, dass mir einfach nach seinen Armen ist und ein wenig Geborgenheit. (Eben einfach so nach einer anstrengenden Arbeitswoche ...) Und auch hier wird wieder nachgefragt, woher das kommt, dieser Wunsch. Irgendwann verzweifle ich an den Fragen, weine, zürne, bettle regelrecht. ›Ich spüre dich nicht‹ ist seine Antwort ... und beginnt, sich mit dem Rechner zu beschäftigen oder die Zeitung zu lesen. (...)
>
> Wenn ich mich spontan freue, scheint ihn das zu überraschen, wenn ich sentimental bin, soll ich Gründe benennen. Er schaut mich dann fragend an, als sei ich irgendwie seltsam. Doch meistens zeigt sein Gesicht nichts. Es ist immer gleich, irgendwie teilnahmslos. Zärtlichkeiten (Küssen, Umarmen) sind offenbar irgendwie unangenehm,
>
> Sex eher .... rational ... und dann schnell duschen.«

Die Forennutzerin fühlt sich nicht gesehen, sie vermisst emotionale Unterstützung und Zuwendung. Sie fühlt sich nicht geliebt. Ihr Partner hat gelernt, dass man seinem

4 Die Sprache der Gefühle

Partner Dinge wie »Ich küsse und umarme dich« schreibt, als Abschiedsformel sozusagen. Aber ein tatsächliches Bedürfnis nach Küssen und Umarmen empfindet er einfach nicht. Nie, bei niemandem.

Das Leiden, das dabei entsteht, nennen Psychologen »affective deprivation disorder« (AfDD; übersetzt: Affektentzugsstörung), es ist ein Syndrom, unter dem Partner von gefühlsgestörten Personen leiden können. Ursprünglich wurde dieser Begriff für die Partner von autistischen Menschen eingeführt, man wendet ihn aber auch auf die Partner gefühlsblinder Personen an.

Es gibt allerdings nicht nur Nachteile daran, mit einem gefühlsblinden Menschen zusammen zu sein, das sagt zumindest Alexanders Frau. Sie habe nie Zweifel an seiner Treue gehabt, er sei immer zuverlässig für sie da und die Bindungsunfähigkeit, unter der angeblich vor allem viele junge Männer leiden würden, sei bei Alexander auch überhaupt kein Thema.

Für Alexander ist es eher so: Er hat geheiratet, weil er eine Frau haben wollte. Nun hat er eine Frau an seiner Seite und die gehört so fest und verbindlich zu ihm, wie sein linkes Bein. Alexander gehört nicht zu der Sorte Menschen, die sich, wenn etwa ein Beziehungsproblem auftaucht, ein alternatives Leben vorstellen, mit einer anderen Frau, einem anderen Job. Für ihn sind Beziehungen wie unkündbare Verträge – einmal eingegangen, halten sie für das gesamte Leben. Genauso wenig wie er sich vorstellt, er hätte Raumfahrttechnik studieren können und würde nun beruflich ins All fliegen, genauso wenig fantasiert er von anderen Frauen an seiner Seite. Egal was passiert, seine Frau bleibt seine Frau.

Aber auch wenn alexithyme Menschen häufig zuverlässige und treue Partner sein können – an ihrer Seite fühlen sich viele schlichtweg allein.

Eine andere Forennutzerin ist ebenfalls mit einem gefühlsblinden Mann zusammen und vermisst emotionale Unterstützung in ihrer Beziehung:

>»Ich hatte auch mal schlechte Tage, in denen ich Trost gebraucht hätte, z. B. saß ich mal weinend neben ihm und er nahm es zwar wahr, reagierte aber absolut nicht darauf, er ignorierte mein Weinen und Schluchzen einfach … Wenn ich ihn darauf ansprach, wie er sich verhält, sagte er, ich würde übertreiben und er verhalte sich ganz normal. Seine platonische Art und Weise mir gegenüber fand er normal, und wenn ich ihn auf Emotionalität ansprach, redete er es weg (z. B. sagte ich: ›Warum nimmst du mich nie in den Arm? Warum darf ich deine Hand nicht halten? Warum habe ich immer das Gefühl, dass du mich eher als Kumpel denn als Partnerin siehst?‹), worauf er nur vorbrachte ›Ich hab dich doch hierhin/dorthin gefahren. Ich habe dir doch letztens im Haushalt geholfen. Ich bin doch letztens mit dir zu diesem Termin gegangen.‹ Und er meinte, das wäre doch wohl emotional genug.«[18]

Beim Lesen dieser Berichte fragt man sich als nicht-gefühlsblinder Mensch, wie man überhaupt eine Beziehung mit einer so kalten, emotional abgestumpften Person eingehen kann. Allerdings fällt die Gefühlsblindheit zu Beginn der Beziehung nicht auf. Da Männer etwas häufiger betroffen sind als Frauen, tun die meisten gefühlsblindes Verhalten am Anfang der Beziehung mit einem »typisch Mann« ab. Wie tiefliegend die emotionalen Defizite aber

4 Die Sprache der Gefühle

reichen, kann der Partner – der in den allermeisten Fällen von dem Phänomen Alexithymie noch nie gehört hat – nicht erahnen. Viele Männerklischees – »Männer reden nicht über ihre Gefühle«, »Männer interessieren sich nur für Autos«, »Männer wollen nicht kuscheln« – zielen in eine ähnliche Richtung und verdecken das eigentliche Problem. Nach einer gewissen Zeit tragen diese Klischees nicht mehr, und der nicht-gefühlsblinde Partner beginnt zu klagen. Zumeist kennen beide das Phänomen Gefühlsblindheit nicht, so dass sie den Empathiemangel als persönliche Vernachlässigung empfinden, was dann tagtäglich zu Konflikten führt. Für den Gefühlsblinden beginnt die Phase der Rechtfertigungen und der andauernden Angriffe auf die eigene Persönlichkeit.

Alexander freut sich schon nicht mehr auf das Wochenende, weil er weiß, seine Frau wird sich dann wieder beschweren. Abgesehen davon bringen Wochenenden sowieso nur Unruhe in die Routinen des Alltags. Aber die Streitereien sind zusätzlich anstrengend. Alexanders Frau wirft ihm vor, nie einen originellen Vorschlag für eine Unternehmung zu machen. Immer müsse sie die Initiative ergreifen. Sie müsse allein die ganze Beziehungsarbeit leisten, von ihm komme nichts. Alexander versteht das nicht. Warum Beziehungsarbeit? Warum etwas Originelles unternehmen? Dass hinter diesen Begriffen der Wunsch seiner Frau steht, gesehen zu werden, kann Alexander nicht begreifen. Was bei ihm ankommt, sind ausschließlich Vorwürfe. Dabei wäre ein gelungenes Wochenende für ihn, wenn man tagsüber etwas liest oder fernsieht und am Abend zusammen isst. Alexanders Frau würde gern romantisch verführt werden, doch sie hat den Eindruck, Alexander habe kaum sexuelles Interesse an ihr. Dabei sei er doch der Mann! Hinter den Klagen von Alexanders Frau steht etwas viel Einfacheres und zugleich Schwierigeres: Alexanders Frau wünscht sich, er würde spüren, was sie sich wünscht. Und das kann Alexander nicht.

Ohne konkrete Handlungsanweisung verhalten sich Gefühlsblinde ihrem Partner gegenüber häufig verletzend – ohne es zu wollen, sie merken es überhaupt nicht.

Solche Schwierigkeiten tauchen natürlich auch beim Sex auf. So beschreibt ein alexithymer Forennutzer:

»Sex finde ich toll, aber gerate nicht in Ekstase – meine Partnerin hat sich anfangs beschwert, dass ich keinen Laut von mir gebe und mechanisch wirke. Inzwischen habe ich gelernt, zu bestimmten Zeiten passende Geräusche von mir zu geben.«

Manche gefühlsblinden Menschen können auf die Bitten des Partners eingehen und ihr Verhalten bis zu einem gewissen Grad ändern. Sie nehmen sich dann bewusst vor, den Partner zu umarmen oder ihn nach seinem Befinden zu fragen. Häufig erscheint dieses Verhalten dann zwar als »steif« oder »roboterhaft«, aber für die Stabilität der Beziehung ist es dennoch wichtig.

Für Gefühlsblinde sind die emotionalen Ansprüche an eine gut funktionierende Paarbeziehung jedoch einfach unüberbrückbar. Wenn man also als nicht-gefühlsblinder Mensch mit einem alexithymen Menschen zusammen ist, lautet der Rat meist: Akzeptiere deinen Partner, wie er ist. Beide Partner müssen sich mit ihren Differenzen akzeptieren lernen und eine Kommunikationsweise finden, die beide annehmen können. Ein gefühlsblinder Mensch wird nie einfühlsam, empathisch oder einem die Wünsche von den Lippen ablesen. Er kann allerdings versuchen, auf konkrete Handlungsvorschläge in konkreten Situationen einzugehen. So lernen gefühlsblinde Menschen häufig im Laufe einer Beziehung, ihren Partner in den Arm zu nehmen oder abends zu fragen, wie denn der Tag war. Akzeptanz ist nicht nur für den nicht-gefühlsblinden Partner der Schlüssel, sondern auch für die Betroffenen selbst. Denn die Gefühlsblindheit ist Teil ihrer Persönlichkeit, und diese wird sich nicht fundamental ändern (mehr zu Therapieansätzen in Kapitel 5).

Warum suchen Gefühlsblinde überhaupt Beziehungen, wenn sie doch enge emotionale Bindungen gar nicht eingehen können?

Wie bereits ausgeführt, gibt es zahlreiche Fälle, in denen Personen mit eingeschränktem Affektleben sehr stabile Beziehungen führen – zumindest aus ihrer eigenen Sicht ist die Partnerschaft unerschütterlich. Viele andere gefühlsblinde Menschen aber haben so große Schwierigkeiten mit einer Paarbeziehung, dass sie Single sind und es auch bleiben möchten. Bei manchen Gefühlsblinden geht ihre emotionale Disposition mit einem geringen Interesse an einer Partnerschaft einher. Bei anderen Gefühlsblinden hingegen besteht sehr wohl der Wunsch nach einer Beziehung. Oftmals ist dieser Wunsch allerdings eher von der Sehnsucht nach einem geordneten Leben getrieben. Da gehört eben ein Partner genauso dazu wie ein Beruf. Es sind also eher rationale Beweggründe als ein tiefer innerer Wunsch nach einem Menschen, der einem das Gefühl gibt, nicht alleine durchs Leben zu gehen.

Aus den Ausführungen des Nutzers, der oben sein Erleben von Sex geschildert hat, liest man heraus, welchen – vergleichsweise niedrigen – Stellenwert seine Beziehung für ihn hat:

> »Bestes Beispiel ist wohl, dass es mich ›kalt‹ lässt, wenn meine Partnerin zu mir sagt, dass ich ausziehen soll oder sie mich nicht mehr sehen will. Es ist dann eben so – eine Trennung fände ich sehr schade und ich würde meine Partnerin sehr vermissen.«

Eine Trennung von seiner Partnerin würde Peter in die Situation versetzen, sein Leben neu strukturieren zu müssen, was unangenehm ist, und er würde sein geordnetes Leben vermissen. Wenn seine Freundin ihm sagt, er solle ausziehen und sie wolle ihn nicht mehr sehen, dann ist das für Peter wie in Stein gemeißelt. Er hat keine Möglichkeiten, diesen »Entschluss«, der ja unter Umständen nur ein Hilferuf ist, anzugreifen. »Es ist dann eben so«.

Viele Verbindungen zerbrechen nach einiger Zeit an dem emotionalen Ungleichgewicht. Und viele Gefühlsblinde sind gar nicht erst in der Lage, eine feste Beziehung aufzubauen.

Interview mit einem gefühlsblinden Mann

In dem amerikanischen Forum »Reddit.com«, eines der bekanntesten und größten Foren zu allen möglichen Themen, gibt es die Kategorie »Ask Me Anything« – »Frag mich alles«. Häufig sind es Menschen mit außergewöhnlichen Berufen oder seltenen Krankheiten, die hier Rede und Antwort stehen. Aufgrund seiner extrem hohen

Reichweite und der Tatsache, dass Reddit eine Leser-
schaft hat, die relativ liberal und gebildet ist, liefert das
Forum häufig interessante Einblicke in Spartenthemen,
die im Mainstream kaum vertreten sind. Wie zum Beispiel
Alexithymie.

Hier antwortet ein amerikanischer gefühlsblinder Mann
auf die Fragen der Leser:

Hattest du bereits länger andauernde feste Beziehungen?

Ja, hatte ich. Alle drei dauerten etwa 2 Jahre. Ich habe
nicht so sehr Schwierigkeiten, eine Beziehung zu beginnen, allerdings enden sie nach der ersten aufregenden
Phase, auf die Commitment und Alltag folgen, für mich
immer in Schinderei. Es ist nicht so, dass ich mich nicht
dazu bekennen könnte, vielmehr ist es so, dass mir nichts
in meinem eigenen Leben oder dem Leben meiner Partnerin wirklich wichtig ist. Daher rede ich eigentlich nie –
nicht über meine Arbeit, nicht über persönliche Probleme
(weil ich die nicht habe), ich vertraue meiner Partnerin
nichts an (weil es nichts gibt). Und wenn meine Partnerin
persönliche Themen an mich heranträgt, sind meine Reaktionen darauf komplett rational. Ich denke, es ist für
Leute schwer, mit jemandem zusammen zu sein, der null
Empathie hat für das, was in ihrem Leben los ist.

**Was ist deine sexuelle Orientierung? Was hältst du von Sex
im Allgemeinen?**

Meine sexuelle Orientierung ist etwas schwer zu fassen.
Sex interessiert mich generell nicht so sehr, abgesehen
vom körperlichen Vergnügen kann ich Sex wenig abge-
winnen. Mein Trieb ist also eher nicht so stark ausgeprägt.

Wie kommt es dann überhaupt dazu, dass du eine Beziehung eingehst? Wenn du keine üblichen Gefühle von Verliebtheit empfindest, schwärmst du dann zumindest für andere Menschen?

In 95 Prozent meiner Beziehungen war nicht ich derjenige, der die Sache initiiert hat. Nein, so etwas wie Schwärmen oder Verknalltsein kommt bei mir auch nicht vor.

Hast du manchmal das Gefühl von Einsamkeit? Machst du dir Sorgen, dass du niemals jemanden finden wirst, der an deiner Seite bleibt?

Ich fühle mich nicht einsam. Und es beunruhigt mich nicht, niemanden an meiner Seite zu haben. Ich kann problemlos unbegrenzt viel Zeit alleine verbringen, solange ich beschäftigt bin mit irgendwas – Fark, Slashdot, einem Buch, The Economist, oder was auch immer.

Würdest du gerne Emotionen empfinden können so wie andere?

Ich bin nicht sicher. Es mag sich komisch anhören, aber ich habe nicht das Gefühl, dass ein Teil von mir fehlt. Würde ich Gefühle haben, würden wahrscheinlich meine Beziehungen länger halten können, aber eigentlich wäre es mir sowieso lieber, eine Beziehung auf Basis von rein intellektueller Kompatibilität zu führen, ohne dass Gefühle da überhaupt reinspielen.

Wenn du von Sachen sprichst, die du magst, wie zum Beispiel ein Buch lesen, was bedeutet dieses »mögen« dann für dich? Hat das nicht doch eine emotionale Komponente?

Das ist für mich eher intellektuell befriedigend. Ich

arbeite als Programmierer, und wir hatten ein Problem mit unserem Computersystem, von dem selbst die Experten sagten, es sei unmöglich zu lösen. Es hat mich dann 300 Zeilen in Perl (Programmiersprache) gekostet, um das herzustellen, was der Chef wollte. Das ist ein Beispiel für intellektuelle Befriedigung.

Was ist deine Motivation, Dinge zu tun, beispielsweise an diesem Interview teilzunehmen?

Meine Motivation, Dinge zu tun, besteht eigentlich nur darin, die Eintönigkeit zu durchbrechen. Ohne Ziele zu haben oder mich auf etwas zu freuen. Mein Leben schleppt sich eher so dahin.

Was wäre deine Reaktion, wenn dich jemand sprachlich angreifen würde? Würde es dir etwas ausmachen, wenn jemand versuchen würde, sich über dich lustig zu machen, oder wäre so etwas dir ganz egal?

Meine Reaktion darauf, dass mich jemand verletzen will, ist meist Verwirrung. Ich kann nicht nachvollziehen, warum manche Menschen sich rächen wollen oder jemand anderem eins reinwürgen. Ich würde auf die Fehler in ihrer Argumentation (die gibt es nämlich immer) hinweisen, das funktioniert ziemlich gut, genauso wie weggehen und sie einfach ignorieren.

Bist du durch deine Gefühlsblindheit komplett objektiv in deiner Entscheidungsfindung?

Ja, schon. Ohne Hoffnungen, Träume oder Ängste kann ich leicht alles auf eine Liste von logisch-rationalen Pros und Contras runterbrechen. Ich bin nie aufgeregt über etwas, freue mich nie auf etwas, bin aber auch nie enttäuscht. Es klingt vielleicht abgedroschen, aber der Spruch »Es ist, wie es ist« ist sozusagen mein Mantra.

Tust du manchmal so, als hättest du Gefühle, um mit Leuten besser zurechtzukommen?

Nein, interessanterweise ist das offenbar nicht nötig. Solange man gesprächig und nicht griesgrämig ist – und es ist schwierig, schlecht gelaunt zu wirken, wenn man nicht traurig/deprimiert/aufgebracht/wütend sein kann – dann kommt man gut klar mit seinen Mitmenschen.

Wie würdest du dich beschreiben? Was glaubst du, wie andere dich beschreiben würden?

Ich empfinde mich natürlich als normal, weil ich nichts anderes kenne ... Ich finde es manchmal ermüdend, mit anderen Menschen umzugehen, weil ich ihre Entscheidungen nicht nachvollziehen kann. Ich bin eher ungesellig, wirke so, als sei ich immer in guter Stimmung (besser gesagt, ich bin nie in überhaupt irgendeiner Stimmung, also nehmen die Leute an, ich sei immer gut gelaunt) und ich habe keine Probleme mit sozialen Kontakten (Dating oder bei der Arbeit). Es hilft aber wahrscheinlich, dass ich UNIX-Administrator bin und meine Kollegin auch alles Programmierer sind und entsprechend sozial wahrscheinlich leicht inkompetent.

Ich bin nicht sicher, wie andere mich beschreiben würden. Mitarbeiter denken vermutlich, dass es in meinem Leben nichts gibt außer Arbeit und trivia-Spiele. Andere Menschen glauben vielleicht, dass ich eine sehr private Person bin, die mit niemandem über Persönliches spricht. Meine Ex-Freundinnen würden mich als abgestumpft und gleichgültig beschreiben. Vielleicht auch als unmora-

4 Die Sprache der Gefühle

lisch, weil ich Promiskuität nicht schlimm finde und auch nie versprechen könnte, dass ich jemanden so sehr liebe, dass ich ihn nicht betrüge.

Was sind deine Hobbies? Welche Filme und Bücher magst du?

Ich mag Dinge mit komplexen Systemen und Regeln, wie zum Beispiel Rollenspiele. Die meisten Bücher, die ich lese, sind Sachbücher – über Geschichte, Mathematik, Philosophie oder Politik. Es ist nicht so, dass ich es wahnsinnig genieße, solche Bücher zu lesen, sondern eher so, dass ich niemals in irgendetwas so richtig vertieft sein kann. Ich bin nicht in der Lage, stellvertretend für Figuren aus Filmen oder Romanen Dinge zu empfinden oder mit einer Charakterentwicklung mitzufühlen, und deshalb bevorzuge ich eben einfache Faktenauflistungen oder Denksportaufgaben. Filme wirken auf mich häufig kitschig oder nicht nachvollziehbar.

Weinst du manchmal?

Nein, nie. Ich erinnere mich auch nicht, dass ich jemals geweint hätte.

Ziehst du Freude aus Sex?

Sex ist im besten Fall körperlich angenehm und das war's. In vielerlei Hinsicht ist Sex nicht besser oder schlechter als Masturbation.

Wenn es nicht zu privat ist: Wie häufig masturbierst du?

Mir ist nichts zu privat. Es kommt drauf an, ob ich in einer Beziehung bin oder nicht. Wenn ja, dann masturbiere ich gar nicht und ansonsten circa einmal in der Woche.

Bist du zurzeit in einer festen Beziehung? Wie sehen deine Erfahrungen mit Frauen bisher aus?

Im Moment bin ich nicht in einer festen Beziehung, allerdings ist Daten für mich kein Problem, überraschenderweise. Insgesamt würde ich drei Beziehungen als ernst und fest bezeichnen, sie hielten circa drei Jahre. Die erste Beziehung basierte hauptsächlich darauf, dass wir nah beieinander wohnten. Als ich dann wegzog, endete die Beziehung.

Bei der zweiten Beziehung wurde es irgendwann zum Problem, dass ich ein reges Sozialleben hatte, das sie aber nicht immer mit einschloss. Nachdem wir eineinhalb Jahre zusammen waren, begann sie, übers Heiraten und Kinder zu sprechen. Ich sagte ihr, dass ich sie nicht liebe und dass wir keine gemeinsame Zukunft hätten, wenn sie eine Familie will. Man muss allerdings hinzufügen, dass ich ihr NIE gesagt hatte, dass ich sie liebe, aber sie nahm es wohl einfach an nach einer gewissen Zeit. Nach dem Gespräch schien zuerst einige Wochen lang alles in Ordnung zu sein, aber dann begann sie, Streitigkeiten anzustacheln. Anscheinend dachte sie, dass, wenn sie mich verärgert, dadurch zumindest irgendeine Art von Gefühlen in mir ausbricht. Hat nicht funktioniert.

Die letzte Beziehung endete vor vier Monaten. Nachdem wir ein Jahr lang gedatet hatten, hat sie meine Mutter davon überzeugt, einen Besuch beim Psychologen für mich zu bezahlen, weil ich »emotional tot« sei. Der Psychologe überwies mich zu einem Psychiater, der mir eine antisoziale Persönlichkeitsstörung diagnostizierte. Dann hieß es, ich hätte Asperger, und erst in einem PET-Scan stellte sich Alexithymie raus. Dann probierte ich mehrere Medikamente aus, die aber alle nicht halfen.

Und in der Zwischenzeit wählte meine Freundin dieselbe Strategie wie die davor und begann, ständig zu streiten, was schließlich ebenfalls zum Ende der Beziehung führte. Ich verstehe sowieso nicht, wie man glauben kann, dass Streiten mit anschließendem Versöhnungssex zu einer engeren Beziehung führen soll.

Und nun date ich also wieder. Dieses Mal werde ich direkt zu Beginn ziemlich klar geradeaus sagen, was ich suche in einer Beziehung und warum.

Warum datest du überhaupt? Was bringt dir das Zusammensein mit anderen?

Ich suche jemanden zum Reden und um Langeweile zu vermeiden. Idealerweise jemand intelligentes, der auf dem Laufenden ist oder viel liest, so dass man immer neue Gesprächsthemen hat. Ich habe zwar einen Zwillingsbruder, aber er hat Frau und Kinder, und inzwischen bin ich in dem Alter, in dem all meine Freunde nach und nach Familien gründen. Ich hingegen mache immer mehr Überstunden, und eine Beziehung bewahrt mich davor, noch isolierter von der Welt zu werden.

Was bedeutet Liebe für dich?

Liebe bedeutet nichts für mich. Es ist ein Wort. Es ist Serotonin, Oxytocin, Dopamin und ein paar weitere Stoffe, die zusammenspielen, um Leute lange genug zusammenbleiben zu lassen, so dass sie sich erfolgreich fortpflanzen und Kinder aufziehen können. Das klingt vielleicht abstrakt, aber erlebt habe ich es nie.

Wie reagierst du auf Komplimente? Findest du sie manchmal sinnvoll?

Ich kann Komplimente wohl eher schlecht annehmen. Sie sind meiner Ansicht nach komplett überflüssig. Ein Kompliment ist das Aussprechen eines Fakts, subjektiv oder nicht, dessen ich mir normalerweise bewusst bin. Auf der anderen Seite verteile ich auch keine Komplimente, weil ich annehme, dass Menschen ihre positiven Eigenschaften selbst kennen und ich muss mich dann manchmal daran erinnern, dass Menschen manchmal Bestätigung brauchen.

Wenn du nur noch einen Tag zu leben hättest, was würdest du tun?

Dasselbe wie an jedem anderen Tag (und das ist: versuchen, nicht die Welt zu erobern).

Wenn du eine Sache an dir verändern könntest, was wäre das? Oder bist du zufrieden so, wie du bist?

Das klingt vielleicht merkwürdig, aber aus meiner Sicht bin ich normal. Also, ja, ich bin zufrieden, wie ich bin. Wenn ich allerdings eine Sache verändern würde, dann wäre es nicht die Alexithymie. Vielleicht würde ich mir wünschen, größer zu sein oder mehr Bartwuchs zu haben. Ich denke, dass ein plötzliches Aufkommen von Gefühlen eher lähmend wäre, wenn man nicht sein Leben lang Zeit hatte zu lernen, mit Gefühlen umzugehen.[19]

Interessant daran ist, wie zufrieden dieser gefühlsblinde Mann mit seiner Disposition zu sein scheint. Wer würde schon von sich behaupten, den nächsten Tag genauso zu verbringen, wie alle anderen, selbst wenn er wüsste, dass dieser der letzte Tag seines Lebens sein würde?

Dieser Mann gestaltet sein Leben exakt so, wie es für

ihn passt. Es ist eine Abfolge von Tagen, die man irgendwie füllen muss. Er ist überzeugt, das sei halt so »normal«, es lasse sich eh nicht ändern, weil er ja nun mal so ist, wie er ist. Und so hat er sich eingerichtet in einem Hamsterrad de luxe – einem Hamsterrad, in dem er zwar viel Zeit für sich und seine Bücher und Rollenspiele hat, das aber letztlich ein Hamsterrad bleibt. Der Alltag besteht dann aus Essen, Schlafen, Arbeiten und einem Kreuzworträtsel für Fortgeschrittene.

Aber es scheint Augenblicke zu geben, in denen auch ihm die Fadheit seines Lebens aufstößt: Wenn er beispielsweise sagt, dass die einzige Motivation, die er empfindet, darin besteht, »die Eintönigkeit zu durchbrechen«. Er findet sein Leben zwar öde, aber er sucht die Lösung für dieses Problem eher in einem intellektuell anspruchsvollen Buch als darin, sich Gefühlen anzunähern. Gefühle sind und bleiben für ihn überflüssig, nervig und bedrohlich.

Dieser Mann ist ein Beispiel für mindestens zehn Prozent der Menschen in unserer Gesellschaft – was entgeht diesen Menschen alles?! Kein Triumph, keine Sehnsucht, kein Rausch, keine Ekstase, keine Liebe! Niemals ein Mit-der-Faust-auf-den-Tisch-Hauen; niemals ein vor Freude in die Luft springen; niemals jemanden mit Küssen überhäufen; niemals bei einem Abschied weinen.

Ein solches Leben ist eher durch Vermeiden von Negativem gekennzeichnet als von einem Streben nach Positivem. Erinnert Sie das an etwas?

In der Einleitung zu diesem Buch hatte ich darüber geschrieben, Eltern hielten es überzeugtermaßen für ausreichend, wenn sie ihr Kind vor negativen Erfahrungen bewahren. Dass es also für ein psychisch gesundes Aufwachsen ausreiche, wenn sie ihr Kind nicht psychisch oder physisch misshandeln; ihm Nahrung, Kleidung, Pflege und Obhut geben. Aber das ist nicht der Fall. Damit das Kind ein gesundes Gefühl von sich selbst entwickeln kann, braucht es mehr als die Vermeidung von Negativem; es braucht jede Menge positive Erfahrungen in der frühen Kindheit; es braucht einen Überfluss an Liebe, Sicherheit, Aufmerksamkeit und Zuwendung. Um die Stärke entwickeln zu können, die es braucht, um gesund durchs Leben zu gehen, muss es so viele, so starke positive Bilder in sich aufnehmen wie möglich.

Aber viele Eltern fokussieren sich darauf, ihr Kind von Negativem abzuschirmen, sie zu beschützen. Wenn nichts Schlechtes passiert, dann ist alles gut. Genauso wie der alexithyme Mann im Interview.

Aber ist das wirklich so? Ist wirklich alles gut, solange nichts Schlechtes geschieht? Ist das nicht eine etwas zu bescheidene, wenn nicht gar leicht depressive Weltanschauung?

Beim Lesen dieses Interviews kann man sich vorstellen, dass a) alexithyme Menschen oft kein Bedürfnis haben, selbst etwas zu verändern, und dass b) ihr Umfeld häufig Schwierigkeiten hat im Umgang mit ihnen. Eben aus dem Kontakt mit dem sozialen Umfeld entspringt meist die Motivation, doch etwas an der eigenen emotionalen Verfasstheit zu ändern.

Das obige Interview und vor allem die Stelle, in der der Mann von der Eintönigkeit seines Lebens spricht und davon, sein Leben würde »sich eher so dahinschleppen«, zeigt einen Ansatzpunkt, den man nutzen könnte. Denn irgendwo, tief verborgen, gibt es vielleicht doch eine Hoffnung, das Leben könnte auch anders sein.

Alexithymen Menschen würde es sicherlich helfen zu

wissen, dass man emotionale Schwächen unter Umständen auch außerhalb eines psychotherapeutischen Settings angehen kann. Menschen mit einer solchen emotionalen Schwäche sind nicht krank, sie fühlen sich nicht krank und deshalb wollen sie, zurecht, auch nicht als krank eingestuft werden.

Gerade wenn kein krankhafter Leidensdruck besteht, können emotionale Probleme auch durch Selbstreflexion, Lektüre und Übungen angegangen werden. Die folgenden Kapitel sollen dafür einige Ansatzpunkte liefern. Diese sind genauso für alexithyme Menschen geeignet wie für Menschen, die emotionale Probleme anderer Art haben – ob zu starke Gefühle, die nicht mehr kontrollierbar sind, oder zu schwache Gefühle, die nie zum Ausdruck kommen – das folgende Kapitel bietet eine Übersicht zu emotionalen Schwierigkeiten, gepaart mit den entsprechenden Hilfestellungen.

5 Fühlen lernen I – wenn Gefühle problematisch werden

»Wir bräuchten noch die 10 Euro Praxisgebühr«, sagte die Sprechstundenhilfe, und mir kamen die Tränen. Ja, ich stamme aus einer Zeit, in der es noch die Praxisgebühr gab. Ich habe geweint, weil ich keine 10 Euro dabeihatte. Aber lassen Sie mich die Sache kurz erklären: Was in mir steckte, war ein: »Warum zum Teufel muss ich 10 Euro bezahlen, wenn ich mich nicht mal untersuchen lassen will? Ich will doch nur ein Rezept abholen, das ich seit Jahren in exakt derselben Form in exakt derselben Praxis regelmäßig abhole!« Aber ich habe nicht geflucht, ich habe nicht gemotzt, sondern still in mich hinein geweint und bin zum Bankautomaten gegangen. Damit Sie jetzt nicht denken, ich sei generell so überspannt. Zu meiner Verteidigung: Ich war schwanger.

Für mich war Weinen in dieser Situation ein Ausdruck für eine ganze Palette an Emotionen – Weinen ist nicht konfrontativ, im Gegenteil, man erhält im besten Fall sogar Trost von seinem Gegenüber. Herumschreien und mit der Faust auf den Tisch hauen hingegen erzeugt – so zumindest damals meine (unbewusste) Befürchtung – Ärger und Ablehnung.

Wut ist ein gutes Beispiel für ein Gefühl, das viele Menschen scheuen. Die wenigsten von uns haben gelernt, dass es in Ordnung ist, wütend zu sein. Häufig ist uns beigebracht worden, es zieme sich nicht, laut zu werden. Wütende Kinder werden in ihr Zimmer geschickt, um sich »abzureagieren«, das Gegenüber ist schockiert – es folgt Kontaktabbruch.

Wut ist aber ein Gefühl wie jedes andere, und die Tatsache, es zu haben, zeigt uns letztlich, dass es für unser evolutionäres Fortkommen einen Sinn hat. Wut hilft uns vor allem dabei, unsere Grenzen zu wahren. Die Grenzen eines Kindes haben aber in den vergangenen Jahrzehnten kaum jemanden interessiert, und nun sind wir erwachsen und können mit unserer Wut nicht umgehen.

Mit einem Gefühl keinen Umgang finden zu können, kann viele Ausprägungen haben: Einige Menschen versuchen beispielsweise, das Gefühl von Wut gar nicht erst zu empfinden, indem sie etwa frühzeitig die potentiell wutauslösenden Anlässe umdeuten. Andere empfinden zwar Wut, schlucken sie aber herunter, weil sie den Konflikt scheuen, und wiederum andere sind so von ihrer Wut überwältigt, dass sie zu impulsivem Verhalten neigen, das ihnen selbst schadet (Beziehungsabbrüche; Vandalismus etc.).

Und schließlich gibt es Menschen, die Wut dazu nutzen, um Gefühle von Schwäche oder Traurigkeit zu überlagern: Sie werden wütend und zeigen aggressives Verhalten, wenn sie sich verletzt fühlen. In diesem Fall ist es genau umgekehrt – sie haben nicht gelernt, sich schwach zu zeigen und Gefühle von Angst oder Traurigkeit zuzulassen, und überlagern deshalb diese Empfindungen mit intensiven Gefühlen wie Wut (später werden wir diese unterschiedlichen Prozesse genauer analysieren und daher auch besser verstehen).

In diesem Kapitel werden wir die unterschiedlichen Probleme, mit Gefühlen umzugehen, kennenlernen, und ich werde Ihnen praktische Tipps an die Hand geben, wie Sie einen gesunden Umgang mit Ihren Gefühlen erlernen können.

Dabei geht es stets um Probleme nicht-krankhafter Natur. Wenn Sie unter einer psychischen Krankheit leiden, dann sollten Sie sich Hilfe bei einem Experten suchen.

Gefühle sind ein so essentieller Bestandteil unseres alltäglichen Lebens, und die Art und Weise, wie wir zu unseren Gefühlen stehen (wie unsere Verbindung zu ihnen ist, wie wir sie wahrnehmen, wie wir sie ausdrücken), ist so tief in uns eingebrannt, weshalb es natürlich einige Übung braucht, um seine Einstellung dazu zu ändern. Aber: Es ist niemals zu spät.

Vielen Menschen geht es so, dass ihre emotionalen Schwierigkeiten nicht unbedingt *alle* Gefühle betreffen, nicht gegenüber *allen* Personen auftreten oder innerhalb *aller* Situationen. Auch im emotionalen Bereich hat man seine Steckenpferde – die Einen können problemlos Reden halten vor großen Menschenmengen, sind aber im Vier-Augen-Gespräch unsicher; die Anderen können zwar positive Gefühle gut spüren und ausdrücken, wenn es aber zu negativen Gefühlen kommt, machen sie dicht.

Abgesehen von extremen Formen, die ich im vorigen Kapitel beispielhaft beschrieben habe, haben die meisten Menschen bestimmte Gebiete, auf denen sie kaum einen Bezug zu ihren Emotionen haben.

Ob man eine Psychotherapie beginnt, die eigene Großmutter mit seinen Problemen adressiert oder sich autodidaktisch versucht selbst zu heilen, muss jeder selbst entscheiden, sicherlich gibt es die verschiedensten Herangehensweisen und es kommt auf den Schweregrad der Problematik an.

Sicher ist nur: Das Fühlen von Empfindungen und das Sprechen darüber sind die wichtigsten Schritte. Indem man über Gefühle – oder über das, was an körperlichen Signalen eben da ist – spricht, verändert sich, wie bereits beschrieben, das Gefühl und wird im Idealfall besser greifbar. Gefühle sind so komplex und lassen sich exakt beschreiben und ausdifferenzieren. Je feiner unser Gespür für die Unterschiede zwischen den einzelnen Gefühlen ist, desto sensibler können wir unsere eigenen emotionalen Signale wahrnehmen, deuten und zum Ausdruck bringen.

Aber über Gefühle sprechen kann man natürlich erst dann, wenn man überhaupt erst einmal etwas fühlt!

In diesem Kapitel gehe ich die Schritte, die zu einem souveränen und gesunden Umgang mit Gefühlen führen, nach und nach ab und versuche – soweit es geht – praktische Beispiele anzuführen.

Innerhalb der psychotherapeutischen Forschung hat sich in den vergangenen rund 30 Jahren eine Methodik entwickelt, die sich »emotionsfokussierte« (Psycho-) Therapie (»*emotion-focused therapy*«, EFT)[1] nennt und deren Wirksamkeit wissenschaftlich geprüft ist.[2] In der emotionsfokussierten Therapie werden unter anderem Elemente aus der Systemtherapie, Bindungstheorie und Gestalttherapie vereint, und wenn ich auch nicht das gesamte Konzept vorstellen kann (dazu kann man die entsprechende, umfangreiche Literatur lesen[3]), möchte ich in diesem Kapitel viel nützliches Wissen aus der EFT anbringen.

Viele praktische Ansätze aus der EFT, wenn es also darum geht, die eigenen emotionalen Kompetenzen zu schulen, finden sich in ähnlicher Weise im Konzept der Achtsamkeit[4] wieder. EFT und Achtsamkeit verbindet die Überzeugung, dass wir Gefühle erst einmal annehmen müssen, damit wir einen souveränen und gesunden Umgang mit ihnen praktizieren können.[5]

Die Grundannahme ist: Wenn wir den Umgang mit Gefühlen ändern, und zwar zum »Positiven« (wir werden noch sehen, was genau das ist), dann verbessert das unser gesamtes Leben. Unsere allgemeine Zufriedenheit steigt. Die Arbeit an Gefühlen kann somit der Motor für Veränderung in unserem Leben sein.

Wenn wir lernen, nicht mehr vor Gefühlen wegzulaufen; wenn wir lernen, Gefühle (aller Art!) erst einmal anzunehmen und zu akzeptieren; wenn wir dadurch die Fähigkeit erwerben, mit uns selbst generell liebevoller umzugehen und unsere emotionalen Signale besser erhören zu können – dann fühlen wir uns insgesamt mehr in uns ruhend, sind ausgeglichener und besser gewappnet für die Schicksalsschläge, die das Leben uns bietet.

Les Greenberg, der Begründer der EFT, hat den folgenden Satz geprägt: »You have to feal the emotion in order to heal it.« Es geht also bei der EFT weniger um ein Überwinden als vielmehr um ein Transformieren; weniger um ein »dran vorbei« als um ein »hindurch«.

Vielleicht ist Ihnen der Begriff »Achtsamkeit« schon einmal begegnet – er steht zurzeit hoch im Kurs. Menschen fotografieren ihren Kaffee, stellen das Foto in soziale Netzwerke, und man könnte meinen, sie seien total im Hier und Jetzt, genössen ihren Kaffee so sehr, dass sie ihn vor dem Trinken fotografieren, und müssten ihre extreme Freude über diese Tasse Kaffee mit der Welt teilen.

Es geht mir hier aber um deutlich mehr. Wenn man den Zugang zu den eigenen Gefühlen verbessern will, dann ist mehr nötig, als einen Kaffee zu genießen oder ein paar Sekunden auf der Straße stehen zu bleiben, um das Gesicht der Sonne entgegenzustrecken. Es bedarf mehr, als einmal in der Woche zum Yoga zu gehen und sich eine Meditations-App herunterzuladen.

Wenn wir unseren Umgang mit Gefühlen verändern wollen, brauchen wir dafür Anleitung, denn wir benötigen dazu Wissen. Jemand, der – so wie die allermeisten Menschen – keine Ahnung von Gefühlen, ihrer Funktionsweise und ihrem Wirken hat, der kann zwar fleißig versuchen, im Hier und Jetzt zu sein, aber seine Gedanken in diesen Momenten sind nicht zwangsläufig förderlich. Außerdem bedarf es oft Hilfe, wenn es darum geht, einem unbewältigten Konflikt aus der Vergangenheit oder anderweitig schmerzhaften Gefühlen ins Auge zu sehen. Denn freiwillig, im Alltag und nebenbei konfrontiert sich kaum jemand mit schmerzhaften Gefühlen.

Woran erkenne ich, dass Gefühle ein Problem sind?

So wie es der alexithyme Mann in dem Interview deutlich gemacht hat, so geht es vielen Menschen: Sie erkennen von sich aus nicht, dass mit ihrem Umgang mit Gefühlen etwas nicht stimmt. Häufig ist es erst der Kontakt mit anderen Menschen, die ihnen spiegeln, manche Verhaltensweisen seien problematisch, was dann einen Veränderungswillen bei den Betroffenen anstößt.

Vielen Menschen ist gar nicht bewusst, welche Emotionen sie unbewusst steuern. Häufig sind die Vermeidungs- und Bewältigungsstrategien so sehr in Fleisch und Blut übergegangen, dass es extrem schwierig ist und es guter, professioneller Hilfe bedarf, um ihren Ursachen auf den Grund zu kommen.

Ein Beispiel: In Irenes Wohnung wurde vor vielen Jahren eingebrochen. Sie ist eine alleinstehende, ältere Frau und fühlt sich seit dem Einbruch noch schutzloser als vorher. Die Einbrecher stahlen nichts Wertvolles und griffen sie nicht tätlich an, aber die Angst vor einem erneuten Einbruch ist Teil ihres Alltags geworden. Direkt nach dem Vorfall hat sie sich ein Sicherheitsschloss gekauft, kurz danach eine Alarmanlage installieren lassen. Jeden Abend prüft sie alle Sicherheitsmaßnahmen auf ihre Funktionalität. In den ersten Jahren hat sie abends nur einmal gecheckt, ob die Tür gesichert ist, inzwischen tut sie es zwischen fünf- und zehnmal im Laufe der Abendstunden. Und dieser Zwang hat sich noch weiter ausgedehnt: Nicht nur ihre Wohnungstür muss abgeschlossen sein, sondern auch die Autotür. Wenn sie aus ihrem Fahrzeug steigt, schließt sie es ab und geht. Innerhalb der darauffolgenden zehn Minuten kehrt sie aber mehrmals zum Auto zurück (sie verlässt zum Beispiel dafür den Supermarkt und lässt den Einkaufswagen stehen), um zu prüfen, ob das Auto wirklich abgeschlossen ist.

Fachleute sprechen hier von einer Generalisierung: Die angstbesetzte Absicherung vor einem Einbruch ist zu einem Zwang geworden. Das zwanghafte Verhalten ist der Situation nicht mehr angemessen und steht Irenes Alltagsleben im Weg (denn sie kann beispielsweise nicht mehr in Ruhe einkaufen oder sorglos schlafen).

Das Angstgefühl, das Irene bereits vor dem Einbruch oft beherrscht hat, ist der Kern des Problems. Irene müsste sich diesem Gefühl von Angst und Schutzlosigkeit stellen, um nach und nach ihr zwanghaftes Verhalten auflösen zu können.

Stellen Sie sich nun vor, Irenes Zwangsverhalten hätte bei dem Stadium der Alarmanlage sein Bewenden. Sie würde nicht mehrfach, sondern nur einmal abends prüfen, ob Sicherheitsschloss und Alarmanlage angeschaltet sind bzw. funktionieren – dann würden sich vielleicht Außenstehende fragen, warum eine nicht wohlhabende Frau in einer kleinen Mietwohnung solche Absicherungsmaßnahmen gegen Einbrüche unternehmen muss, aber sie würde damit nicht weiter auffallen. Ihren Alltag könnte sie problemlos bewältigen. Solche milderen Formen von Bewältigungsstrategien sind natürlich noch verbreiteter als die Extremformen.

Meist funktioniert die Vermeidungsstrategie eine gewisse Zeit lang gut (hilft also das problematische Gefühl tatsächlich zu vermeiden), wird aber irgendwann dann selbst zum Problem. Bei Zwängen etwa ist es oft so, dass sie im Laufe der Zeit stärker werden, weshalb Menschen wie Irene im Alltag dadurch eingeschränkt sind. Spätestens dann ist der Zeitpunkt erreicht, sich mit seinen Gefühlen auseinanderzusetzen.

Schauen wir uns einmal an, welche unterschiedlichen Strategien es gibt, um ungeliebte oder gefürchtete Gefühle nicht zu fühlen:

Vermeidungsverhalten ist beispielsweise eine solche Strategie. Nehmen wir das Beispiel von Anja: Anja hat Angst vor Tunneln. Wann immer sie mit dem Auto unterwegs ist, wählt sie die Strecke, auf der kein Tunnel liegt, sie nimmt auch größere Umwege dafür in Kauf. Wenn es darum geht, längere Strecken mit dem Auto zu fahren, um beispielsweise Verwandte zu besuchen, plädiert sie dafür, mit dem Zug zu reisen. Anja geht mit ihrer Angst offen um: Sie erzählt Menschen, nicht mit dem Auto durch einen Tunnel fahren zu können, das löse fürchterliche Beklemmungen in ihr aus. Und solange sie also diese Situationen meidet, hat sie – scheinbar – kein Problem. Über die Jahre hinweg verändert sich aber ihre Angst, es sind nicht mehr nur Tunnel, sie vermeidet es nun immer mehr, überhaupt mit dem Auto zu fahren. Der dichte Verkehr der Innenstadt macht ihr zu schaffen, also geht sie nun auch diesen Situationen aus dem Weg. Nach und nach werden die vermeintlichen Ursachen ihrer Angst immer vielfältiger – in Wirklichkeit sind es aber nur Auslöser oder »Trigger«. Anjas Angst hat sich generalisiert. Sie fährt nun überhaupt kein Auto mehr, auch nicht als Beifahrerin, und ist dadurch in ihrem Alltag extrem eingeschränkt. Vermeidungsverhalten ist also zwar eine Strategie, um unerwünschte Gefühle nicht zu fühlen, aber tauglich ist es nicht.

Eine weitere Möglichkeit, negative Gefühle zu umgehen, ist die *Ablenkung*: Ich muss Ihnen vermutlich nicht weiter erklären, was Ablenkung ist, allerdings merken wir häufig nicht, dass wir uns ablenken. Als ich als junge Studentin alleine wohnte, lief beispielsweise häufig der Fernseher. Automatisch schaltete ich ihn ein, wenn ich nach Hause kam, und arbeitete nebenbei an Dingen für die Uni. Erst jetzt aus der Retrospektive fällt mir auf, dass die Geräusche des Fernsehers eine Art Gesellschaft für mich waren, ohne die ich mich wahrscheinlich einsam gefühlt hätte.

Die leichteste Methode, um zu merken, ob man etwas zustande bringt, um sich von einem Gefühl abzulenken, oder ob man etwas macht, weil es einem wirklich Freude bereitet, ist das Maß: Sobald wir eine Sache sehr oft/sehr intensiv tun, muss man sich fragen, ob sie nicht einem anderen Zwecke dient.

Häufig sind es folgende Dinge, die Menschen als Ablenkung tun[6]:

– viel essen
– Drogen/Alkohol
– viel arbeiten
– viel kaufen
– viel Sport
– viel Sex/Pornographie
– viel putzen/Haushalt
– viel reisen
– viele soziale Kontakte/Verabredungen

Ablenkung ist bis zu einem gewissen Grad sinnvoll – wenn wir aber systematisch einem bestimmten Gefühl aus dem Weg gehen, indem wir einen anderen Reiz an dessen Stelle setzen, dann befinden wir uns bald in der Situation, dass der Ablenkungsreiz immer stärker werden muss, um uns tatsächlich noch abzulenken: Wir müssen also immer mehr essen/Alkohol trinken/Klamotten kaufen, um das Gefühl zu übertünchen. Und das kann offensichtlich nicht langfristig gut gehen.

Selbst solche Aktivitäten, die Vertreter spiritueller Lehren empfehlen, wie beispielsweise Meditation, Yoga usw., können als eine Form von Ablenkung dienen. In manchen Schulen geht es etwa darum, den Atem zu regulieren, um durch eine langsame, tiefe Atmung Gefühle von Gelassenheit und Ruhe herzustellen. Wenn aber in mir nun mal gerade Gefühle von Angst, Anspannung oder Wut sind, dann wäre es kontraproduktiv, diese Gefühle durch eine bewusste langsame Atmung herunterregulieren und mich davon ablenken zu wollen.

Oft merken wir aber gar nicht, wie sehr wir selbst es sind, die diese Ablenkungen suchen. Viele Menschen schieben die Schuld auf ihren Chef (der ihnen eben immer so viel aufbürdet), auf die vielen familiären Verpflichtungen (die kleinen Kinder, der kranke Vater), auf soziale Kontakte (ich habe dieser Freundin schon vor Wochen versprochen, dass wir heute ins Kino gehen) oder die eigene Gesundheit (ich muss ins Fitnessstudio, sonst werde ich fett). All diese Dinge, die wir machen, um keinen Leerlauf in uns zu fühlen, sind aber in Wirklichkeit reduzierbar. Denn um Kontakt zu seinen Gefühlen aufzubauen, braucht man Ruhe, also das Gegenteil von Stress.

EXKURS: BITTE KEIN STRESS

Kinder müssen Zähne putzen. Jeden Morgen, jeden Abend. Zähneputzen ist ein Stressor.

Stressoren sind Ereignisse oder Situationen, die potentiell Stress hervorrufen können.

Um emotional ausgeglichen zu sein, hilft es, Stressoren zu vermeiden. Das heißt, wenn ich weiß, dass mich

Dienstreisen enorm stressen, ich aber sehr gut vom Büro aus meine Arbeit erledigen kann, sollte ich versuchen, meinem Chef klarzumachen, dass er sich für Dienstreisen, wenn möglich, eine andere Person aussucht.

Manche Situationen lassen sich aber nicht vermeiden (ich sage ja beispielsweise: Kindern die Zähne putzen). Damit diese Situationen dennoch erträglich sind, brauchen wir emotionales Gleichgewicht. Wenn wir emotional ausgeglichen sind, können wir die Situation entweder kognitiv neu bewerten, wir können uns in Akzeptanz und Geduld üben und so schaffen wir es, unsere negativen Emotionen angemessen zu regulieren.

Aber wie entsteht emotionales Gleichgewicht? Wie entsteht Entspanntheit, Gelassenheit?

Trotz Yoga, Wellness und grünem Smoothie läuft ein Großteil der Menschen mit enormem Druck und Stressgefühl durch den Tag.

Und je angespannter ich bin, desto größer ist die Wahrscheinlichkeit, negative Emotionen zu erleben. Stress ist ein sogenannter »Vulnerabilitätsfaktor« für das Auftreten negativer Emotionen.

Wenn ich also an einem Tag, an dem ich müde, überarbeitet und genervt bin, versuche, meinem Kind die Zähne zu putzen, und dabei an die unwillkürlichen granitartigen Grenzen der kindlichen Sturheit stoße, dann verzweifle ich darüber. Wenn ich aber ausgeglichen und guter Laune bin, kann ich demselben Eigensinn meines Kindes mit Humor und Kreativität begegnen und die Situation viel harmonischer und schneller auflösen.

Wenn unser aller Ziel also ist, negative Emotionen so sel-
ten wie möglich zu empfinden, müssen wir erst einmal
dafür sorgen, dass wir entspannt sind.

Gestresstsein bzw. Angespanntsein ist nicht nur ein Risi-
kofaktor für das Auftreten negativer Emotionen, sondern
hemmt zudem auch noch unsere Leistungsfähigkeit. Die-
ser Zusammenhang zwischen Anspannung und Leistungs-
fähigkeit ist als das »Yerkes-Dodson-Gesetz« bekannt.

Effektivität/Produktivität

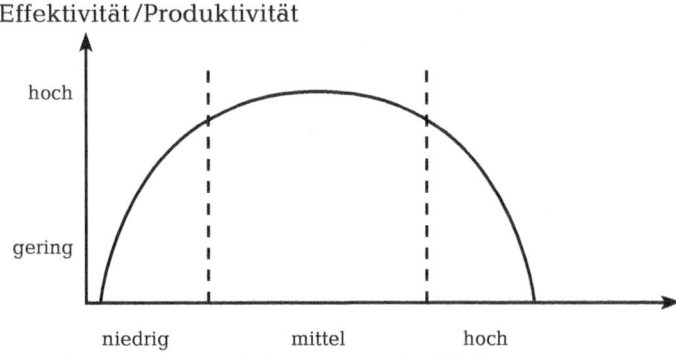

Abbildung 7: Yerkes-Dodson-Gesetz (1908)

Die Abbildung erklärt sich sozusagen von selbst: Weder
zu niedrige noch zu hohe Erregung bzw. Anspannung ist
förderlich für die Produktivität. Wenn Sie also das nächste
Mal aufgeregt sind vor einer Prüfungssituation, erinnern
Sie sich daran: Aufgeregt sein ist gut! Nur seinen Namen
sollte man schon noch buchstabieren können, sonst ist
die Aufregung zu hoch.

Nachdem wir also die falschen Annahmen über Ge-
fühle über Bord geworfen haben, müssen wir dafür sor-
gen, nicht zu sehr gestresst zu sein. Denn wer zu viel

Stress hat, der kann seine Gefühle nicht zu Wort kommen lassen, weil der Stress alles überlagert.

Beide Strategien – Ablenkung und Vermeidung – sind unangemessene Formen der Emotionsregulierung. Das problematische Gefühl wird auf diese Weise *»überreguliert«* – das heißt, so stark reguliert, dass es nicht zum Ausdruck kommt, sondern unterdrückt wird.

Andere Menschen vermeiden Gefühle nicht, sondern erleben gewisse Emotionen extrem stark, weshalb sie im Alltag nicht mehr zurechtkommen. Hier spricht man von *»unterregulierten«* Emotionen, das heißt Emotionen, die zu wenig reguliert sind, weil das Subjekt ihnen hilflos ausgeliefert ist.

Meist handelt es sich dabei um Ärger, Wut, Hass, Zorn, Verzweiflung oder eine allgemeine emotionale Anspannung.

Beispiele für Verhaltensweisen, die für einen dysfunktionalen, ungeeigneten, Umgang mit (zu) intensiven Emotionen sprechen, sind:[7]

– aggressives Verhalten
– Beleidigungen
– Zerstörung von Gegenständen
– Beziehungsabbrüche
– Selbstverletzung
– Suizidgedanken
– Dissoziation

Auch in diesen Fällen sollten die Betroffenen versuchen, sich ihre Gefühle genauer anzusehen.

Friedrich beispielsweise leidet unter einer solchen dysfunktionalen Verhaltensweise. Wie bei vielen Menschen verschlimmert diese Verhaltensweise das problematische Gefühl, das der Ursprung war, noch mehr.

Menschen, die zum Beispiel übertrieben schüchtern sind, vermeiden deshalb häufig Kontakt zu anderen Menschen; oder die Beziehungen, die sie führen, dauern häufig nicht lange an, sondern enden nach kurzer Zeit; andere Menschen sind übertrieben aggressiv oder achten auf ihre eigenen Grenzen nicht genug und können sich nicht selbst behaupten.

Friedrich ist grundsätzlich eher unsicher und misstrauisch. Er vermutet schnell, dass Menschen ihn kritisieren, fühlt sich häufig übervorteilt und verletzt. Deshalb reagiert er bereits auf harmlose Anmerkungen, die in seinen Augen kritisch sind, wütend. Diese Aggressivität seinerseits verstärkt wiederum das kritische Verhalten seiner Mitmenschen, wodurch Streitigkeiten entstehen und er immer mehr vereinsamt, weil seine Umwelt sich von ihm abwendet. Sobald Friedrich lernt (durch beispielsweise Distanzierung und Zeitverzögerung), in einer ähnlichen Situation nicht sofort auszubrechen, sondern abwartend und beobachtend zu reagieren, kann er irgendwann erkennen, dass sein Gegenüber ihn gar nicht verletzen will. Auf Basis solcher kleinen positiven Erfahrungen lassen sich das Selbstwertgefühl positiv verändern und dysfunktionale Denk- und Verhaltensweisen durchbrechen.

Über all dem steht aber die Frage: Sind es meine Gefühle oder sind es die *äußeren Umstände*, die problematisch sind? Dabei gilt: zunächst herauszufinden, welche Reize Auslöser für die negative Emotion sind und, im zweiten Schritt, zu beurteilen, ob diese Reize vermeidbar sind (Strategie Nummer 1 der Emotionsregulation) oder ob der Mensch sich diesen Reizen bewusst aussetzen sollte, um einen angemesseneren Umgang mit ihnen zu erlernen.

Wenn die äußeren Umstände problematisch sind, dann kann man versuchen, diese Umstände so weit wie möglich zu vermeiden. Weiter vorne hatte ich das Beispiel erwähnt von einer Person, die an Weihnachten nicht mehr zu ihrer Familie zu Besuch fährt, weil sie Jahr für Jahr die Erfahrung gemacht hat, durch diese Besuche wieder zurück in die Depression katapultiert zu werden.

Nehmen wir ein weiteres Beispiel: Corinna ist vor einigen Jahren an Bulimie erkrankt und hat ihre Essstörung inzwischen gut im Griff. Sie schafft es, nicht mehr jeden Tag an ihr Gewicht und ihre Körperform zu denken, und isst ohne schlechtes Gewissen. Allerdings gibt es eine Freundin, die sehr schlank ist und auch sehr darauf achtet, nicht zu viel und nichts Ungesundes zu essen. Wenn Corinna mit dieser Freundin zusammen ist, kann sie nicht mehr unbeschwert einen Keks essen, weil sie die Blicke ihrer Freundin auf ihrem Mund spürt, während sie kaut. Die Treffen mit dieser Freundin stoßen bei Corinna einen Rückfall in ihre Essstörung an – auch Tage später spürt Corinna, dass die Ablehnung ihrem eigenen Körper gegenüber wieder größer geworden ist. Sie hat vor Augen, wie schlank ihre Freundin ist und wie sie es schafft, den Keks liegen zu lassen, und fühlt sich dadurch schlecht und wertlos. Die Freundin tut Corinna – zumindest in dieser aktuellen Lebensphase – nicht gut. Corinna könnte die Freundin mit diesem Problem konfrontieren oder aber den Kontakt reduzieren oder abbrechen.

Wenn der Kontakt zu einer Person Sie immer wieder in

negative Gefühlsschleifen fallen lässt, dann ist es gegebenenfalls sinnvoll, den Kontakt so weit wie möglich zu vermeiden.

In anderen Fällen kann die bewusste Exposition sinnvoll sein: Menschen, die beispielsweise an einer Panikstörung leiden, hilft es, wenn sie – geleitet und im Rahmen einer Psychotherapie – eine Menschenansammlung aufsuchen. Ziel dieser bewussten Aussetzung des emotionsauslösenden Reizes ist es, ihn ertragen zu lernen. Statt dem Reiz ständig aus dem Weg zu gehen, müssen manche Menschen die Fähigkeit entwickeln, negative Emotionen ein Stück weit zu tolerieren (Desensitivierung).

Wenn Sie aber an den Punkt gelangen, an dem Sie einsehen: es sind Ihre Gefühle, an denen Sie arbeiten müssen, dann schauen Sie sich den nächsten Abschnitt genauer an, um herauszufinden, um welche Art von emotionaler Reaktion es sich bei Ihren typischen Verhaltensmustern handelt.

Die vier Typen emotionaler Reaktionen

Weiter oben habe ich Ihnen vermittelt, wie Gefühle in uns entstehen. Vom Verhalten, das Gefühle bzw. Emotionen auslöst, war aber bislang noch nicht die Rede. Emotionen, die ja, wie ihr Name bereits sagt, Beweggründe sind, sind aber ganz eng mit dem Verhalten verbunden. Vor allem im negativen Fall, wenn es also um ungesundes Verhalten geht, wie beispielsweise Aggressionen sich selbst oder anderen gegenüber, sollte man sich das eigene emotionale Verhalten genauer ansehen.

Um ein spezifisches Verhalten zu verändern, weil es

einem zum Beispiel Probleme bereitet und man darunter leidet, hilft es, das emotionale Verhalten zu analysieren. Hat man erst einmal erkannt, zu welcher Kategorie das eigene Verhalten gehört, lassen sich Ansatzpunkte finden, wie man dieses Verhalten ändern kann.

In der emotionsfokussierten Therapie spricht man dabei von den folgenden vier Kategorien:[8]

- *primär adaptiv*
- *maladaptiv*
- *sekundär*
- *instrumentell*

Emotionen sind generell dazu da, damit wir schnellstmöglich komplexe Informationen verarbeiten und daraufhin effektiv handeln können. Wenn wir aufgrund einer Emotion eine Handlung ausführen, die angemessen für die aktuelle Situation ist, dann spricht man von *primären adaptiven Reaktionen*.

Stellen Sie sich vor, ein Fremder bedroht Ihr Kind. Die primäre adaptive Reaktion darauf ist Wut; diese Wut veranlasst Sie dazu, sich zu wehren und Ihr Kind zu beschützen. Primäre adaptive Reaktionen erkennt man daran, dass sie sich »einfach richtig« anfühlen und sie »aus dem Bauch heraus« kommen, es gibt keinen Zweifel über sie. Ein weiteres Beispiel für eine primäre adaptive emotionale Reaktion ist etwa die Traurigkeit bei einem Todesfall in der Familie.

Diese Form emotionalen Verhaltens ist gewünscht. Hier nutzen wir unsere Emotionen zu unserem Besten, sie helfen uns dabei, unsere Grenzen zu wahren und in Kontakt mit anderen zu treten. Die drei übrigen Formen emotionaler Reaktion sind allerdings nicht gut für uns, sie schaden uns – Psychologen sprechen hier von dysfunktionalem Verhalten.

Maladaptive Emotionen hingegen sind erlernte emotionale Verhaltensweisen, die für die aktuelle Lebenssituation nicht mehr angemessen und hilfreich sind. Oft sind traumatische Erfahrungen die Ursache solchen Verhaltens. Die Handlungsweise hilft nicht dabei, mit der Situation umgehen zu können, sondern hindert die Person sogar an einer gesunden Reaktion. Ein Beispiel für eine maladaptive emotionale Verhaltensweise sind Missbrauchsopfer: Häufig verspüren diese Menschen Wut oder Angst, sobald sie spüren, wenn eine andere Person sich ihnen nähert. Aufgrund der Missbrauchserfahrungen sind Zuwendung und Nähe so eng mit Missbrauch und Gewalt verknüpft, dass auch harmlose und gewaltfreie Formen der Kontaktaufnahme alarmierend wirken und Angst oder Wut auslösen. Diese emotionalen Verhaltensweisen müssen verändert, die Gefühle reguliert werden.

Sekundäre emotionale Reaktionen sind anderen Emotionen nachgestellt, sind also Reaktionen auf Emotionen. Sie rühren von einer primären adaptiven Reaktion her, verdecken diese aber – wie beispielsweise die Scham aufgrund von Traurigkeit.

Sekundäre emotionale Reaktionen heißen sekundär, weil es sich bei ihnen um Reaktionen auf eine Reaktion handelt.

Ein Beispiel: Eddie ist ein muskulöser, junger Mann. Sein Selbstbild basiert darauf, dass er stark und mutig ist. Wenn Eddie aber doch mal in Situationen gerät, die angsteinflößend sind, dann verspürt er Wut. Sein bester Freund hat ihm zum Geburtstag einen Fallschirmsprung geschenkt. Die beiden Kumpel waren schon komplett ausgerüstet und kurz davor, aus dem kleinen Flugzeug zu springen. Bereits während der Vorbereitung fluchte Eddie ständig über die unbequemen Riemen an seinen Beinen, die ihm überall das Blut abschnürten, alles zwickte, war viel zu eng und überhaupt fühlte er sich sehr angespannt. Kurz vor Absprung riss er sich alles vom Leib, schmiss die Ausrüstung wütend zu Boden und rief dem Piloten zu, er solle jetzt sofort landen.

Sein Freund – und wahrscheinlich auch Sie jetzt beim Lesen – war sehr verwundert und spürte, dass irgendetwas nicht stimmte. Dieser Eindruck, es sei etwas »im Busch«, ist typisch bei sekundären emotionalen Reaktionen.

Eddie war nur noch wütend. Aber eigentlich hatte er Angst, was er jedoch nicht erkennen konnte. Eddie war wütend auf die Fallschirmausrüstung, auf den Piloten und schließlich sogar auf seinen Freund, der diese bescheuerte Idee hatte.

Unter all dieser Wut lag jedoch Angst. Aber ängstlich zu sein, das passte so gar nicht zu Eddies Selbstbild, dass er sie nicht aufkommen lassen konnte.

So wie in Eddies Fall ist es oft: Die sekundäre emotionale Reaktion stellt eine Art Abwehr- oder Schutzmechanismus dar, um die ursprüngliche primäre Emotion zu unterdrücken. Aufgrund dieser Schutzfunktion sind es häufig starke intensive Emotionen, die sekundär eintreten (z. B. Wut), und eher weiche und schwache Emotionen, die übertüncht werden sollen (z. B. Traurigkeit, Scham, Angst).

Wenn beispielsweise eine Person auf Kritik sofort mit einem aggressiven Gegenangriff reagiert, weil die Kritik in ihm Minderwertigkeitsgefühle auslöst, dann handelt es sich bei der geäußerten Wut um ein sekundäres Gefühl, das die Selbstverurteilung und Scham über den eigenen Fehler überdecken soll.

EXKURS: WUT ALS SEKUNDÄRE EMOTION

Wut tut gut, heißt es oft, man solle seine Wut rauslassen, nach dem Gewitter gibt es wieder Sonnenschein. Aber in vielen Fällen (der Autor und Psychotherapeut Andreas Knuf spricht sogar von neun von zehn Fällen) steckt hinter der Wut ein anderes Gefühl, das viele mit der Wut überdecken. Nehmen wir das Beispiel erneut auf von einem Menschen, der auf Kritik (auch freundlich ausgedrückte Kritik) mit großer Wut reagiert. Hinter seiner Wut steckt die Scham über den eigenen Fehler. Da die Transformation der primären Wut (Scham durch Selbstverurteilung für den Fehler, den er gemacht hat) in die sekundäre Wut (Ärger, Wut) innerhalb von Sekundenbruchteilen abläuft, kann die Person selbst gar nicht merken, dass hinter der Wut eine andere Emotion steckt. Die Person fühlt sich authentisch und lebendig (denn gerade Wut fühlt sich ja sehr lebendig und »echt« an) und glaubt, mit dem Ausdruck ihrer Wut vollkommen richtig zu liegen. Den über Jahrzehnte hinweg antrainierten Transformationsmechanismus von der primären zur sekundären Emotion zu durchbrechen, ist wahnsinnig schwer und erfordert große Offenheit und eine Fähigkeit, in sich hineinzufühlen. Tut man das nicht, bleibt man in dem Dickicht der sekundären Emotionen stecken – nur wenn wir die primäre Emotion zulassen, können wir sie bearbeiten und gegebenenfalls verändern.

Daneben gibt es allerdings auch den Fall, dass Wut die primäre Emotion ist, die es zu überdecken gilt. Während die Einen vorschnell zu Wut als Allheilmittel greifen (getreu dem Motto »Wut tut gut«), scheuen die Anderen den Ausdruck von Wut.

Denn Wut ist für viele von uns – für Frauen häufiger als für Männer – eine schwierige Emotion. Wut ist bedrohlich, Wut kann andere verschrecken.

Das Beispiel mit der Praxisgebühr aus meiner eigenen Vergangenheit passt hierher: der Ausdruck von Trauer bei primärer Wut.

Eine andere Variante ist, dass die sekundäre Emotion eine Extremform der primären Emotion ist, wie beispielsweise in dem Fall, wenn Traurigkeit darüber entsteht, (bereits für so lange Zeit) traurig zu sein.

Vielleicht kennen Sie das: Sie haben eine schmerzhafte Trennung hinter sich. Sie sind traurig, vermissen Ihren ehemaligen Partner, überall sind Erinnerungen. Nichts macht mehr Freude, Sie vergraben sich zuhause und trauern.

Das geht so für einige Zeit. Nach ein paar Tagen oder Wochen vielleicht kommen die ersten Freunde und reden auf Sie ein, Sie sollten doch mal wieder etwas unternehmen. Ihnen ist aber so gar nicht danach. Sie können einfach nicht anders, aber nach und nach entsteht in Ihnen selbst auch die Ansicht: »Warum hänge ich hier immer noch so herum? Ich müsste doch eigentlich längst wieder unter Leute? Warum bin ich immer noch so traurig?« Diese Metaebene verschlimmert häufig das Ganze nur. Denn oft kommen solche Gedanken hinzu wie: »Was stimmt denn nur nicht mit mir?« »Was mache ich falsch?« »Die Anderen stecken das viel leichter weg als ich?«

Nun tritt die Traurigkeit darüber hinzu, dass man schon so lange traurig ist. Statt sich selbst auch noch auf dieser Metaebene zu quälen, hilft es, das Gefühl zu akzeptieren. So ist es erleichternd, sich selbst zu erlauben, dieses Gefühl anzunehmen und ihm seine Zeit und seinen Raum zu geben. Eine sekundäre Emotion darüberzulegen, verkompliziert die Lage nur. Sekundäre emotionale Reaktionen müssen dahingehend untersucht werden, welche primäre Emotion oder auch welcher primäre Gedanke dahintersteckt.

Schließlich gibt es noch die vierte Kategorie: *instrumentell*. Instrumentelle emotionale Reaktionen sind Reaktionen die erlernt sind, weil sie einen gewissen Effekt auf andere Personen haben. Diese Verhaltensweisen können sowohl bewusst als auch unbewusst vonstattengehen. Hierbei reagiert die Person auf eine Weise, die Andere kontrollieren oder manipulieren soll. Zu den Beispielen gehören etwa die sogenannten »Krokodilstränen«, also das strategische Weinen, um das Gegenüber zu einem bestimmten Verhalten zu bringen. Oder der Bully, der Wut zeigt, sobald man ihn vermeintlich schräg anguckt. Von außen betrachtet wirken instrumentelle emotionale Verhaltensweisen häufig übertrieben oder aufgesetzt. Diese instrumentellen emotionalen Reaktionen müssen entschlüsselt werden, um das eigentlich dahinterstehende Bedürfnis und ihren Nutzen zu erkennen.

Da es für die gesamte Arbeit an den eigenen Emotionen wichtig ist zu wissen, um welche dieser vier Arten von Emotionen es sich handelt, stelle ich jeweils noch einmal ein Beispiel vor:

1. primär adaptive emotionale Reaktion (ungelernt, direkte Reaktion auf eine Situation): Die aktuelle

Situation birgt beispielsweise eine Verletzung. Diese ruft die primäre Emotion Ärger hervor und führt zu der adaptiven Handlung, zu Selbstverteidigung.

2. maladaptive emotionale Reaktion (gelernt, direkte Reaktion auf die Situation): Beispielsweise versucht ein Freund, Fürsorge und Nähe in der aktuellen Situation zu geben, was aber aufgrund einer Missbrauchserfahrung in der Vergangenheit als potentielle Bedrohung interpretiert wird und daher die primäre Emotion Ärger hervorruft. Dieser Ärger führt dann zu der maladaptiven Handlung, zu Abwehr oder Zurückweisung.

3. sekundäre emotionale Reaktion: Die aktuelle Situation, beispielsweise bei einem Verlust, löst die primäre Emotion Traurigkeit aus. Diese wird aber durch die sekundäre Emotion Ärger verschleiert, welcher sich in Form von Angriffen gegen sich selbst und andere äußert.

4. instrumentelle emotionale Reaktion (Emotion wird zugunsten ihres Effekts eingesetzt): Man zeigt eine Emotion unabhängig vom aktuellen emotionalen Zustand, beispielsweise um Sympathie oder Mitgefühl zu erzeugen, und es folgt eine manipulative Handlung, beispielsweise das Zeigen von Trauer durch sogenannte »Krokodilstränen«.

Herauszufinden, zu welcher dieser vier Reaktionsweisen man selbst neigt, ist nicht immer einfach. Sollten Sie merken, dass Sie emotionale Verhaltensweisen an den Tag legen, unter denen Sie leiden oder die Ihnen und Ihrer Umwelt nicht gut tun, dann beobachten Sie sich in der nächsten aufreibenden Situation einmal genauer und versuchen Sie, Ihr Verhalten zu analysieren.

Wenn Sie vermuten, eine maladaptive emotionale Reaktion gezeigt zu haben, nehmen Sie sich einen Moment Zeit und fragen Sie sich: »Fühlt sich diese Emotion wie eine Reaktion auf das aktuelle Ereignis an oder gibt es ein Ereignis aus der Vergangenheit, das mit meiner emotionalen Reaktion in Zusammenhang steht? Wird dieses Verhalten mich meinem Ziel näherbringen?«

Sollten Sie hingegen zu sekundären emotionalen Reaktionen neigen, dann fragen Sie sich: »Wenn ich dieses Gefühl habe, ist es wirklich das einzige, das ich fühle? Gibt es vielleicht ein weiteres Gefühl, das auch da ist, womöglich etwas schwächer?«

Bei instrumentellen emotionalen Verhaltensweisen hilft es sich zu fragen: »Will ich mit meinem Verhalten jemand anderem etwas mitteilen? Hoffe ich, dass mein Gegenüber sich auf eine bestimmte Weise verhält?«

Zwar hilft es bereits, wenn man verstanden hat, zu welchem Verhaltensmuster man tendiert. Je nachdem, wie tief eingeschrieben diese Muster sind; je nachdem, wie gut der Zugang zu unseren Gefühlen ist, reicht es vielleicht bereits aus, wenn man schädliches emotionales Verhalten erkannt hat, um es zu verändern. Häufig ist aber mehr nötig als das reine Verstehen, mehr als die pure Einsicht.

In der emotionsfokussierten Therapie geht man davon aus, dass man Emotionen braucht, um Emotionen zu verändern. Anstelle einer maladaptiven Emotion beispielsweise muss der Betroffene andere Emotionen auskundschaften, um die schädlichen Reaktionsmuster zu durchbrechen. Im oben genannten Beispiel des Missbrauchsopfers kann es etwa helfen, wenn der Betroffene beginnt, Wut über den Missbrauch zu verspüren. Vor allem maladaptive emotionale Verhaltensweisen sind schwer abzulegen, da sie so tief in der persönlichen Vergangenheit verankert sind.

Sollten Sie nicht weiterkommen oder die Emotionen zu intensiv sein, suchen Sie sich Hilfe bei einem Experten.

Ich fühle nichts – Ansätze bei Gefühlsblindheit

Eine Sonderform des problematischen Umgangs mit Gefühlen stellt die Gefühlsblindheit dar, die einige spezielle Fragestellungen mit sich bringt, etwa: Wie soll ich meine Verbindung zu meinen Gefühlen verbessern, wenn da gar keine Gefühle sind?

Die Grundlage von Psychotherapien besteht darin, den Patienten zu helfen, mit ihren Emotionen klarzukommen. Die Schwierigkeiten, mit Gefühlen umzugehen, können extrem unterschiedlich sein – der Eine fühlt »zu viel« (wie etwa bei einer Angststörung), der Andere erinnert sich zu stark an Gefühle aus der Vergangenheit (Posttraumatische Belastungsstörung) und der Letzte fühlt plötzlich gar nichts mehr (wie beispielsweise im Falle einer schweren Depression).

Ziel einer Psychotherapie ist daher meist, dem Patienten dabei zu helfen, die eigenen Gefühle zu verstehen, ihnen nicht mehr bloß ausgeliefert zu sein und sie angemessen auszudrücken.

In all diesen Fällen gehen Psychotherapeuten allerdings von einem Patienten aus, der im Großen und Ganzen Zugang zu und Bewusstsein über seine Gefühle hat –

nicht von gefühlsblinden Menschen. Auf solche Menschen sind die traditionellen psychotherapeutischen Techniken schlecht anwendbar – basieren sie doch auf dem Beschreiben und Ausdifferenzieren der eigenen emotionalen Erfahrungen.

Studien zeigen, dass der Schweregrad der Alexithymie in negativem Zusammenhang steht mit dem Erfolg einer Psychotherapie.[9] Gefühlsblinde Menschen scheinen aber weniger gut auf klassische Psychotherapie anzusprechen als nicht-alexithyme Menschen.

Das liegt nicht allein daran, mit den Techniken des Verbalisierens weniger anfangen zu können, sondern auch an einem Nebeneffekt: nämlich daran, dass der Psychotherapeut oder die Psychotherapeutin häufig frustriert ist, wenn sich auch nach etlichen Sitzungen kein Fortschritt erkennen lässt. Bei den oft monoton wirkenden Ausführungen der Patienten über (aus der Sicht des Therapeuten) unwichtige äußere Gegebenheiten verliert der Therapeut die Konzentration und die Geduld.[10] Außerdem kann ein alexithymer Patient, der keine Therapieerfolge erkennen lässt, für den Therapeuten auch eine Art Beleg für die eigene Inkompetenz darstellen – schließlich ist es das Ziel des Psychotherapeuten, den Patienten nach und nach immer mehr die eigenen emotionalen Prozesse offenbaren zu lassen.

Eine Studie beispielsweise untersuchte die mimische Interaktion zwischen Therapeuten und Patienten (alexithyme Menschen mit unterschiedlichen psychosomatischen Störungen). Die deutlichsten nonverbalen Reaktionen der Therapeuten auf ihre Patienten waren Verachtung und Angst.[11] Außerdem beschreiben Therapeuten ihre Patienten mit emotionaler Einschränkung mit weniger positiven

Eigenschaften (was etwa ihre Vertrauenswürdigkeit angeht oder ihre Kommunikativität), sie finden, sie seien weniger gut mit ihnen kompatibel und innerhalb eines gruppentherapeutischen Settings ein weniger bedeutsames Mitglied als nicht-alexithyme Patienten.[12]

In einer Folgestudie wurde das expressive emotionale Verhalten der Patienten durch andere Mitglieder innerhalb eines gruppentherapeutischen Settings beurteilt. Die Studie kommt zu dem Schluss, je höher der alexithyme Schweregrad des Patienten gewesen sei, desto weniger habe dieser (verbal sowie nonverbal) positive Emotionen gezeigt – was wiederum zu negativen Reaktionen auf den Patienten seitens des Therapeuten führte.[13] Obwohl Therapeuten natürlich versuchen, ihre innere Ablehnung gegenüber dem Patienten zu verbergen, kommt es in solchen Fällen häufiger dazu, dass Therapeuten übertrieben konfrontativ sind oder eine angespannte Sprechweise an den Tag legen. Bei dem alexithymen Patienten zieht dies eine Infragestellung der Therapie und möglicherweise deren Abbruch nach sich, da er sich nicht verstanden fühlt. Und so kann sich eine für beide Seiten schädliche Dynamik entwickeln, für die keine der beiden Parteien etwas kann.

Wie erwähnt, sind zehn Prozent der Bevölkerung gefühlsblind; unzählige mehr weisen mildere Formen von Gefühlsblindheit auf. Doch oft wissen die Betroffenen nichts davon und unterziehen sich Therapieformen, die ungeeignet für sie sind.

»Wie fühlen Sie sich dabei?«, »Was denken Sie, was ich fühle?«, »Was erhoffen Sie sich, was ich denke?« – all solche Fragen gehören dem Klischee nach zum Standardrepertoire eines klassischen Psychotherapeuten. Sehen sich Menschen, die Schwierigkeiten haben, über Gefühle zu sprechen, mit solchen Fragen konfrontiert, reagieren sie mit Überforderung, Ablehnung oder Resignation.

Dennoch heißt das nicht, gefühlsblinde Menschen oder Menschen mit milderen emotionalen Schwierigkeiten könnten nicht doch Nutzen aus einer Psychotherapie ziehen! Voraussetzung dafür ist, dass der Therapeut sich der Schwächen seines Patienten bewusst ist und weiß, wie er damit umzugehen hat.

Jemandem, der wenig oder gar nichts fühlt, nahezulegen, sich emotional zu öffnen und seine Gefühle zu beschreiben, hat offenbar wenig Sinn. Aber gerade bei solchen Menschen, die in ihrer Vergangenheit einen ungestörten Zugang zu ihren Gefühlen hatten und diesen nur im Laufe der Zeit aufgrund eines einschneidenden Erlebnisses verloren haben – gerade bei solchen Menschen können Psychotherapie oder andere Therapieformen Erfolg haben, wenn die richtigen Techniken Anwendung finden. »Fühl doch mehr!« – das funktioniert nicht.

Wie aber kann man einem Blinden die Pracht des Regenbogens beschreiben? Wie kann man einem Gefühlsblinden vermitteln, welche Gefühle es gibt (und zwar auch in ihm!)?

Innerhalb des psychotherapeutischen Settings steht die Beziehung zwischen Therapeut und Patient im Mittelpunkt. Idealerweise entwickelt sich diese Beziehung so, dass der Patient Vertrauen fasst und diese Beziehung wie eine Art Probelauf für weitere zwischenmenschliche Beziehungen nutzen kann.

Erstes Ziel des Therapeuten ist, dem Patienten das nötige Vokabular anzubieten. Und das ist gar nicht so leicht. Nicht, weil der Therapeut nicht darüber verfügen würde, sondern weil der Therapeut gleichzeitig den Patienten nicht überladen oder überfordern darf.

Erinnern Sie sich noch einmal an Alexander. Nehmen wir an, Alexanders Frau habe so lange gebettelt, dass er doch endlich mal professionelle Hilfe suchen soll, bis er eingewilligt hat. Nun hat er seine 12. Sitzung. Ihm gegenüber sitzt seine Therapeutin. Es scheint ein warmes Licht, ein frischer Blumenstrauß steht auf der Fensterbank, das einzige hörbare Geräusch ist das Vogelgezwitscher aus dem Innenhof. Seine Therapeutin schaut ihn mit offenem, freundlichem Blick an und fragt, wie es ihm gehe. Alexander beginnt von dem Familienfest zu erzählen, bei dem er am vergangenen Wochenende war, und über die sehr peinliche Rede zu sprechen, die seine Mutter bei dieser Gelegenheit gehalten hat.

Was für eine Gelegenheit für die Therapeutin! Alexander schämt sich für seine Mutter – da muss sie ansetzen. Also fragt sie: »Wie haben Sie sich gefühlt bei der Rede Ihrer Mutter?« Und er antwortet: »Meine Mutter quatscht immer so viel. Alle waren schon total genervt und wollten endlich ans Buffet, und dann fängt die an, irgendwelche uralten Geschichten auszupacken. Ich hatte so irren Hunger, ich hab' mir einfach schon so einen Spieß genommen, heimlich, dann ging's. Dann konnte ich den Rest halbwegs ertragen.« Die Therapeutin gibt nicht auf: »Interessieren Sie die uralten Geschichten Ihrer Mutter nicht?« »Weiß nicht, habe die ja schon tausend Mal gehört und es war halt schon halb 3 und keiner hatte bis dahin was gegessen.«

Die Therapeutin merkt an dieser Stelle, dass es nicht erfolgversprechend ist, weiter nachzuhaken. Würde sie ihm nun suggestive Fragen stellen wie beispielsweise:

»Machen Sie die alten Geschichten traurig?«, »Wünschten Sie, dass Sie selbst da vorne stehen würden und die Rede halten können?«, »Fühlen Sie sich wie das Kind am Tisch, stumm wie ein Fisch?« oder Ähnliches, würde sie Alexander komplett überfordern. Denn Alexander möchte von dem Familienfest eigentlich nur berichten, es sei laut gewesen, aber das Essen gut, und dass er auf der Rückfahrt eine Panne mit seinem Auto hatte.

Seine Therapeutin muss dennoch versuchen, ihm Möglichkeiten an die Hand zu geben, wie er seine eigenen Gefühle ausgraben kann. Und dies geschieht über Worte.

Auf diesem schmalen Grat befindet sich also ein Therapeut im Umgang mit einem alexithymen Patienten: Das therapeutische Ziel besteht darin, dem Betroffenen emotionales Vokabular zu vermitteln, ohne ihn mit affektgeladener Sprache zu überrollen.

Therapeuten können hierzu kleine Ereignisse aus dem Alltag des Patienten auswählen und versuchen, diese Ereignisse detailreich zu beschreiben, metaphorisch auszumalen und dem Patienten so einen Zugang zu seiner inneren Erfahrungswelt zu ebnen.

Der US-amerikanische Psychologe James Pennebaker hat nicht nur viel zu Gefühlsblindheit, sondern auch zu Gefühlen im Allgemeinen geforscht. Seine Erkenntnisse sind also nicht nur für Menschen mit emotionalen Problemen oder für gefühlsblinde Menschen interessant, sondern für nahezu jeden von uns. Er konnte belegen, wie nützlich und gesundheitsfördernd es ist, über seine eigenen Probleme oder Themen, die einen beschäftigen, zu sprechen. Dafür nutzte er eine sehr einfache Methode: Er ließ seine Probanden einige Tage hintereinander über beispielsweise das traumatischste Erlebnis ihres Lebens schreiben. Pennebaker und seine Kollegen konnten beobachten, dass ein solcher regelmäßiger Erlebnis- und Erfahrungsbericht zu einer gesteigerten Immunfunktion der Teilnehmer und damit zu weniger Krankheitstagen und weniger Arztbesuchen führt. Ein Effekt, der gewissermaßen die Grundlage für jede Art von Psychotherapie bildet.

Für gefühlsblinde Menschen ist das folgende Kapitel mit praktischen Tipps genauso geeignet wie für nicht-gefühlsblinde Menschen.

Wegen der besonderen Ausprägung der emotionalen Defizite bei alexithymen Menschen, folgt hier aber vorweg eine kurze Übersicht über Handlungsansätze zur Verbesserung des eigenen Zugangs zu Gefühlen:

- Kommen Sie aus Ihrem Versteck: Wenn Sie glauben, gefühlsblind zu sein, dann sprechen Sie mit jemandem darüber.
- Versuchen Sie, Gefühle mit körperlichen Wahrnehmungen zu verbinden. Wenn Sie also mal einen Moment haben, in dem Sie eine Spur von einem Gefühl empfinden, achten Sie genau auf körperliche Zeichen, wie beispielsweise Herzschlag, Schweiß oder ähnliche Dinge.
- Denken Sie an starke emotionale Bilder – in Form von Wörtern beispielsweise oder Szenen.
- Versuchen Sie, die Emotion, die verborgen liegt, aber nicht so richtig hochkommen will, nachzuspielen, indem Sie typische Ausdrucksweisen der Emotion imitieren (z. B. bei Wut die Faust ballen o. Ä.).
- Besuchen Sie Selbsthilfegruppen – auch wenn Sie selbst nicht reden möchten, kann es helfen, anderen

Menschen dabei zuzuhören, wie sie über ihre Gefühle sprechen.

– Überdenken Sie, was Sie selbst von Gefühlen halten: Was denken Sie über andere Menschen, wenn diese Emotionen zeigen? Was würde passieren, wenn Sie selbst emotional sind? Glauben Sie, es gibt »verbotene« Gefühle? Woher kommen Ihre Ansichten über Gefühle? Ist das wirklich Ihre eigene Meinung, oder haben Sie diese vielleicht unbemerkt von Ihren Bezugspersonen übernommen?

– Seien Sie nicht überkritisch mit sich selbst: Sie sind nicht schuld daran, emotional eingeschränkt zu sein. Es ist gut möglich, dass es weder genetische noch neuro-physiologische Ursachen für Ihre Gefühlsblindheit gibt, und das bedeutet, Sie können sie hinter sich lassen.

– Nehmen Sie sich und Ihre Gefühle ernst und wichtig. Sie sind es wahrscheinlich nicht gewohnt, dass es um Sie und Ihre Gefühle geht, aber das muss sich nun ändern.

Aber welcher Umgang mit Gefühlen ist denn überhaupt erwünscht, zu erzielen, ratsam?

Aus der Forschung über psychische Erkrankungen und den Einfluss von Emotionen auf deren Heilung können fünf wichtige Prinzipien destilliert werden, die ich im folgenden Kapitel vorstellen werde. Mit ihnen gehen die praktischen Ansätze einher, wie man sich einem gesunden Umgang mit Gefühlen annähern kann.

6 Fühlen lernen II – worauf unser Umgang mit Gefühlen abzielt

Innerhalb der psychologischen Forschung gab es am Ende des vergangenen Jahrhunderts zwei große Therapieströmungen: Die Einen glaubten daran, dass man die Gedanken verändern muss, um psychische Probleme zu beheben (allen voran die Therapieform »kognitive Verhaltenstherapie«); die Anderen vertraten die Ansicht, man müsse sich voll und ganz seinem Körper hingeben und Emotionen ungefiltert herauslassen (hierzu gehören beispielsweise die Gestalttherapie oder Grundsätze, wie etwa »Wut tut gut«). Beide Ansätze haben nicht Unrecht, in beiden steckt Wahrheit: Wir können mit unseren Gedanken unsere Gefühle beeinflussen, und es ist wichtig, Gefühle zuzulassen. Weiter vorne, als ich über die emotionsfokussierte Therapie geschrieben habe, haben wir bereits ein paar Grundpfeiler der Achtsamkeitstheorie kennengelernt, denn die beiden Zweige haben viel gemeinsam.

In der modernen Achtsamkeitstherapie geht man davon aus, dass wir Gefühle annehmen und akzeptieren sollten. Wie auch in der emotionsfokussierten Therapie schreiben Therapeuten Gefühlen eine »Weckerfunktion« zu: Wenn wir sie hören, werden sie ruhiger; wenn wir sie nicht hören, werden sie lauter. So wie die Töne des Weckers lauter oder schneller werden, wenn man nicht auf ihn reagiert, so stauen sich unsere (negativen) Gefühle an und verstärken sich, wenn wir sie auf Dauer unterdrücken.

Wie bereits erwähnt, ist Stress ein Risiko für positive Gefühle und ein Verstärker für negative Gefühle. In unserer Gesellschaft ist aber Stress der Normalfall – unsere Tage sind durchgetaktet bis zur letzten Minute, wir fliegen durch Deutschland, um ein Meeting wahrzunehmen, und wenn wir abends spät nach Hause kommen, müssen wir noch eine Abendrunde joggen. Das Handy ist selbstverständlich ständig an, und wir schreiben Nachrichten an Kollegen, während wir aus einem Buch in der anderen Hand halbherzig unserem Kind eine Gute-Nacht-Geschichte vorlesen.

Wie soll da kein Stress aufkommen? Da hilft selbst der grünste Smoothie am Morgen nichts.

Achtsamkeit ist eine Methode, die helfen kann, Stress abzubauen. Dabei handelt es sich um eine spezielle Form der Aufmerksamkeitslenkung. Man richtet dabei absichtlich seine Aufmerksamkeit auf Erfahrungen des gegenwärtigen Augenblicks, ohne diese zu bewerten. Befindet man sich in diesem Bewusstseinszustand, lässt man sich nicht von Emotionen fortreißen oder überrollen; man nimmt sie wahr, aber reagiert nicht über, so dass destruktive Verstärkungen (wie sie häufig bei negativen Emotionen eintreten) ausbleiben. So kann es gelingen, selbst in turbulenten Situationen die Selbstreflexion und Gelassenheit zu bewahren.

Zu einer achtsamen Einstellung gehört auch das sogenannte »Im Hier und Jetzt«-Leben. Der Wunsch, mehr im

Moment verweilen zu können, sich nicht ständig mit dem, was morgen kommt, oder dem, was gestern war, zu beschäftigen, ist groß. Aber seien Sie ehrlich: Wenn Sie mit Ihrer Begleitung im Restaurant sind und Ihr Freund/ Freundin geht zur Toilette – was machen Sie? Sitzen Sie am Tisch und lassen Ihren Blick schweifen oder werfen Sie nicht doch schnell einen Blick in Ihr Handy? Ablenkung, darauf komme ich später noch genauer zu sprechen, ist einer der großen Feinde der Achtsamkeit. Aber wir lenken uns ständig ab, ohne es zu merken.

Jede Art von Bewusstseinsinhalt können wir achtsam wahrnehmen, eben das, was gerade in Erscheinung tritt: ob es sich um Sinneseindrücke handelt oder psychische Erscheinungen wie Gedanken, Gefühle, Wünsche etc.

Achtsamkeit im Umgang mit den eigenen Gefühlen wirkt sich positiv auf unsere emotionale Kompetenz aus, denn sie ist wie das Fundament, auf dem alle weiteren emotionalen Kompetenzen aufbauen. Menschen, die achtsam sind, können ihre eigenen Grenzen besser wahren und haben eine positivere Lebenseinstellung.[1] Forscher konnten zeigen, dass Menschen die eine 15-minütige Achtsamkeitsübung praktiziert hatten, positive Reize positiver wahrnahmen als die Gruppe, die keine Achtsamkeitsübung gemacht hatte. Außerdem schätzte die Gruppe, die die Übung vorgenommen hatte, auch neutrale Reize als leicht positiv ein und negative Reize als weniger negativ als die Kontrollgruppe. Hier zeigt sich: Achtsamkeitsübungen wirken ein bisschen wie eine rosa Brille. Aber nicht nur kurzfristig, sondern sogar auf längere Sicht, denn sie haben eine Art Präventionscharakter. Offenbar lassen sich durch regelmäßig ausgeführte Achtsamkeitsübungen Gehirnstrukturen verändern, und so führen Achtsamkeitsroutinen dazu, Reize bereits anders wahrzunehmen. Wir können also durch das Achtsamkeitstraining nicht nur gelassener mit negativen Gefühlen umgehen, sondern wir empfinden gar nicht erst so viele negative Gefühle.

Ob man es nun Achtsamkeit nennt oder Hineinhorchen in sich selbst – es zielt darauf ab, die eigenen Gefühle bewusster wahrzunehmen. Und das ist das erste der fünf Prinzipien im Umgang mit Emotionen.

Steigerung des Bewusstseins für Gefühle

Bevor ich meine Gefühle benennen kann, muss ich überhaupt erst einmal etwas fühlen – ja, das stimmt, allerdings hängt das Benennen so eng mit dem Fühlen zusammen, dass diese beiden Schritte kaum voneinander zu trennen sind.

Das erste Ziel ist, sich seiner Gefühle bewusst zu werden. Hiermit sind in erster Linie die primären adaptiven Gefühle gemeint. Die Gefühle zu benennen, ist dabei häufig der erste Schritt. Wichtig ist der Versuch, das Gefühl zu *benennen, wenn man es fühlt*, nicht, wenn man daran denkt. Wir sollten das Gefühl *fühlen*, nicht darüber nachdenken, woher es kommt, welche Ursache in der Vergangenheit verantwortlich sein könnte, warum es gerade jetzt aufkommt usw. Wenn wir uns fragen: »Warum fühle ich mich gerade so?«, steckt dahinter häufig der Wunsch, das Gefühl möge jetzt aufhören. Wir sollten es aber einfach erst einmal nur fühlen.

Häufig verlaufen klassische Gesprächstherapiestunden so, dass der Therapeut die biographischen Hintergründe des Patienten aufdröselt – was auch tatsächlich nötig und wichtig ist für die Bewältigung von negativen Gefühlen – aber das Fühlen an sich wird dabei vernachlässigt. So hat der Betroffene zwar den Eindruck, sich mit seinen Gefühlen zu beschäftigen und »alles richtig zu machen«, aber innerlich kommt er nicht weiter. Es ist zwar unabdingbar, die Gründe für Empfindungen zu verstehen, erst einmal müssen wir jedoch ein Gefühl wirklich fühlen, um es zu verändern.

In vielen Therapieformen wird dieser kognitive Aspekt – also das Verstehen des Problems – in den Vordergrund gestellt und der emotionale Aspekt vernachlässigt. Was für den einen Patienten gut funktionieren kann, aber für andere nicht, denn manchmal ist es nicht ausreichend, das Problem verstanden zu haben. Manchmal muss man lernen, einen Zugang zu den eigenen Gefühlen zu finden und sie erst einmal wahrzunehmen und anzunehmen – das gilt nicht nur für den therapeutischen Bereich, sondern auch für Menschen ohne Krankheitssymptome. Denn wir alle neigen dazu, biographische Probleme zu sehr mit dem Verstand anzugehen, und lassen die Gefühle dabei oft etwas unter den Tisch fallen. Und so ist es nicht selten, dass ganze Therapien von 60 oder mehr Stunden ohne eine einzige Träne auskommen, obwohl der Patient ständig von seinen negativen Gefühlen spricht! Gerade Menschen, die hoch angepasst sind und viel Reflexionsvermögen mitbringen, neigen dazu, zwar scheinbar offen über ihre Angst/Trauer/Einsamkeit/Verzweiflung, oder was auch immer es ist, zu sprechen, aber das thematisierte Gefühle dabei dennoch in keiner Faser tatsächlich zu empfinden. Dadurch mag der Patient vielleicht Auslöser, Konsequenzen usw. noch besser verstehen lernen, aber der Schmerz bleibt tief in ihm sitzen. Eine Verletzung, die man erlebt hat, fühlt sich nicht weniger schlimm an, nur weil man verstanden hat, warum sie einem widerfahren ist.

Stellen Sie sich folgendes Extrembeispiel vor: Eine Frau ist in ihrer Kindheit von ihrem Onkel regelmäßig sexuell missbraucht worden. Sie hat sehr gut umrissen, wie es zu diesem Missbrauch kommen konnte: Der Onkel hatte eine pädophile Neigung, war zudem alkoholabhängig und einsam. Ist doch also gar nicht so schlimm, oder?!

Natürlich kann dieses Verstehen der Begleitumstände ihres Missbrauchs ihren Schmerz nicht lindern. Der Schmerz kann nur schwächer werden, wenn er oft gefühlt worden ist. Nach und nach wird sich die Frau idealerweise – mithilfe eines Experten – von dem unerfüllten Bedürfnis in ihrer Kindheit verabschieden können und dabei alle Stufen des emotionalen Heilungsprozesses, die dafür nötig sind (Verzweiflung, Einsamkeit, Wut, Vergebung etc.) durchlaufen.

Gefühle und Kognition müssen letztlich Hand in Hand gehen.

Allerdings ist es natürlich enorm schwierig, sich für Gefühle, die unangenehm sind und die man womöglich über Jahre verdrängt hat, zu öffnen. Wir müssen, um einen achtsamen Umgang mit unseren Gefühlen zu pflegen, bereit sein, sie wahrzunehmen und anzunehmen. Dabei ist es hilfreich, auf die körperlichen Signale zu achten, diese zu benennen und genau zu erwägen, bis man das passende Emotionswort gefunden hat (hierfür kann man die Liste weiter unten in diesem Kapitel nutzen). Wenn ich weiß, ob ich mich gerade beklommen, verschüchtert oder zermürbt fühle, dann festigt und intensiviert das mein emotionales Erleben. Das exakte Wort oder auch mehrere exakte Wörter helfen dabei, dass die Welle des Gefühls sich ausbreiten, ihren Höhepunkt erlangen und schließlich auch wieder abflachen kann.

Nachdem wir also ein Gefühl wahrgenommen haben, müssen wir es gleichzeitig auch (wirklich) annehmen. Das ist viel verlangt, denn wir sind überhaupt nicht darauf ausgerichtet, negative Gefühle zu akzeptieren. Schließlich flieht unser gesamter Organismus quasi vor negativen Empfindungen, um sein Überleben zu sichern.

In einer meiner ersten Schwangerschaftsyogastunden hat die Yogalehrerin genau das mit uns geübt. Denn: Zu einer Geburt sollte man besser eine gewisse Akzeptanz gegenüber negativen Gefühlen mitbringen. Die Lehrerin forderte uns auf, im Stehen die Knie zu beugen und die Arme zu beiden Seiten hin gerade und auf Schulterhöhe auszustrecken. Das war es schon. Klingt nicht besonders schwierig, war es auch nicht, aber nun sollten wir in genau dieser Position verharren, über Minuten hinweg. Wenn uns die Arme schwer wurden, sollten wir tiefer atmen, vielleicht die Beine etwas beugen und wieder strecken, aber die Armposition durften wir nicht verändern. Schnell entstand ein Brennen in der Oberarmmuskulatur, und ich wollte so gern die Arme einfach hängen lassen, nur ganz kurz!

Bei diesem Brennen handelte es sich lediglich um einen leichten körperlichen Schmerz, jedem von uns war klar, dass die Übung in einigen wenigen Minuten enden würde, und trotzdem fiel es mir so schwer, den Schmerz auszuhalten.

Diese Situation zeigt: Wir sind gewohnt, negative Gefühle zu vermeiden. Ist ja auch oft sinnvoll! Aber Gefühlen, die nun mal in uns sind, können wir nicht mehr aus dem Weg gehen, denn sie sind bereits da. Wir können sie nur verändern, indem wir sie wahrnehmen, fühlen, annehmen und verstehen.

Wenn wir also versuchen, unsere Gefühle anzunehmen, werden wir bei den ersten Anläufen vermutlich daran scheitern. Vor allem, sobald es darum geht, sie ohne Urteil anzunehmen. Das ist, insofern man es nicht gewohnt ist, nahezu unmöglich. Wir sollten uns nun aber nicht verurteilen, Gefühle nicht annehmen zu können, denn dadurch verstricken wir uns nur weiter in kognitiven Manipulationen von Gefühlen, vielmehr gilt auch hier, es anzunehmen: Wenn wir spüren, dass wir negative Gefühle bekämpfen, Ausreden finden, beschwichtigen, Emotionen unterdrücken, sie weginterpretieren oder was auch immer, dann müssen wir erst einmal auch das annehmen. Und es ist okay, denn wir üben, wir lernen, wir werden besser.

Der Umgang mit den eigenen Gefühlen lässt sich nicht über Nacht ändern, hierfür braucht man mitunter sehr viel Zeit – wie für alles, was neu ist und man lernen will – wie alles, was man bisher immer auf diese eine Weise getan hat und man nun verändern will,

Eine meiner Freundinnen hat vor einigen Jahren ihren Vater verloren. Wenn sie von seinem Tod erzählte, hat sie immer sehr gefasst gewirkt, hat von Überlebensraten bei Krebs gesprochen, ihr Vater sei mit allem im Reinen gewesen, und es sei schon in Ordnung, dass er jetzt gestorben sei. Es verhalte sich ebenso, wie es sei, sagte sie und zog ihr Leben mit derselben Zuverlässigkeit und Gewissenhaftigkeit durch wie zuvor. Ich habe sie mit einer Ausnahme nie wirklich traurig erlebt, obwohl sie oft von ihrem Vater gesprochen hat. Kürzlich war sie bei mir zu Besuch, und ich habe eine CD von Schubert eingelegt, woraufhin sie weinen musste. Sie weinte heftig und lange und konnte erst gar nicht sagen wieso. Schließlich meinte sie, diese Musik habe ihr Vater immer gehört.

Sie wollte jedoch nicht, dass ich die Musik ausmache. Sie hat noch eine Weile lang geweint, dann hörte sie irgendwann auf und sagte, es gehe ihr jetzt besser.

Wir müssen uns klar machen: Ein negatives Gefühl ist auch »nur« ein Gefühl. Emotionen kommen und gehen (wenn wir sorgsam, achtsam mit ihnen umgehen). Sie nehmen nicht Überhand und werden nicht immer schlimmer, so wie viele Menschen befürchten. Wenn wir also traurig sind, weil ein Angehöriger gestorben ist, dann heißt das in erster Linie, dass dieser Mensch uns wohl etwas bedeutet hat. Nehmen wir die Traurigkeit an und fühlen sie, dann wird die Traurigkeit dadurch nicht zu einem angenehmen Gefühl, aber es lässt sich ertragen. Akzeptieren wir, nun einmal traurig zu sein, fühlt es sich schon halb so schlimm an. Was wirklich zermürbend ist, ist der Kampf gegen das negative Gefühl.[2]

Denn erst durch den Kampf gewinnt das Gefühl an Macht – je mehr wir es zulassen, desto kleiner wird seine Bedeutung.

Der Psychologe Andreas Knuf nennt den annehmenden Umgang mit Gefühlen »bejahendes Fühlen«. Damit ist gemeint, Gefühlen nicht mit einem »Oh Gott, jetzt auch das noch« zu begegnen, sondern auch die negativen Gefühle zu akzeptieren. Kommt beispielsweise eine Angst in einem hoch, wird niemand vor Freude in die Luft springen und die Angst umarmen, jedoch kann man der Angst ihre Berechtigung geben, sie annehmen und fühlen und dann erleben, dass sie auch wieder schwächer wird. Und schließlich kann man die Schritte, die in der emotionsfokussierten Therapie zur Emotionsanalyse gehören, machen, nämlich das Gefühl und seine Ursachen verstehen, um es gegebenenfalls zu verändern.

Knuf stellt den Prozess des bejahenden Fühlens in seinem Buch *Ruhe, ihr Quälgeister* anhand des Beispiels Weinen wie folgt vor: »Im ersten Schritt der Wahrnehmung wird die Traurigkeit als solche erkannt und beim Namen genannt. Im zweiten Schritt – der Annahme – geht es darum, dass Traurigkeit und Tränen sein dürfen, und dabei hilft eine offene und nicht wertende Haltung. Beim dritten Schritt – dem Fühlen – bleibt man mit dem Gefühl verbunden, solange es anhält. Wir unternehmen nichts, um das Gefühl zum Verschwinden zu bringen.«[3]

Menschen, die Achtsamkeit praktizieren (ob in Form von Meditation, Atemübungen oder achtsamen Pausen im Alltag) berichten, sie fühlten sich lebendiger, mehr in sich ruhend und gelassener.

Kinder, die noch keine Strategien der Ablenkung oder Vermeidung kennen, sind im Normalfall gut mit ihren Gefühlen verbunden. Sie haben keinen inneren Zensor, der es ihnen verbietet, Angst zu zeigen oder Wut auszudrücken. Kinder wirken auf uns deshalb so lebendig, so im Hier und Jetzt! Natürlich sollen wir nicht auf das Stadium eines Kindes zurückgehen, aber in mancherlei Hinsicht sind die Lektionen, die uns in Bezug auf Emotionen erteilt worden sind, schlicht falsch und schädlich, und wir müssen sie uns wieder abtrainieren. Die ganze Energie, die wir nämlich dafür benötigen, unerwünschte Gefühle in Schach zu halten, gewinnen wir, wenn wir lernen, Gefühle einfach erst einmal zuzulassen (um dann zu sehen, wie wir mit ihnen umgehen wollen). Einen inneren Groll, den man über Monate oder Jahre mit sich herumträgt, nicht ausbrechen zu lassen, kostet enorme Kraft; viel Energie ist vonnöten, Ungerechtigkeit zu erdulden, ohne wütend aufzustampfen – all diese Energie geht uns verloren.

Menschen, die einen achtsamen Umgang mit ihren Gefühlen pflegen, fühlen sich vermutlich auch deshalb so lebendig, weil sie keine Kraft mehr zum Unterdrücken aufwenden müssen.

Ein Beispiel: Karsten hatte über viele Jahre hinweg Angstzustände. Meistens entstanden diese Zustände, die er im Nachhinein eher als eine Art Unwohlsein beschreibt, in der Öffentlichkeit, also auf der Straße oder im Supermarkt. Er bekam einen steifen Nacken, die Geräusche wurden ihm zu laut, es wurde ihm auf einmal warm oder kalt. Diese körperlichen Eindrücke versuchte er zu bekämpfen – er neigte seinen Kopf zur Seite, zog seine Jacke an bzw. aus, je nachdem, ob es gerade zu kalt oder zu warm war, verließ den Supermarkt und suchte einen leiseren Platz auf. Aber die Beklemmung ging nicht weg, und er analysierte ständig, wie sich der Körper gerade anfühlt und warum. Warum habe ich das Gefühl, dass gerade alles so laut ist? Sind die Straßengeräusche heute lauter als sonst? Warum ist es auf einmal so kalt, eben habe ich doch noch gar nicht gefroren. Und zu all diesen Gedanken mischten sich auf einmal weitere Beobachtungen des Körpers: Warte mal, schlägt mein Herz eigentlich normal? Ich glaube, mein Herz schlägt schneller als sonst! Mit einem Mal entwickelte sich aus der Beklemmung und dem Unwohlsein eine Angst vor einem Herzinfarkt – Schweißausbruch, Herzrasen, zittrige Hände.

Diese Zustände verschlimmerten sich immer mehr, so dass Karsten recht schnell eine Therapie aufsuchte und bald lernte, mit diesen Situationen anders umzugehen. Statt die unangenehmen Gefühle (Nackenverspannung, Hitze oder Kälte, Geräuschempfindlichkeit) zu bekämpfen und sich vor ihnen zu fürchten oder zu viel in seine Zustände hineinzudeuten, hat Karsten in der Therapie gelernt, diese Momente einfach hinzunehmen. Angenehm sind sie noch immer nicht für ihn, aber nachdem er sich klargemacht hat, dass es kein Herzinfarkt ist und er also nicht daran sterben wird, kann er die negativen Gefühle kommen lassen und akzeptieren. Er denkt dann einfach »Oh, ich habe jetzt gerade wieder so einen Moment des Unwohlseins, der vergeht auch gleich wieder. Mir ist jetzt kalt (aber das heißt nicht, ich sei krank). Ich finde die Geräusche gerade sehr laut (aber das bedeutet nicht, verrückt zu werden).« Nach einigen Wochen konnte Karsten erleben, dass die Situationen zwischenzeitlich seltener und vor allem weniger beängstigend für ihn geworden sind. Statt vor dem Angst- und Beklemmungsgefühl davon zu laufen, akzeptiert er es jetzt, und schon ist es deutlich weniger intensiv.

Die meisten Menschen würden wahrscheinlich behaupten, in der Lage zu sein, die Frage »Wie fühlen Sie sich gerade?« beantworten zu können. Tatsächlich ist es aber so, dass sich Gefühle, Gedanken und Körperwahrnehmungen vermischen und viele beispielsweise auf diese Frage

»Ich bin müde« antworten. Müdigkeit ist eine körperliche Empfindung, kein Gefühl, aber es kann ein Gefühl von Niedergeschlagenheit oder Traurigkeit verursachen.

Um seine eigenen Gefühle besser wahrnehmen und zuordnen zu können, gibt es Listen, auf denen Emotionswörter abgedruckt sind. Hier ein paar Beispiele zu den Gefühlen »Freude«, »Angst«, »Traurigkeit« und »Ärger« (siehe unten, übernommen aus Knuf (2013)).

Freude:

zufrieden, beruhigt, sorgenfrei, sorglos, ausgeglichen, gelassen, vetraut, geborgen, friedvoll, freundlich, erleichter, entlastet, befreit, dankbar, zugeneigt, zugewandt, zutraulich, bezaubert, erfüllt, berührt, wohlwollend, mitfühlend, bewegt, gerührt, gütig, liebevoll, herzlich, warmherzig, zärtlich, ergriffen, beseelt, vertrauensvoll, respektvoll, unbekümmert, voller Vorfreude, verspeilt, eifrig, entschlossen, vergnügt, unbeschwert, amüsiert, heiter, erheitert, belustigt, lustig, großartig, begeistert, lebendig, keck, lebensfroh, lebenslustig, frohlockend, erfreut, freudig, froh, fröhlich, gut gelaunt, mutig, engagiert, tatkräftig, verliebt, beglückt, ausgelassen, beflügelt, hocherfreut, glücklich, wie neu geboren, hingerissen, selig, glückselig, beschwingt, entzückt, verzückt, überglücklich, überwältigt, strahelnd, sprühend, spritzig, triumphierend, leidenschaftlich, überschwänglich, übermütig, überschäumend, trunken, euphorisch, jubelnd, enthusiastisch, berauscht, ekstatisch

Angst:

empfindlich, empfindsam, verletzlich, vorsichtig, zaghaft, zögerlich, unentschlossen, befangen, beklommen, unbehaglich, unwohl, unsicher, verunsichert, verlegen, scheu, zurückhaltend, kühl, schüchtern, eingeschüchtert, zurückgezogen, gebremst, gehemmt, gefasst, verschlossen, besorgt, sorgenvoll, skeptisch, ratlos, irritiert, verwirrt, argwöhnisch, verklemmt, ehrfürchtig, bestürzt, bange, beunruhigt, aufgeregt, verschreckt, schreckhaft, erschrocken, furchtsam, ängstlich, verängstigt, misstrauisch, verfolgt, entsetzt, hilflos, ohnmächtig, alarmiert, schockiert, bedroht, panisch, in Panik, voller Grauen, zu Tode verängstigt

Traurigkeit:
bedauernd, voller Bedauern, reumütig, voller Reue, ernüchtert, unerfüllt, berührt, betroffen, voller Mitleid, gerührt, einsam, sentimental, verstimmt, geknickt, freudlos, düster, bedrückt, weinerlich, beklommen, betrübt, trübsinnig, aufgewühlt, bekümmert, belastet, verletzt, voller Schmerz, schmerzerfüllt, traurig, missgestimmt, verstimmt, missmutig, lustlos, melancholisch, niedergeschlagen, unglücklich, deprimiert, verlassen, allein, verzagt, jämmerlich, miserabel, zermürbt, zerknirscht, resigniert, entmutigt, mutlos, schwermütig, pessimistisch, gramerfüllt, trostlos, elend, gebrochen, sehnsüchtig, wehmütig, bitter, verbittert, fassungslos, erschüttert, verzweifelt, flehend

Ärger:
frech, ungeduldig, quengelig, bockig, unzufrieden, genervt, frustriert, unlustig, missmutig, schmollend, unwillig, muffig, mürrisch, brummig, verdrossen, überdrüssig, beleidigt, grimmig, gereizt, reizbar, widerwillig,

vorwurfsvoll, sauer, trotzig, rebellisch, streitlustig, angriffslustig, kampflustig, ungehalten, spöttisch, verbittert, unversöhnlich, sarkastisch, zynisch, vergrämt, verächtlich, ärgerlich, verärgert, wütend, wutentbrannt, wutschnaubend, aufgebracht, aufbrausend, geladen, erzürnt, erbost, empört, entrüstet, zornig, siedend, aggressiv, bösartig, hitzig, rasend, explosiv, voller Groll, feindselig, giftig, kalt, hart, niederträchtig, höhnisch, grausam, gehässig, hasserfüllt, sadistisch, mordlustig.

Um meine Trauer bei primärer Wut idealerweise auszudrücken, hätte ich also damals in der Arztpraxis sagen können: »Ich empfinde außerordentlichen Widerwillen gepaart mit einer leichten Irritation.« Zwar spricht so natürlich niemand, aber das Ausdifferenzieren und genaue Hinfühlen helfen enorm, wenn man Schwierigkeiten hat im Umgang mit eigenen Gefühlen und denen anderer Menschen.

Wenn wir die Gefühle aber *fühlen* sollen, um zu lernen, sie richtig zu benennen, schließt das ein, unsere eigenen Gefühle erst einmal wahrnehmen und annehmen zu lernen. Wir müssen lernen, dass *unsere eigenen Gefühle vorhanden sind und wirklich existieren.* Unsere eigenen, tiefsten Gefühle können und dürfen wir nicht ignorieren, nicht leugnen, nicht ausblenden oder vertuschen.

Ein problematisches Gefühl bzw. ein Gefühl, das Probleme verursacht und an dem wir arbeiten wollen, muss also in einem ersten Schritt akzeptiert und toleriert werden, um es in einem zweiten Schritt bewusst wahrzunehmen und zu benennen. Häufig ist es bei für uns kritischen Gefühlen so, dass wir sie durch Ablenkung vermeiden, sobald sie sich ankündigen. Belassen wir es dabei, wird sich das Gefühl aber nicht verändern. Im Gegenteil: Es wird über die Zeit an Intensität zunehmen. Der erste Schritt ist also, das aufkommende Gefühl zuzulassen und seine Existenz zu akzeptieren, ohne es zu beurteilen oder zu versuchen es wegzuschieben.

Nun ist das aber sehr viel leichter gesagt, als getan! Jemand, der ein bestimmtes Gefühl über Jahre hinweg vermeidet, es gedanklich klein redet, sich dagegen betäubt u. a., der wird wohl kaum dieses Gefühl mit einem Mal zulassen, nur weil er gesagt bekommt, er solle dies tun.

Vielleicht haben Sie gewisse Überzeugungen (unbewusst) verinnerlicht, die es Ihnen erschweren, die problematischen Gefühle zuzulassen – hier eine Reihe von typischen Sätzen, wie sie viele von uns mit sich herumtragen:

– Was sollen die Leute denken, wenn ich so jämmerlich bin?

– Wenn ich das Gefühl zulasse, werde ich total überrollt davon, und es hört nie wieder auf.

– Traurigkeit oder Angst öffentlich zu zeigen, bedeutet, dass etwas mit einem nicht stimmt.

Bei der Vermeidung von (schmerzhaften) Gefühlen kommen häufig solche kognitiven Mechanismen zum Tragen, die den emotionalen Prozess beenden sollen.

Hier ist eine Reihe dieser *typischen Fehlannahmen* über Emotionen:[4]

– Emotionen sind eigentlich überflüssig
Diese Fehlannahme beruht auf der Überzeugung, Gefühle stünden rationalen Entscheidungen im Wege. Tatsächlich ist es aber so, dass Ratio und Emotionen sich keineswegs gegenseitig ausschließen, sondern einander

ergänzen. Außerdem sichern Emotionen unser Überleben. Wenn wir Emotionen eine zu geringe Bedeutung in unserem Leben einräumen, werden wir unglücklich und krank.

– Entweder hat man sehr starke Gefühle oder gar keine
Menschen, die Schwierigkeiten haben, ihre eigenen Gefühle wahrzunehmen, glauben häufig, sie hätten eben gar keine. Tatsächlich sind aber die meisten Emotionen von mittlerer oder geringer Intensität – nur selten erleben wir emotionale Ausbrüche! Wir können aber lernen, diese subtileren Schwankungen wahrzunehmen und auszudrücken.

– Vermeiden und Unterdrücken von Emotionen ist hilfreich
»Ein Indianer kennt keinen Schmerz«, »sich zusammenreißen« und »die Zähne zusammenbeißen« – all diese Formulierungen zielen in dieselbe Richtung: Negative Emotionen dürfen nicht sein. Oft steckt dahinter die Angst, negative Gefühle seien überwältigend und nicht mehr zu kontrollieren.

Natürlich kann es hilfreich sein, seine Tapferkeitsressourcen anzuzapfen und sich nicht in Selbstmitleid zu suhlen – allerdings führt das langanhaltende, starke Unterdrücken von negativen Gefühlen eher zu einem gegensätzlichen Effekt: Sie halten dadurch länger an, und man reduziert die Möglichkeit, positive Gefühle zu empfinden. Denn das Unterdrücken von Emotionen raubt uns Kraft: Unser Herzschlag ist erhöht, unbewusst müssen wir mentale Energie darauf verwenden, dieses Gefühl nicht aufkommen zu lassen. Und so wie man, wenn einem jemand sagt: »Denk jetzt nicht an einen rosa Elefanten!«, unwillkürlich auf jeden Fall an einen rosa Elefanten denkt, wirkt die negative Emotion, die wir unterdrücken wollen, fort. In einem solchen Zustand haben positive Gefühle kaum eine Chance.

Außerdem sind Gefühle normalerweise (es sei denn man ist psychisch erkrankt und bestimmte negative Emotionen sind chronisch anhaltend) nicht von Dauer – wenn wir uns für sie öffnen, sie wahrnehmen, dann gehen sie auch wieder vorbei (deshalb die sogenannte, weiter oben angesprochene Weckerfunktion). Wir alle haben vermutlich Erfahrung mit dem Gefühl Ärger: Fünf Minuten später ist er oft bereits verraucht.

– Was man fühlt, ist immer angemessen
Diese Überzeugung ist ebenfalls verbreitet: »Was du fühlst, ist wahr und richtig.« Das stimmt leider so nicht. Es gibt Emotionen, die wir aus der Vergangenheit (sowohl aus der eigenen als aus der menschheitsgeschichtlichen), als sie uns möglicherweise nützlich (adaptiv) waren, in die heutige Zeit übernommen haben, in der sie nicht mehr angemessen sind (erinnern Sie sich an das Beispiel der Xenophobie). Diese und andere Gefühle und vor allem unsere emotional motivierten Handlungen können wir jedoch steuern. Und bei der Entscheidung, was wahr und richtig ist, greifen zudem noch andere Faktoren.

– Ärger und Wut müsse man rauslassen, dann wird man
  die Emotion los
Diese Idee der Katharsis steht ganz im Gegensatz zu der Vermeidungs- und Unterdrückungsannahme. Zwar ist es falsch, negative Emotionen zu unterdrücken; genauso

falsch ist es aber auch, negative Emotionen ungebremst rauszulassen. Denn man kann sich erwiesenermaßen auch in negative Gefühle hineinsteigern, das heißt, sie nehmen zu, je mehr ich sie ungebremst auslebe. Ziel ist hingegen, negative Emotionen anzunehmen und zu deuten. Dazu gehört, dass ich die Ursache erkenne und den Grund verstehe, die Emotion dadurch reguliere und auf eine angemessene Art ausdrücke, ohne dadurch bei mir selbst und bei anderen Schaden anzurichten.

Wir müssen also erst einmal auf dem gedanklichen Weg unser falsches Denken über Gefühle vollkommen überwinden. Erst wenn unser Verstand überhaupt Gefühle als zulässig anerkennt, können wir uns darin schulen, unsere Emotionen bewusster wahrzunehmen und auszudrücken. Die oben aufgelisteten typischen Fehlannahmen stammen meist aus der Kindheit. Am besten gelingt es uns, sie zu überwinden, wenn wir verstehen, woher sie überhaupt kommen. Versuchen Sie einmal, sich an Ihre eigene Kindheit und den Umgang mit Emotionen in Ihrer Familie zu erinnern, indem Sie die folgenden Fragen beantworten:

– Welche Gefühle waren »erlaubt«, welche eher nicht?
– Wie wurde mit Krisen, beispielsweise einem Todesfall, umgegangen?
– Haben Sie Ihre Eltern weinen sehen? Haben Sie Ihre Eltern ausgelassen und fröhlich gesehen?
– Gab es typische Kommentare, mit denen Ihre Eltern Ihren Gefühlen begegnet sind?

Vielleicht hilft es Ihnen, Fehlannahmen über Bord zu werfen und im Anschluss daran Gefühle besser zuzulassen und bewusst wahrzunehmen.

Wenn wir Achtsamkeit auf einfache Weise in unser Leben einbauen wollen, hilft es, schlichtweg auf Ruhepausen zu achten. In diesen Pausen sollten wir weder Musik hören, lesen oder sprechen, sondern uns einfach nur auf unser Inneres konzentrieren. Alles, was in uns aufkommt, sollten wir annehmen und zulassen, ohne es (soweit es eben geht) zu beurteilen oder zu bekämpfen. Gedanken, die kommen, sollen einfach weiterziehen können, als sei der Kopf ein Sieb, durch das alles ungehemmt rein- und herausströmen kann. Körperliche Empfindungen sollen dabei wahrgenommen und jegliche emotionale Reaktion zugelassen werden. Was man dabei erlebt, ist, dass Gefühle kommen und auch wieder gehen.

Man landet nicht in der Psychiatrie, wenn man mal weinen muss; andere gucken einen nicht schräg an, nur weil man sich hilflos und ängstlich fühlt.

In einem letzten Schritt können Sie dann versuchen, den »Sinn« *des Gefühls* zu erkennen: Was will Ihnen das Gefühl sagen? Was ist der Nutzen des Gefühls? Worauf will das Gefühl Sie aufmerksam machen? Hierbei wird man feststellen können, ob die Emotion adaptiv oder maladaptiv ist. Emotionen, die situativ angemessen sind und ein individuell angemessenes Bedürfnis ausdrücken, nennt man adaptiv. Maladaptive Emotionen sind solche Emotionen, die vielleicht früher einmal angemessen waren, aber im aktuellen Leben keine Funktion mehr haben, sondern schädlich sind. Je nachdem, ob es sich um eine nützliche oder schädigende Emotion handelt, folgt nun entweder die Arbeit an der Einsicht in die Bedeutung der Emotion (adaptive Emotion) oder die Arbeit an der Korrektur (maladaptive Emotion).

EXKURS: PRAKTISCHE ÜBUNG ZUR KONTAKTAUFNAHME ZU DEN EIGENEN GEFÜHLEN

Um besser wahrnehmen zu können, was man gerade fühlt – beispielsweise in einer Situation, die überfordernd und belastend ist –, kann man folgende Übung machen. Setzen Sie sich bequem auf einen Stuhl. Versuchen Sie, den Rücken gerade zu halten, ohne ihn zu sehr anzuspannen, nehmen Sie die Kraft dafür aus Ihrem Zentrum, nicht aus den Schultern.

Nun fragen Sie sich, was Sie gerade fühlen. Wahrscheinlich beginnen Sie im Kopf Antworten zu suchen, Gedanken fallen Ihnen ein, Sätze schwirren durch den Kopf. Um dieses Chaos zu beheben, stellen Sie sich vor, Sie würden vor einem leeren Regal sitzen und jeden einzelnen Gedanken, der Ihnen kommt, nach und nach in das leere Regal vor Ihnen stellen. Dieses Bild hilft dabei, die Gedanken kommen und gehen zu lassen, denn sie sind ja noch immer da. Sie haben sie nicht weggeworfen, sondern in das Regal gestellt, so dass Sie später noch auf sie zurückgreifen können. Jetzt aber geht es darum, die Aufmerksamkeit auf Ihren Körper zu richten.

Dabei fragen Sie sich nun: »Was steht meinem Wohlbefinden gerade im Weg?« *Versuchen Sie, die körperlichen Signale wahrzunehmen. Wenn wieder Gedanken und Begründungen eintreten, versuchen Sie, diese weiterziehen zu lassen, und richten Sie Ihre Aufmerksamkeit erneut auf Ihren Körper. Soweit Sie ein körperliches Signal spüren, versuchen Sie nun, es genauer zu beschreiben: Wo im Körper befindet es sich? Wie fühlt es sich an? Wenn es ein Objekt wäre, welche Form würde es haben? Ist es hart, weich – groß oder klein –, welche Farbe hat es? Anfangs kann dies schwerfallen und kommt Ihnen vielleicht* auch komisch vor, aber nach ein paar Übungen werden Sie besser darin. Menschen beschreiben beispielsweise Gefühle manchmal wie einen großen schweren Stein im Magen; oder ein Vakuum, das alles in sich einsaugt wie ein schwarzes Loch. Keine Beschreibung, kein Bild, ist falsch oder unpassend – es geht um Ihre persönlichen Empfindungen. Sollten Sie nun ein Bild oder eine Beschreibung gefunden haben, testen Sie, ob dies wirklich passt, indem Sie es laut aussprechen. Wenn es passend ist, führt das häufig dazu, dass sich das Gefühl intensiviert und klarer greifbar wird. Spüren Sie aber, dass das Bild doch nicht richtig passt, suchen Sie weiter nach Beschreibungen, bis Sie die passende gefunden haben.

Grundsätzlich sollten Sie bei dieser Übung eine neugierige, offene und zugewandte Haltung Ihren Gefühlen gegenüber haben. Wenn wir mit der Haltung »Ich fühle mich schlecht, das muss sich jetzt schnell ändern« an die Übung herangehen, werden wir nicht weit kommen. Nehmen Sie selbst bei negativen Gefühlen, die Sie versuchen wahrzunehmen, die Haltung eines interessierten Wissenschaftlers ein, der vor seinem Forschungsobjekt steht und es durch die Lupe hindurch betrachtet.

Nun können Sie Ihrer Emotion einige Fragen stellen: »Was ist das zentrale Thema dieser Emotion?« »Worum geht es bei dieser Emotion im Kern?« Stellen Sie sich vor, Ihre Emotion ist ein ängstliches kleines Kind, das auf dem Boden kauert – gehen Sie auf Augenhöhe und schenken Sie Ihrer Emotion Zuwendung und Zuspruch, indem Sie fragen, was los ist. Warten Sie bis Ihr Körper eine Antwort findet. Das muss nicht sofort passieren, oft herrscht auch einfach nur Stille. Bleiben Sie geduldig und fragen Sie erneut. Jetzt können Sie die Frage stellen, was so schlimm an dieser Emotion sei. »Was macht diese Emotion so schwer erträglich?« Geben Sie sich auch hier wieder Zeit und versuchen Sie, das körperliche Feedback zu hören. Haben Sie gefunden, um was es genau bei diesem Gefühl geht, dann fragen Sie sich: »Was brauche ich, wenn ich mich so fühle?« Wenn Sie glauben, eine Antwort gefunden zu haben, prüfen Sie erneut, ob diese sich richtig anfühlt. Manchmal kann es so etwas sein wie Stärke, Wärme, Sicherheit, Schutz; manchmal kann es sich aber auch um etwas Konkretes handeln, beispielsweise um Hilfe bitten, Klarheit in einer schwierigen Situation finden oder Ähnliches.

Den abschließenden Schritt dieser Übung kann jeder frei gestalten, er sollte etwa eine Minute dauern: Entweder Sie gehen in Ihren Gedanken noch einmal alle Schritte ab, die Sie gegangen sind, und rekapitulieren so die gesamte Übung. Sie können aber auch einfach nur sitzen bleiben und entspannen, oder aber sich strecken, dehnen, den Kopf kreisen lassen. Einigen Menschen hilft es, eine Hand auf den Bereich des Körpers zu legen, in dem sie das emotionale Signal gespürt haben, und sich so ganz bewusst zu vergegenwärtigen, was gerade passiert ist.

Wenn Sie diese Übung einige Male praktiziert haben, wird Ihnen der Zugang immer leichter fallen. Im Idealfall führen solche Achtsamkeitsübungen dazu, dass wir den Kontakt zu unseren Gefühlen auch außerhalb solcher bewussten Momente verbessern und generell sensibler und hellhöriger unseren emotionalen Signalen gegenüber werden.

Gefühle ausdrücken

Vor allem Gefühle, die wir lange Zeit unterdrückt und nicht gezeigt haben, sollten gefühlt und ausgedrückt werden. Das ist extrem schwierig, nicht nur für jeden individuell, sondern für unsere Gesellschaft insgesamt, denn Emotionsunterdrückung gilt als ein hoher Wert.

Für diesen Schritt ist es extrem hilfreich, ein Gegenüber zu haben, dem man vertraut – gleichwohl ob das ein Therapeut/eine Therapeutin ist, Freunde oder Partner. Wenn es sich bei den Gefühlen um solche handelt, die beispielsweise aus einem traumatischen Erlebnis stammen, empfiehlt es sich, professionelle Hilfe aufzusuchen. Studien zu Therapieerfolgen bei Menschen mit Depressionen kamen zu folgendem Ergebnis: Je mehr die Patienten Gefühle *zeigen*, desto höher ist der Erfolg der Therapie der Wahrscheinlichkeit nach.[5] Und dabei geht es ausdrücklich darum, die Gefühle auszudrücken, sie zu zeigen, und nicht nur um die Empfindung von Gefühlen.

Es ist vollkommen verständlich, dass diese Vorstellung – eine schmerzhafte Emotion willentlich bewusst wahrzunehmen und auszudrücken – beängstigend ist. Gehen wir davon aus, es handele sich um den Schmerz, die Wut und die Trauer, die jemand empfindet in Gedanken an einen Missbrauch in seiner Kindheit! In diesem Zusammenhang konnte man tatsächlich nachweisen, dass ein Wiedererleben – vorausgesetzt die therapeutischen Bedingungen sind gut und helfen dem Patienten/der Patientin dabei, das traumatische Gefühl zu bearbeiten und zu verändern – selbst in einem solchen Extremfall für den Betroffenen hilfreich ist, auch wenn es brutal scheinen mag.[6]

Eine andere Möglichkeit ist das sich vorsichtige Herantasten an den Ausdruck von problematischen Gefühlen: Nehmen wir an, Sie haben Schwierigkeiten, Wut auszudrücken. Vermutlich liegt das an der Angst, das Gegenüber zu vergraulen, unhöflich zu wirken oder gar nicht mehr geliebt zu werden. Da solche Ängste sehr tief sitzen, oftmals über das ganze Leben hinweg einstudiert worden sind, lassen sie sich selten im Schnelldurchgang überwinden. In solchen Fällen hilft es, sich langsam heranzutasten – entweder

a.) durch mildere Versionen des Gefühlsausdrucks: also beispielsweise statt seine Wut herauszuschreien und mit der Faust auf den Tisch zu schlagen, einfach den Raum verlassen oder

b.) durch Stellvertretersituationen: Wenn Sie also beispielsweise befürchten, Ihr Gegenüber durch Ihre Wut zu verschrecken, dann trainieren Sie ihre Fähigkeit zum Wutausdrücken in »anonymen« Situationen – Seien Sie wütend auf die Ampel, die im falschen Moment rot wird, seien Sie wütend auf die Kante, an der Sie sich stoßen. Nach und nach wird es Ihnen in problematischen Situationen leichter fallen, auch Menschen gegenüber Ihre Wut zu zeigen.

Gefühle regulieren

Wenn wir von Emotionsregulation sprechen, geht es natürlich nicht darum, generell seine Gefühle zu regulieren – sondern es geht um problematische Gefühle.

Das können zum einen unterregulierte sekundäre Gefühle sein oder maladaptive primäre Gefühle.

Im ersten Fall sollten wir die sekundäre Emotion regulieren und im Laufe dieses Prozesses herausfinden, welche primäre Emotion dahintersteckt. Für den zweiten Fall ist es notwendig zu erkennen, dass das Gefühl (nicht mehr) angemessen oder hilfreich ist, und es zu regulieren, damit es einem keine Probleme mehr macht.

Wie Emotionsregulation genau vonstattengeht, habe ich weiter oben (Kapitel 2) bereits ausführlich beschrieben. Die Frage ist: Kann ich, wenn ich problematische Gefühle habe und sie einfach nicht loswerde, sie im Alleingang durch dieses theoretische Wissen bearbeiten? Ich denke: bis zu einem gewissen Grad ja. Allerdings kommt es natürlich auf den konkreten Fall an, auf den »Schweregrad«, das heißt, wie stark Gefühle den Alltag und die gesamte psychische Situation des Betroffenen beeinträchtigen.

Einem Menschen beispielsweise, der unter seiner extremen Eifersucht leidet, weil diese seine Beziehung erschwert und vollkommen grundlos ist, ist möglicherweise durch das in diesem Buch vermittelte Wissen geholfen, und er kann im Idealfall im Alleingang die tatsächliche Ursache seiner Eifersucht ergründen und regulieren.

Ein anderer Mensch aber, der unter gewaltigen Stimmungsschwankungen leidet und auf der einen Seite die Einsamkeit fürchtet, aber auf der anderen Seite auch Schwierigkeiten hat, Nähe zuzulassen, und deshalb keine Beziehung führen kann, dem ist sicherlich besser geraten, professionelle Hilfe aufzusuchen und in Zusammenarbeit mit einem Therapeuten/einer Therapeutin an seinen Gefühlen zu arbeiten.

Zum Beispiel konnten Wissenschaftler gerade im Zusammenhang mit Borderline-Persönlichkeitsstörung zeigen, dass ein emotional sicheres Setting, also ein Therapeut-Patient-Verhältnis, in dem der Therapeut beruhigend auf den Patienten wirkt, wichtig ist für den Therapieerfolg.

Auch wenn es keine professionelle Person ist – ein Gegenüber, das die Emotionen des Betroffenen ernst nimmt und verständnisvoll und beruhigend reagiert, scheint eine Voraussetzung zu sein für das Erlernen von Strategien, sich selbst zu beruhigen.[7]

Letztlich ist es genauso wie beim emotionalen Lernen in der Kindheit: Wir brauchen ein Gegenüber, zu dem wir eine vertrauensvolle und verlässliche Bindung haben, um emotionales Verhalten »richtig« zu erlernen. Wenn es aber in der Kindheit nur unzulässig funktioniert hat oder aber ein traumatisches Erlebnis dazu geführt hat, dass wir emotionales Wissen gewissermaßen wieder »verlernt« haben, dann können wir als Erwachsene das emotionale Lernen nachholen. Aber auch als Erwachsene brauchen wir dafür eine »Bindungsperson«, nicht mehr Vater oder Mutter, aber Therapeut(in), Freund(in) oder Partner(in).

Erst an dem Beispiel, wie sich die vertraute Person liebevoll um die Gefühle des Betroffenen kümmert, kann der Betroffene lernen, sich selbst auf diese liebevolle Weise zu begegnen.

Ein Beispiel: Kathrin hat Anorexie und wurde mit 16 Jahren in eine psychosomatische Klinik eingewiesen, weil ihr Gesundheitszustand wegen ihres Untergewichts lebensbedrohlich war. Da es auch dort mit dem Essen anfangs nicht sofort klappen wollte, kam drei Mal täglich eine Krankenschwester in Kathrins Zimmer. Die Krankenschwester hat nicht mit Kathrin über ihre Probleme gesprochen, denn sie war ja keine Psychologin oder Therapeutin, ihre Aufgabe war lediglich das Füttern. Mit kleinsten Portionen auf dem Teller kam die Krankenschwester zu Kathrin und behandelte sie so, als sei sie an einer schlimmen Lebensmittelvergiftung oder Magen-Darm-Grippe erkrankt und müsse jetzt Löffel für Löffel wieder zu Kräften kommen. Die Krankenschwester war dabei so herzlich, aber auch pragmatisch und entschlossen, dass Kathrin nicht auf die Idee kam, das Essen zu verweigern. Der Prozess, die Anorexie hinter sich zu lassen, hat noch Jahre angehalten und Katrin extreme psychische Anstrengung abverlangt, aber sie hat keinen einzigen Tag mehr NICHTS gegessen. Als Kathrin wieder entlassen worden war, hatte sie gelernt, sich selbst eine gute Krankenschwester zu sein, und auch wenn die Abneigung dem Essen gegenüber manchmal noch spürbar war, hat sie sich an die Schwester aus der Klinik erinnert und gewissermaßen sich selbst gefüttert.

Um Gefühle, die eine zu große Macht haben, zu regulieren, ist die Distanznahme ein zentraler Schritt innerhalb der Emotionsregulation; manche Emotionsforscher und Therapeuten sprechen auch von »Emotionsanalyse«. Erst unter der Voraussetzung, dass ich mich und meine Gefühle von außen betrachten kann, ohne zu stark involviert zu sein, kann ich das Gefühl verstehen. Aber gerade bei machtvollen, intensiven Gefühlen ist das natürlich sehr schwer. Meditations- und Atemtechniken oder Achtsamkeitsübungen können helfen. Hier muss jede und jeder die beste Methode für sich finden (mehr dazu im Schlusskapitel dieses Buches).

In Emotionscoachings ist die Methode vom sogenannten »inneren Beobachter« gängig. Hiermit ist eine Instanz gemeint, die von einem neutralen Punkt aus einfach nur zusieht.

Hat man es geschafft, eine gewisse Distanz zu den eigenen Gefühlen aufzubauen, kann man versuchen, mit den folgenden Fragestellungen das Gefühl zu analysieren:

1. Intensität des Gefühls
2. sprachliche Ausdifferenzierung des Gefühls
3. auslösendes Ereignis für das Gefühl (wer, was, wann, wo?)
4. Mit welchen Gedanken habe ich das Gefühl hervorgerufen bzw. beeinflusst?
5. Körperwahrnehmung und körperliche Veränderung?
6. Was habe ich in der Situation getan bzw. was für einen Handlungsimpuls hatte ich?
7. Was für ein Bedürfnis drückt sich durch die Emotion aus?
8. Was wäre ein angemessener Umgang mit dieser Emotion?

Die Beschäftigung mit diesen Fragen wirkt allein schon stark emotionsregulierend, weil man Abstand zu sich selbst nehmen muss, um die Fragen zu beantworten.

Ein Beispiel: Aaron ist 36 Jahre alt und wegen Angstgefühlen in Behandlung. In den vergangenen Jahren hat er einen immer stärker werdenden Drang nach Kontrolle und Perfektionismus verspürt. Vor allem bei seiner Arbeit will er alles immer korrekt machen, lehnt keinen Auftrag ab und arbeitet bis zur Erschöpfung. Nur wenn er den Eindruck hat, 100 Prozent abgeliefert zu haben, kann er durchatmen. Hat er aber das Gefühl, seine Arbeit weise Schwächen auf, die sein Chef entdecken könnte, dann verfolgt ihn die Angst vor Kritik bis in seine Träume. Sein Perfektionismus hat sich auch auf sein Privatleben ausgeweitet: Seine Wohnung sieht aus wie aus dem Katalog, fast unbenutzt. Mit diesem Perfektionismus konnte Aaron viele Jahre gut leben – schließlich ist es nie dazu gekommen, dass sein Chef sich beschwert hätte. Aber seit einiger Zeit plagen ihn Angstgefühle, die seiner Ansicht nach vollkommen aus dem Nichts entstehen und die er nicht deuten oder zuordnen kann. So hat sich mit einem Mal die Angst eingeschlichen, in der Tram zu fahren, weil diese entgleisen könnte; er hat Angst, der Toaster oder andere elektrische Geräte in seiner Küche könnten durch einen Funkenschlag explodieren, oder er hat Angst, es werde in seine Wohnung eingebrochen, weshalb er sich eine Alarmanlage zugelegt hat. Da die Angst dennoch bleibt, hat er nun professionelle Hilfe aufgesucht. Aaron ist ein Beispiel für einen Menschen, der von seinen negativen Emotionen verfolgt wird und deshalb in seinem Alltag eingeschränkt ist.

Um die *negativen Gefühle* loszuwerden, müssen wir sie erst einmal anerkennen. In Aarons Fall steht hinter dem Drang zum Perfektionismus sein Vater, der ihm stets mit einer hohen Anspruchshaltung, Kritik und Ablehnung gegenübergetreten ist. Sobald Aaron den Ansprüchen seines Vaters nicht genügte, wenn er beispielsweise eine Drei nach Hause brachte, erteilte der Vater ihm Hausarrest. Aaron hat während seiner Kindheit den Glauben entwickelt, nur in Ordnung zu sein, wenn seine Leistung perfekt ist. Durch seinen Perfektionismus im Erwachsenenleben konnte er die Gefühle, die die Ablehnung seines Vaters in ihm auslösen, über viele Jahre hinweg gut vermeiden. Der Perfektionismus ist also seine Vermeidungsstrategie. Solange er perfekt ist, kann er das Gefühl von Ärger und Wut seinem Vater gegenüber unterdrü-

cken. Nach einigen Jahren funktioniert die Vermeidungsstrategie aber nicht mehr. Es gesellt sich die Angst hinzu,
nicht immer perfekt sein zu können.

Aaron konnte mithilfe seiner Therapeutin nach einigen
Sitzungen die Zusammenhänge zwischen seiner Angst,
seinem Perfektionsdrang und der Rolle seines Vaters verstehen. So wusste er, dass sein Vater diese Probleme mit
verursacht hat. Nun muss er einsehen, dass die Art, wie er
seine Wut und sein Gefühl der Zurückweisung bewältigt
hat, problematisch ist und beendet werden muss. Aaron
muss auf der einen Seite anerkennen, wie gut ihm seine
Strategie über Jahre hinweg gedient hat, aber auf der
anderen Seite auch verstehen, dass der Preis inzwischen
zu hoch ist. Statt einem Gefühl von Sicherheit verschafft
sein Perfektionismusdrang ihm nur noch Leiden. Aaron
muss die Gefühle seiner Bewältigungsstrategie gegenüber (z. B. die Scham, immer alles perfekt machen zu
müssen; die Traurigkeit darüber, wie sehr ihn der Perfektionismus in den vergangenen Jahren vom echten Leben
abgehalten hat; die Angst davor, wie es werden wird,
wenn er sich traut, nicht mehr alles perfekt zu machen)
zulassen und bearbeiten, um die Strategie über Bord werfen zu können. Sobald die Bewältigungsstrategie nicht
mehr gebraucht wird, kann die eigentlich ursächliche
Emotion genauer in den Blick genommen werden: in
Aarons Fall die problematischen Gefühle seinem Vater
gegenüber. Letztendlich wird Aaron am Ende des gesamten Prozesses seinen Perfektionismus aufgeben können
und die Ursache für diesen Drang erkannt und verarbeitet haben. Versuchen wir das Beispiel von Aaron in die
Strategien der Emotionsregulation, die ich bereits vorgestellt habe, einzuordnen.

Wir erinnern uns: Es gibt die Gruppe der »*antecedent-focused*«-Strategien, also die Strategien, die auf die Vorläufer des Gefühls gerichtet sind, und die »*response-focused*«-Strategien, also die Strategien, die auf das Ergebnis, das Gefühl und die Art, wie es sich zeigt, abzielen. Zu den Vorläuferstrategien gehören die:

1. Reizkontrolle (das Vermeiden des Reizes)
2. Reizmodifikation (innerhalb der Situation aktiv zur Verbesserung beitragen)
3. Aufmerksamkeitsmodifikation (die Aufmerksamkeit auf Aspekte lenken, die die negative Emotion nicht triggern)
4. kognitive Bearbeitung (bewusstes Umdeuten, andere Perspektive übernehmen)

Die »*response-focused*«-Strategie zielt auf die Modifikation der Reaktion (Strategie Nummer 5).

Aarons negative Gefühle seinem Vater gegenüber stammen aus seiner Kindheit. Dadurch, dass die Situationen in der Vergangenheit liegen, kann Aaron den Reiz weder kontrollieren (Strategie 1), noch modifizieren (Strategie 2), noch seine Aufmerksamkeit weglenken (Strategie 3). Der Kontakt zwischen Aaron und seinem Vater muss inzwischen gar nicht mehr von Druck und Erwartungshaltung geprägt sein, so wie es in Aarons Kindheit der Fall war – auch wenn das heutige Verhältnis ohne diese Dynamik auskommt, sind die Minderwertigkeitsgefühle bei Aaron immer noch da. Die Situationen bzw. Reize, die diese ausgelöst haben, lassen sich nicht mehr verändern. Es bleibt also Strategie 4: die kognitive Bearbeitung.

Nun kann Aaron stunden- und tagelang in seinem

stillen Kämmerlein sitzen und versuchen, das Verhalten seines Vaters umzudeuten. Er kann versuchen, die Perspektive seines Vaters zu übernehmen, in dem Versuch zu verstehen, warum der Vater seine Zuwendung nur zeigte, wenn Aaron seinen Leistungsansprüchen genügte. Vermutlich wird das nicht weit führen. Aaron wird immer wieder an sein Gefühl von Verletzung und Wut stoßen. Was Aaron fehlt sind Informationen!

Wir brauchen, um eine emotional schwierige Situation kognitiv zu bearbeiten (im Sinne der Emotionsregulation), Informationen. Das klingt nach Datenverarbeitung oder Polizeibericht, aber es ist tatsächlich unbedingt notwendig.

Angenommen Aaron erfährt, idealerweise sogar in einem direkten Gespräch mit seinem Vater selbst, oder aber auch durch andere Familienangehörige, Aarons Vater sei der Erste in seiner Familie gewesen, der das Gymnasium besucht hat. Die Familie von Aarons Vater war stets arm und bäuerlich gewesen, und für Aarons Vater war der Besuch des Gymnasiums verknüpft mit einem neuen Lebensentwurf, fern von Armut. Dadurch, dass Bildung für Aarons Vater die Erlösung war, ist schulische Leistung für ihn zu seinem Wert geworden, der für Aarons Leben ebenso erstrebenswert sein sollte. In den Augen des Vaters war die Drei Minus in Mathe eine Bedrohung seiner Wertvorstellung.

Angenommen Aaron erfährt von dieser Verknüpfung zwischen schulischer Leistung und gesellschaftlichem Aufstieg – diese Information könnte Aaron dabei helfen, das problematische Verhältnis zu seinem Vater zu bearbeiten.

Es sei ein weiteres Beispiel dafür angeführt, wie hilfreich Informationen für die kognitive Bearbeitung sind: Tabeas Eltern haben sich getrennt, als sie fünf Jahre alt war. Ihr Vater lebt in einem anderen Land, sie hat kaum Kontakt zu ihm. Als Erwachsene schleppt sie jahrzehntelang ein Gefühl von Minderwertigkeit mit sich herum; sie wird depressiv und leidet an Essstörungen. Während ihrer Therapie kommt sie an den Punkt, das Nicht-Verhältnis zu ihrem Vater könnte eine entscheidende Rolle spielen. Sie ist enttäuscht, dass der Vater nicht mehr Interesse an ihr gezeigt und nicht versucht hat, Kontakt zu ihr zu halten. Sie fühlt sich aufgrund dessen nicht liebenswert.

Tabea verfügt über keine Strategien, die Situation zu entspannen, weil die Situation in der Vergangenheit liegt. Auch hier ist es ratsam, ihr Minderwertigkeitsgefühl kognitiv zu bearbeiten. Was aber könnte bei Tabeas Versuch, sich in ihren Vater hineinzuversetzen, um zu verstehen, warum dieser sich nicht gemeldet hat, herauskommen? Genau das, was Tabeas Depressionen und Essstörungen verursacht hat, nämlich die Antwort: Mein Vater liebt mich nicht. Er liebt mich nicht, weil ich nicht liebenswert bin.

Nach einer ihrer Therapiesitzungen spricht Tabea ihre Mutter auf ihren Vater an (das direkte Gespräch mit ihrem Vater traut sich Tabea – noch – nicht zu). Ihre Mutter erwähnt in einem Nebensatz Briefe, die der Vater an Tabea geschrieben hat, als Tabea klein war. Während des Gesprächs stellt sich heraus, der Vater habe nicht nur regelmäßig Briefe an Tabea geschrieben, sondern auch um das Sorgerecht für Tabea gekämpft. Beides sind Informationen, die Tabea nicht hatte! Die Briefe hat die Mutter offenbar vor Tabea ferngehalten (sie bestreitet dies zwar, tatsächlich aber hat Tabea keinen einzigen Brief zu lesen bekommen). Auch von dem Sorgerechtsstreit, den die Mutter gewonnen hatte, erfuhr Tabea zum ersten Mal durch die Briefe. Die ihr völlig neuen Aspekte tragen dazu bei, dass vor Tabeas innerer Anschauung sich eine ganz andere Geschichte abzeichnet. Dies ermutigt sie, ihren Vater direkt auf die Vergangenheit anzusprechen. Ihr Vater bestätigt, er habe ihr Briefe geschrieben und versucht, das Sorgerecht für Tabea zu bekommen.

Allein, ohne neue Informationen, hätte Tabea das Gefühl von Minderwertigkeit und Nicht-Geliebtwerden nicht kognitiv bearbeiten können. Die neuen Erkundigungen, die sie durch die Gespräche mit ihrer Mutter und ihrem Vater gewinnt, helfen ihr dabei, das Verhalten des Vaters anders einzuordnen, es anders zu deuten als: Er liebt mich nicht. Schließlich kann Tabea beginnen zu glauben und zu verinnerlichen, in der Tat und wirklich liebenswert zu sein.

Mit diesen Beispielen will ich Folgendes veranschaulichen: Um problematische Gefühle zu bearbeiten und zu verändern, sind wir auf Mitteilungen, Nachrichten und Auskünfte angewiesen. In einem Gespräch über Gefühle mit Menschen, die nah an der Situation dran sind, lassen sich viele neue Erkenntnisse gewinnen. Ein Therapeut/eine Therapeutin kann Sie zwar auf den richtigen Weg führen, aber er/sie kann Ihnen letztlich nichts aus Ihrer eigenen Vergangenheit erzählen.

Allerdings gibt es auch häufig den entgegengesetzten Fall: dass nämlich die ganzen Informationen das Aufkommen schmerzhafter Emotionen verhindern. Bei schwierigen Erfahrungen mit den eigenen Eltern stehen vielen Menschen die Empathie und das Verständnis für die eigenen Eltern im Weg.

Norbert beispielsweise: Er ist ein erwachsener Mann mit Beruf und Familie. Wenn er von seiner Kindheit erzählt, spricht er zwar darüber, dass er geschlagen worden ist, aber die Rechtfertigung dafür lässt nicht lange auf sich warten. Ja, seine Mutter habe ihn mit Kochlöffel, Gürtel, und was sich eben sonst noch so hervorragend eignet, geschlagen, als er im Kindergartenalter war, aber man müsse sich erst mal vorstellen, wie SIE in IHRER Kindheit verdroschen worden sei. Und dann sei sie auch noch als junge Mutter vollkommen auf sich allein gestellt und dadurch extrem überfordert gewesen. Wenn man Norbert fragt, wie das für ihn gewesen sei, von seiner Mutter verprügelt zu werden, dann merkt man gleich, dass dort ein tiefer Schmerz vergraben liegt, der aber sofort mit einem Satz weggedrückt wird, mit dem er wiederum Verständnis für die schwierige Situation, in der seine Mutter gewesen sein musste, aufbringt. Die Verletzung und auch die Wut, die in Norbert schlummern, können nicht aufkommen, weil ihm die Empathie für die eigene Mutter in die Quere kommt.

Das ist ja auch nur allzu verständlich. In uns allen wohnt ein kindlicher Anteil, der nichts mehr fürchtet als den Verlust der Eltern bzw. frühen Bezugspersonen.

Aber um den Schmerz zu überwinden und die Verletzung ertragbar zu machen, muss Norbert zuerst den Schritt wagen, das Unrecht zu erkennen, das ihm widerfahren ist. Er muss die Stärke entwickeln, sich seiner tatsächlichen Gefühle bewusst zu werden. Mithilfe der Wut, die bei der Entwicklung von Selbstbehauptung und Abgrenzung unterstützt, kann er schließlich anerkennen, dass gewisse Bedürfnisse in seiner Kindheit nicht erfüllt worden sind; dass ihm gewisse Verletzungen widerfahren sind. Erst wenn er zu diesem Eingeständnis gelangt ist, kann er die schmerzhaften Erfahrungen aus der Kindheit tatsächlich als verarbeitet betrachten. Erkennen könnte man dies beispielsweise an folgender Antwort auf die Frage, wie es für ihn gewesen sei, von seiner Mutter verprügelt zu werden: »Meine Mutter hat mir eine der schlimmsten Sachen angetan, die ich je erlebt habe. Es war unglaublich schmerzhaft und sie hat mir Unrecht getan damit. Sie hat mein Vertrauen erschüttert und das werfe ich ihr vor. Inzwischen kann ich allerdings ohne die Geborgenheit meiner Mutter leben und bin nicht mehr auf sie angewiesen. Ich weiß über ihre eigenen Lebensumstände und hege keinen Groll mehr gegen sie.«

Auch im Beispiel von Norbert sind die Informationen, die er über die Lebensgeschichte seiner Mutter hat, wichtig und hilfreich. Allerdings darf all dieses Rationalisieren nicht dem Aufkommen von negativen Gefühlen im Weg stehen.

Schreibend Gefühle reflektieren

Über Gefühle zu reflektieren hängt eng mit dem ersten Schritt – sich seiner Gefühle bewusstwerden – zusammen. Mit Schritt 4, der sich der Gefühlsregulation anschließt, ist aber gemeint, eine persönliche Geschichte zu den eigenen emotionalen Erfahrungen aufzubauen, er beinhaltet also mehr, als sich nur seiner Gefühle bewusst zu werden. Um an Gefühlen erfolgreich zu arbeiten und damit belastende Gefühle umzuwandeln, bedarf es nicht nur einer Veränderung des Empfindens, sondern parallel dazu auch einer Veränderung des Narrativs, das wir zu diesen Gefühlen erzählen (uns selbst oder anderen). **Eine erfolgversprechende Methode hierfür ist das Schreiben über emotionale Erlebnisse.** Studien konnten zeigen, dass dies positive Auswirkungen auf das vegetative Nervensystem, Immunsystem und das emotionale Wohlbefinden hat.[8]

Während man in der (kognitiven) Verhaltenstherapie davon ausgeht, die Annäherung an die konfliktreiche Emotion, das Erleben der konfliktreichen Emotion und schließlich das Akzeptieren und Tolerieren dieser Emotion würden zu Veränderungen führen, setzt man in 'der *emotionsfokussierten Therapie (EFT)* voraus, ein weiterer Schritt sei notwendig, um Gefühle erfolgreich zu verändern: Kognition und Affekt müssen integriert werden; es muss eine neue Geschichte mit einer neuen Sichtweise und einer neuen Sinngebung der emotionsauslösenden Erfahrung entstehen.[9]

Gefühle transformieren

Wenn wir Gefühle umwandeln wollen, dann bezieht sich das meist auf primäre maladaptive Gefühle (vgl. dazu »Die vier Typen emotionaler Reaktionen«, Kapitel 5). Diese alten, wohlvertrauten Gefühle begleiten uns mitunter seit Ewigkeiten, sie sind oftmals längst hinfällig, bereiten uns aber immer noch Probleme, die wir aber nicht loswerden. Aber es gibt verschiedene Möglichkeiten, primäre maladaptive Gefühle zu überwinden: zum Beispiel Konfrontation, Ausdrücken oder bewusstes über sie Nachdenken. Eine andere Methode hat sich aber als hilfreicher herausgestellt: Gefühle durch Gefühle verändern.[10]

Gerade im Fall von primären maladaptiven Gefühlen, also solchen, die in direkter Reaktion auf ein bestimmtes Ereignis auftreten, ist es leicht nachvollziehbar, dass ein »darüber Nachdenken« nicht weiterhelfen kann. Es müssen andere, neue, positive Gefühle an die Stelle treten.

Damit ist allerdings mehr gemeint als ein stupides »Look on the bright side« – »Sieh das Positive«! Es geht darum, bedeutungsvolle positive Alternativemotionen zu aktivieren, die in der entsprechenden Situation die primäre maladaptive Emotion überlagern können.

Es ist nämlich erwiesen, dass positive Gefühle durch die Art und Weise, wie sie unseren Körper und unseren Geist beeinflussen, wie eine Art direkter Impfstoff oder Abwehrmittel gegen negative Emotionen wirken.[11] Menschen, die einen nahen Angehörigen verloren haben, leiden häufig unter langanhaltender Trauer. Während Trauer für eine gewisse Zeit vollkommen angebracht und wichtig ist, also heilend sein kann, wird Trauer, wenn sie mehrere Jahre intensiv anhält, für den Betroffenen problematisch.

Lässt sich das Gefühl von Traurigkeit durch eine andere positive Emotion verändern? Im Fall von Trauer ist es häufig die Empfindung von Dankbarkeit und Freude. Beide Gefühle können die Trauer nach und nach überlagern. Dankbarkeit dafür, die verstorbene Person gekannt und erlebt haben zu dürfen; Freude in Erinnerung an die gemeinsam verbrachte Zeit. Die verstorbene Person lebendig in Erinnerung zu rufen, hilft ganz entscheidend. Also beispielsweise an die Zeit zu denken, in der die Person noch nicht erkrankt war (wenn der oder die Tote an der Krankheit gestorben ist). Nach und nach gelingt es auf diese Weise, die eigene Traurigkeit abzuschwächen und gegen das neue Empfinden zu tauschen. Trauer schwächt sich zwar (meistens) sowieso durch das Verstreichen der Zeit ab – positive Gefühle aber beschleunigen diesen Prozess enorm. Das neue Gefühl, zusammen mit dem alten maladaptiven Gefühl, lässt schließlich einen neuen Gefühlszustand entstehen.

Hierzu wird häufig folgendes Bild genannt, das diesen Prozess verdeutlichen soll: Vergleichbar mit dem Laufenlernen eines Kindes, bei dem das Konzept »Stehen« zusammen mit dem Konzept »Hinfallen« das neue Konzept »Laufen« ergibt,[12] entstehen durch zwei entgegengesetzte Gefühle (das maladaptive alte und das positive neue) eine völlig neue Vorstellung und ein ganz anderes Gefühl.[13] Das heißt: Das Kind beherrscht und kennt das Stehen sowie das aus dem Stand Hinfallen. Das Laufen erlernt es durch die Kombination genau dieser entgegengesetzten Bewegungen: sich hinstellen, wieder hinfallen, hinstellen, hinfallen. Die ersten Schritte, die sich nach langem Üben entwickeln, sind etwas komplett Neues. Auf ähnliche Weise kann aus dem Prozess, sich von einem alten maladaptiven Gefühl zu lösen, ein komplett neues Gefühl entstehen.

Schluss

Vielleicht fragen Sie sich noch immer: Ein Sachbuch über Gefühle? Kann das funktionieren? Gefühle sind doch genau das Gegenteil von sachlich, sondern komplett persönlich, individuell und impulsiv. Wie soll man ein solches Thema sachlich behandeln?

Viele Menschen (häufig esoterisch oder religiös geprägt) sind der Ansicht, dass Gefühle mit Worten kaum zu greifen sind. Sie glauben, Gefühle seien eine Art höhere Macht, die wir gar nicht wirklich verstehen können und auch nicht unbedingt verstehen *sollten*. Denn, wenn wir sie zu sehr mit unserem Verstand angehen, dann verderben wir uns unseren innersten Kern: unsere echten Gefühle. Wenn wir sie zu sehr hinterfragen und analysieren, dann können wir nicht mehr *echt* sein, nicht mehr *authentische* Gefühle empfinden. Ein Sachbuch über Gefühle würde daher dem echten Fühlen im Weg stehen.

Es ist ziemlich offensichtlich, dass ich dieser These nicht anhänge. Ich erkläre Ihnen auch wieso: In einem Sachbuch (*Story* von Robert McKee) über die Technik des Geschichtenerzählens[1] bin ich über eine Fabel des antiken griechischen Dichters Äsop gestolpert, die Fabel vom Frosch und dem Tausendfüßler. Ein Frosch beobachtet einen Tausendfüßler beim Spazierengehen. Der Tausendfüßler hat Hunderte Beine, und der Frosch kann seinen

Augen nicht trauen. Er staunt und fragt sich, wie es dem Tausendfüßler nur gelingen kann zu wissen, welches Bein er als erstes bewegen muss und welches als zweites, als drittes usw.? Wie kann er nur eine solche Menge von Beinen in einer Art organisieren, die es ihm ermöglicht voranzukommen? Der Frosch geht zum Tausendfüßler und fragt: »Entschuldige die Störung, aber ich habe eine Frage: Wie schaffst du es zu gehen? Wie kannst du wissen, in welcher Reihenfolge du deine vielen Beine heben musst? Warum verhedderst du dich nicht und fällst ständig hin?« Der Tausendfüßler antwortet: »Darüber habe ich nicht nachgedacht. Ich bin einfach gelaufen. Aber ich werde nun mal darauf achten.«

Und nun geht der Tausendfüßler los, seinen Blick nach unten auf seine Beine gerichtet, und versucht, bewusst zu gehen. Und was passiert natürlich? Er fällt hin. Er hat das Gehen verlernt. Wütend wendet er sich an den Frosch und sagt: »Warum hast du mich das nur gefragt? Nie war bisher Gehen ein Problem für mich, aber jetzt werde ich diese Frage in meinem Kopf nicht mehr los: »Welches Bein hebe ich als erstes? Welches als zweites? Hunderte Beine habe ich, wie setze ich nur jedes von ihnen an den richtigen Platz?«

Was war dem Tausendfüßler passiert? Etwas Einfaches, das er intuitiv ausführen konnte, wurde durch Fragen und Nachdenken problematisch. Viele Menschen nutzen diese Fabel, um gegen das Nachdenken, gegen das »Verkopfen« zu argumentieren und stattdessen der Intuition und dem Bauchgefühl zu folgen. Die Lehre der Fabel lautet folglich, es schade dem Menschen, wenn er Dinge zu sehr oder übertrieben hinterfragt. Der Mensch sollte lieber einfach machen und nicht so viel darüber nachdenken, denn wenn wir darüber nachdenken, dann kommen wir aus dem Fluss, geraten ins Stocken und scheitern höchstwahrscheinlich.

Diese Fabel wurde in *Story* aufgenommen, weil viele Autoren, deren Beruf es ist, Geschichten zu erzählen, ebenfalls an die Botschaft vom Tausendfüßler glauben: Wenn ich zu sehr über das WIE beim Geschichtenerzählen nachdenke, dann kann ich nicht mehr gut Geschichten erzählen, dann wirkt es nicht mehr echt, sondern gekünstelt.

Gerade im kreativen Bereich steht der Wert vom authentischen künstlerischen »Flow« weit oben – der Künstler muss einfach rauspreschen mit dem, was in ihm ist, ohne nachzudenken, ohne sich an Regeln und vor allem ohne sich dabei an Lehrbücher zu halten.

Kunst nach Regeln? Das kann nur schiefgehen. So der tief verwurzelte Glaube von vielen Menschen. Denn bei der Kunst nach Regeln zu verfahren, das klingt zunächst abwegig, schließlich sind Künstler ja bekannt dafür Grenzen und Regeln zu überschreiten.

Aber McKee ist genau der entgegengesetzten Meinung: In der Kunst des Geschichtenerzählens gebe es sehr wohl Techniken, die dabei helfen, eine Geschichte gut zu erzählen. Es sei ein Irrglaube, Authentizität gehe verloren, nur weil man sein Handwerk beherrsche.

Und ich bin sicher, vielen Menschen geht es mit dem Thema Gefühle ähnlich. »Wie soll ich denn authentisch meine Gefühle zeigen, wenn ich sie in dem Moment, in dem sie aufkommen, analysiere, mein Handeln beobachte und nachdenke, was ich als nächstes tue?« Genauso wie McKee, bei dem ich die Fabel von Äsop gefunden habe, bin ich überzeugt, dass das Gegenteil von der

Aussage des Tausendfüßlers wahr ist. Zumindest in Bezug auf Gefühle.

Unser Verstand und unser Wissen stehen unserem Fühlen keineswegs im Weg. Wenn wir über unsere Gefühle nachdenken und sie analysieren, dann führt das durchaus nicht dazu, nicht mehr »echt« fühlen zu können – so wie es dem Tausendfüßler mit dem Laufen erging. Im Gegenteil! Je mehr wir unsere Gefühle verstehen und je mehr wir darüber wissen, wie Gefühle funktionieren, desto besser können wir unsere Gefühle spüren und zeigen.

Denn unser Bauchgefühl ist nicht immer der beste Ratgeber – unser Bauchgefühl oder die Art, wie wir mit Gefühlen umgehen, stammt zu einem großen Teil aus unserem Heranwachsen und dem, was uns vorgelebt wurde. Aber Eltern sind auch nur Menschen, die Erwachsensein spielen.

Und nicht immer haben wir das Glück gehabt, einen gesunden, annehmenden und souveränen Umgang mit Gefühlen beigebracht bekommen zu haben. Deshalb ist unser intuitiver Umgang mit Gefühlen, der Umgang, den wir pflegen ohne nachzudenken, ohne Bücher gelesen zu haben, nicht unbedingt der beste. Er kann geprägt sein von falschen Überzeugungen, von Ängsten und von Vorbildern, die selbst keinen gesunden Kontakt zu ihren Gefühlen hatten.

Je mehr Wissen wir über uns sammeln, über unsere Gefühle ›aufheben‹, darüber wie wir individuell mit Gefühlen umgehen, umso hellhöriger können wir auf körperliche Signale achten und umso besser können wir uns anderen mitteilen. Wenn wir von anderen verstanden werden wollen, müssen wir erst einmal uns selbst verstehen. Und das geht nur mit dem Kopf. Kopf und Bauch –

Schluss

Verstand und Gefühl – sie stehen nicht in Opposition, sie gehen Hand in Hand.

Ähnlich wie im Bereich Gefühle haben Menschen auch in puncto Erziehung oft Bedenken, ihr Verhalten allzu sehr zu »verkopfen«. Sie glauben, es sei als Eltern das Beste, aus dem Bauch heraus zu agieren, sonst sei man seinem Kind kein authentisches Gegenüber mehr. Das Lesen von Erziehungsratgebern oder pädagogischer/psychologischer Fachliteratur führe nur dazu, dass man den Kontakt zu seinem Kind verliere und zu einem Eltern-Roboter verkomme, der sich nach einem gewissen Regelkatalog verhalte, statt »echt« aufzutreten.

Auch dieser Glaube stimmt nicht. Auch im Bereich Kindererziehung hat der Tausendfüßler nicht recht. Je mehr wir über Kinder wissen, über Entwicklungspsychologie und Ähnliches, desto besser können wir ihr Verhalten verstehen und dementsprechend unser Verhalten anpassen. Umso mehr wir darüber wissen, weshalb wir als Eltern zu diesem oder jenem Verhalten neigen, desto eher können wir problematische Situationen auflösen.

Dasselbe Muster lässt sich auch in anderen Lebensbereichen finden und immer gilt: Wissen steht Authentizität nicht im Weg! Man kann (und sollte sogar!) sich auch authentisch ändern und weiterentwickeln. Wenn wir stets auf unserem Bauchgefühl, unseren Gewohnheiten und Prägungen beharren, dann stagnieren wir und können die Welt nicht zum Positiven verändern.

Statt also blind entweder Muster zu reproduzieren, mit denen wir selbst als Kind aufgewachsen sind, oder – das Gegenteil – blind diese Muster zu konterkarieren, wäre es hilfreich, besser zu verstehen, warum wir uns auf diese oder jene Art verhalten.

Statt wie der Tausendfüßler ins Stolpern zu geraten, weil er zum ersten Mal über das Gehen nachdenkt, können wir uns zum Experten für uns selbst entwickeln, vorausgesetzt, wir verstehen unsere Gefühle besser. Wenn es ein Thema wert ist, dass man sich mit ihm beschäftigt, dann sind es Gefühle. *Gefühle sind letztlich der Grund, am Leben zu bleiben.*

Stellen Sie sich ein Leben ohne Gefühle vor! Oder Gefühle zu haben, sie aber nicht zuzulassen? Könnten wir ein Leben ohne Gefühle, Stolz über Erreichtes, Sehnsucht nach etwas oder jemandem, ohne Vorfreude auf den nächsten Frühling wirklich genießen? Wie wäre unser Leben, wenn wir uns nirgends geborgen, sicher und geliebt fühlen? Wo bliebe der Reiz, nicht einmal auch wütend zu werden, um für unsere Belange einzustehen; Angst um jemanden zu haben, weil wir ihn nicht verlieren wollen; traurig zu sein, wenn wir jemanden verloren haben und die Trauer mit anderen teilen können? Dann würden wir zwar leben, aber ein großer Unterschied zum Nicht-Leben wäre es eigentlich nicht.

Wir sollten also froh sein, Gefühle zu haben. Ob es sich dabei bei dem Einen um ein zartes Pflänzchen handelt, das man hegen und pflegen muss, damit es wächst und stärker wird, oder bei dem Anderen um eine tobende Welle, die geglättet werden muss – welche Erscheinungsform Ihre Gefühle auch immer haben, seien Sie froh, dass sie da sind und schenken Sie ihnen Beachtung. Hören Sie hin: Was wollen sie Ihnen sagen?

Nehmen Sie sich Zeit für Ihre Gefühle und für die Gefühle der Menschen in Ihrer Umgebung. Der Kontakt zu den eigenen Gefühlen ist zwar stark dadurch geprägt, wie wir aufgewachsen sind und wie Gefühle innerhalb unserer Ursprungsfamilie gehandhabt worden sind, aber wir können ihn dennoch ändern: Wir können einen gesunden Umgang mit Gefühlen erlernen, egal wie alt wir sind. Und wir können mit den Gefühlen unserer Mitmenschen bewusster umgehen: Für den Anfang reicht schon ein ernst gemeintes »Wie geht es dir?«, statt einer Begrüßungsfloskel.

Was glauben Sie, wie dankbar die allermeisten Menschen sind, wenn sie den Eindruck haben, ihr Gegenüber will wirklich wissen, wie es Ihnen gerade geht. Ermutigen Sie Ihr Gegenüber über Gefühle zu sprechen, indem Sie selbst es tun. Zeigen Sie sich selbst und offenbaren Sie auch Ihre negativen Gefühle dabei, dann werden Sie sehen, dass sich Ihr Gesprächspartner sich Ihnen gegenüber ebenso öffnen wird. Verstecken Sie nicht mehr länger Ihre Schwächen – es hilft oft schon, wenn man merkt, nicht der Einzige mit einem Problem zu sein.

Durch einen besseren Zugang zu unseren eigenen Gefühlen fällt der Zugang zu anderen Menschen und deren Gefühlen auch leichter. Wenn schon viel zu viele von uns in ihrer Kindheit nicht genügend emotionale Stabilität erfahren haben, so dass sie viel zu früh selbständig sein mussten – was letztlich nur eine Beschönigung für Vereinsamung ist –, dann ist es jetzt allerhöchste Zeit, die Mauern zwischen den Menschen einzuschlagen und den Kontakt zueinander zu suchen. Und echter Kontakt geschieht nur über Emotionen.

Wenn Sie eher zu der Sorte Mensch gehören, die von Gefühlen überrollt wird, dann seien auch Sie in erster Linie froh, diese Gefühle überhaupt spüren zu können. Vielleicht brauchen Sie, um mehr Klarheit in Ihre Gefühlswelt zu bringen, Hilfe von einer anderen Person. Sie können lernen, Ihre Gefühle besser zu verstehen und ihnen dadurch den Raum zu geben, der ihnen zusteht, nicht mehr und nicht weniger. Durch schrittweises Lernen haben Sie die Möglichkeit, ihre Gefühle zu regulieren, so dass Sie ihnen nicht mehr länger ausgeliefert sind. Indem Sie die wahre Bedeutung dieser Gefühle herausfinden, können Sie sich in die Lage versetzen, sehr intensive negative Gefühle loszuwerden. Als erster, einfachster Schritt reicht schon der Vorsatz, vor dem nächsten emotionalen Ausbruch innerlich bis drei zu zählen (gut, seien wir realistisch bis 1½ geht auch). Auch wenn Ihre Gefühle sehr stark sind und Ihnen vielleicht oft im Weg stehen: Freunden Sie sich mit der Tatsache an, so zu sein, wie sie sind. Auch diese intensiven Gefühlswellen wollen Ihnen etwas mitteilen – um hören zu können, was es ist, brauchen Sie aber Ruhe. Und um diese Ruhe zu finden, nutzen Sie Übungen und Hilfestellungen und/oder die Unterstützung eines Experten.

Wenn Sie Kinder haben, dann haben Sie wahrscheinlich schon im Verlauf dieses Buches gemerkt, dass der Kontakt mit Kindern perfekt dafür geeignet ist, die eigenen emotionalen Kompetenzen zu stärken. Kinder kommen mit einem vollkommen unverstellten und feinfühligen Zugang zu ihren eigenen Gefühlen zur Welt. Zwar interessiert es ein Baby zu Beginn seines Lebens noch nicht, was *Sie* gerade so empfinden, aber seine eigenen Gefühle vermag es zu spüren und auszudrücken. Nehmen Sie sich ein Beispiel daran! (Nein, Sie sollen sich nicht im Supermarkt schreiend auf den Boden werfen!) Ihr Kind kann nur seine eigenen Grenzen und Ihre Grenzen verstehen, wenn auch Sie Ihre Gefühle ausdrücken. Und zwar deutlich, denn für Subtilitäten haben Kinder keine Zeit.

Schluss

Überhäufen Sie Ihr Kind mit Liebe – ehe Sie sich umschauen, wird es ausgezogen sein, und bis dahin müssen Sie es satt machen. Es muss liebessatt sein, um hinaus in die Welt zu gehen und sich dort behaupten zu können.

Und gleichzeitig: Geben Sie Ihrem Kind liebevoll und klar zu verstehen, wenn Sie gerade keine Lust oder Kraft haben, seine Wünsche zu erfüllen. Sagen Sie: »Ich will jetzt nicht Lego mit dir spielen, ich will hier einfach nur sitzen und Kaffee trinken.« Ihr Kind wird Sie – vielleicht nicht beim ersten oder zweiten Versuch – verstehen, denn wenn Ihr Kind eines kennt, dann ist es: zu etwas keine Lust haben. Wenn Ihr Kind dann aber wiederum am Abend deutlich macht, dass es keine Lust hat, ins Bett zu gehen, sich die Zähne zu putzen oder aufzuräumen: Zeigen Sie Verständnis. Zeigen Sie: Wir sind aus demselben Holz geschnitzt! Wir alle haben Gefühle und müssen den Umgang mit ihnen lernen. Und im Idealfall können Sie Ihrem Kind ein bisschen dabei helfen.

Es gibt Hoffnung, dass unsere Gesellschaft auf einem ganz guten Weg ist – auch wenn der Fokus zu stark auf den positiven Gefühlen liegt, so sind Gefühle immerhin überhaupt ein Thema. Die Sensibilität und die Aufmerksamkeit für psychische Leiden sind gestiegen in den vergangenen Jahren – nun müssen wir als Gesellschaft nur noch begreifen, dass Gefühle auch jenseits von Krankheiten eine Rolle spielen. Wir müssen Wissen sammeln darüber, wie Gefühle funktionieren, und wir müssen den Mut finden, zu unseren negativen Gefühlen zu stehen.

Damit meine ich aber kein Zurschaustellen der eigenen negativen Gefühle – denn genau aus dieser Selbstdarstellungsmaschinerie müssen wir heraus. Ich rate also nicht dazu, statt Bilder von Speisen oder Cappuccino zu posten,

nun Bilder der eigenen Tränen auf Facebook zu teilen –
nein, es kann nicht darum gehen, sich in Selbstmitleid zu
suhlen. Das Ziel der Bemühungen ist, sich zu kennen,
sich zu verstehen, sich zu zeigen und sich anzunehmen.
Den Kontakt zu suchen: zu den eigenen Gefühlen und zu
den Menschen um sich herum, allein darum geht es.
Denn das ist es, was Gefühle sind: die Verbindung zwischen den Menschen.

Anhang

Dank

Dieses Buch hätte ohne meinen Mann nicht entstehen können. Wenn ich zu Beginn noch gezweifelt habe, hat er jeden Zweifel durch seinen Zuspruch und seinen Antrieb verschwinden lassen. Außerdem danke ich meinem Agenten Thomas Hölzl, dessen scharfer Verstand meinen Text besser machte. Nicht zuletzt bin ich auch für die Zusammenarbeit mit dem Verlag Klett-Cotta sehr dankbar, die freundlicher und positiver kaum hätte sein können.

Fragebogen

1 = überhaupt nicht   2 = sehr selten   3 = einige Male
4 = häufig   5 = sehr häufig

Trifft auf mich zu:

1 Es fällt mir schwer, Worte für meine
   Gefühle zu finden.
   1 2 3 4 5

2 Bevor ich einschlafe, stelle ich mir oft
   allerlei Ereignisse, Begegnungen und
   Gespräche vor.
   1 2 3 4 5

3 Wenn mich etwas aus der Fassung
   gebracht hat, weiß ich oft, ob ich traurig,
   ängstlich oder wütend bin.
   1 2 3 4 5

4 Wenn etwas absolut Unerwartetes
   passiert, bleibe ich ruhig und ungerührt.
   1 2 3 4 5

5 Ich beschäftige mich kaum mit meinen
   Gefühlen.
   1 2 3 4 5

6 Ich erzähle anderen gerne von meinen
   Gefühlen.
   1 2 3 4 5

7 Ich habe wenig Tagträume und Phantasien
   1 2 3 4 5

8 Wenn ich angespannt bin, bleibt es mir
   oft unklar, durch welches Gefühl das
   kommt.
   1 2 3 4 5

9 Wenn ich sehe, dass jemand schrecklich
   weinen muss, bleibe ich ungerührt.
   1 2 3 4 5

10 Emotionen muss man versuchen zu
    ergründen.
    1 2 3 4 5

11 Selbst engsten Freunden gegenüber fällt
    es mir schwer, meine innersten Gefühle
    mitzuteilen.
    1 2 3 4 5

12	Ich benutze meine Phantasie oft.	1	2	3	4	5
13	Wenn mir Dinge zuviel werden, weiß ich meistens woran das liegt.	1	2	3	4	5
14	Wenn Freunde um mich herum fürchterlich streiten, werde ich emotional.	1	2	3	4	5
15	Wenn ich mich schlecht fühle, quäle ich mich nicht noch mehr, indem ich mich frage, warum ich dieses Gefühl habe.	1	2	3	4	5
16	Wenn ich erzählen will, wie schlecht ich mich fühle, finde ich dafür leicht die richtigen Worte.	1	2	3	4	5
17	An Märchen und bizarren Erzählungen habe ich wenig Interesse.	1	2	3	4	5
18	Wenn ich mich wohl fühle, bleibt mir unklar, ob ich heiter, begeistert oder fröhlich bin.	1	2	3	4	5
19	Oft sprudeln Emotionen einfach so in mir nach oben.	1	2	3	4	5
20	Wenn ich mich nicht wohl in meiner Haut fühle, versuche ich herauszufinden, warum ich mich so fühle.	1	2	3	4	5
21	Andere fordern mich auf, meine Gefühle mehr zu beschreiben.	1	2	3	4	5
22	Ich phantasiere selten.	1	2	3	4	5
23	Ich weiß nicht, was alles in mir vorgeht.	1	2	3	4	5
24	Auch wenn andere voller Begeisterung für etwas sind, bleibe ich unbewegt.	1	2	3	4	5
25	An Emotionen gibt es wenig zu begreifen.	1	2	3	4	5
26	Wenn ich durch etwas aus dem Gleichgewicht geraten bin, spreche ich mit anderen über meine Gefühle.	1	2	3	4	5
27	Ich erfinde gerne verrückte phantasiereiche Geschichten.	1	2	3	4	5
28	Wenn ich mich schlecht fühle, dann weiß ich, ob ich ängstlich, betrübt oder traurig bin.	1	2	3	4	5
29	Unerwartete Ereignisse überrollen mich oft mit Emotionen.	1	2	3	4	5

30 Ich finde, dass man mit seinen Gefühlen verbunden bleiben muss.	1	2	3	4	5
31 Ich kann meine Gefühle in Worte fassen.	1	2	3	4	5
32 Phantasieren über irreale Sachen oder Ereignisse finde ich Zeitverschwendung.	1	2	3	4	5
33 Wenn ich mir selber im Weg stehe, bleibt mir unklar, ob ich traurig, ängstlich oder unglücklich bin.	1	2	3	4	5
34 Enttäuschungen nehme ich emotionslos hin.	1	2	3	4	5
35 Ich finde es seltsam, dass andere so oft ihre Gefühle analysieren.	1	2	3	4	5
36 Wenn ich mit Menschen spreche, dann eher über meine täglichen Beschäftigungen als über meine Gefühle.	1	2	3	4	5
37 Wenn ich wenig zu tun habe, träume ich vor mich hin.	1	2	3	4	5
38 Wenn ich gute Laune habe, weiß ich, ob ich begeistert, fröhlich oder ausgelassen bin.	1	2	3	4	5
39 Wenn ich jemand anderen fürchterlich weinen sehe, fühle ich Traurigkeit in mir hochkommen.	1	2	3	4	5
40 Wenn ich nervös bin, will ich genau wissen, wo das Gefühl herkommt.	1	2	3	4	5

Abbildung 8: Bermond–Vorst Alexithymia Questionnaire (BVAQ)

Auswertung:

Emotionalizing

4. Wenn etwas absolut Unerwartetes passiert, bleibe ich ruhig und ungerührt. (N)

9. Wenn ich sehe, dass jemand schrecklich weinen muss, bleibe ich ungerührt. (N)

14. Wenn Freunde um mich herum fürchterlich streiten, werde ich emotional.

19. Oft sprudeln Emotionen einfach so in mir nach oben.

24. Auch wenn andere voller Enthusiasmus über etwas sind, bleibe ich unbewegt. (N)

29. Unerwartete Ereignisse überspülen mich of t mit Emotionen. (N)

34. Enttäuschungen nehme ich emotionslos hin.

39. Wenn ich jemand anderen fürchterlich weinen sehe, fühle ich Traurigkeit in mir hochkommen.

Verbalizing

1. Ich finde es schwierig, meine Gefühle in Worte zu fassen. (N)

6. Ich erzähle anderen gerne über meine Gefühle.

11. Sogar mit einem Freund oder einer Freundin finde ich es schwierig, über meine Gefühle zu reden. (N)

16. Wenn ich erzählen will, wie schlecht ich mich fühle, finde ich dafür leicht die richtigen Worte.

21. Man sagt mir oft, dass ich mehr von meinen Gefühlen erzählen muss. (N)

26. Wenn ich durch etwas aus dem Gleichgewicht geraten bin, spreche ich mit anderen über meine Gefühle.

31. Ich kann meine Gefühle in Worte fassen.

36. Wenn ich mit Menschen spreche, dann eher über meine täglichen Beschäftigungen als über meine Gefühle. (N)

Fantasizing

2. Bevor ich einschlafe, denke ich mir oft allerlei Ereignisse, Begegnungen und Gespräche aus.

7. Ich habe wenig Tagträume und Phantasien. (N)

12. Ich benutze meine Phantasie oft.

17. An Märchen und bizarren Erzählungen habe ich wenig Interesse. (N)

22. Ich phantasiere selten. (N)

27. Ich erfinde gerne verrückte fantasiereiche Geschichten.

32. Phantasieren über irreale Sachen oder Ereignisse finde ich Zeitverschwendung. (N)

37. Wenn ich wenig zu tun habe, bekomme ich Tagträume.

Identifying

3. Wenn ich durcheinander bin, dann weiß ich, ob ich ängstlich, traurig oder ärgerlich bin.

8. Wenn ich angespannt bin, bleibt mir unklar, durch welches emotionale Gefühl das kommt. (N)

13. Wenn Dinge mir zu viel werden, begreife ich meistens woran das liegt.

18. Wenn ich mich wohl fühle, bleibt mir unklar, ob ich heiter, begeistert oder fröhlich bin. (N)

23. Ich weiß nicht, was alles in mir vorgeht. (N)

28. Wenn ich fassungslos bin, dann weiß ich, ob ich ängstlich oder niedergeschlagen oder traurig bin.

33. Wenn ich mir selber im Weg stehe, bleibt mir unklar, ob ich traurig, ängstlich oder unglücklich bin. (N)

38. Wenn ich gute Laune habe, weiß ich, ob ich begeistert, fröhlich oder ausgelassen bin.

Analyzing

5. Ich vertiefe mich kaum in meine Gefühle. (N) 10 Emotionen muss man versuchen zu ergründen.

15. Wenn ich mich schlecht fühle, quäle ich mich nicht noch mehr dadurch, mich zu fragen, warum ich dieses Gefühl habe. (N)

20. Wenn ich mich nicht wohl in meiner Haut fühle, versuche ich herauszufinden, warum ich mich so fühle.

25. An Emotionen gibt es wenig zu begreifen. (N)

30. Ich finde, dass man mit seinen Gefühlen verbunden bleiben muss.

35. Ich finde es seltsam, dass andere so viel Interesse für ihre Emotionen haben. (N)

40. Wenn ich angespannt bin, will ich genau wissen, wo das Gefühl herkommt.

Der »Bermond-Vorst-Alexithymie-Questionnaire« umfasst fünf unterschiedliche Skalen: Emotionalisieren, Verbalisieren, Fantasieren, Identifizieren und Analysieren. Die ersten drei Skalen beziehen sich auf die *affektiven* Defizite der Alexithymie, die letzten beiden auf die *kognitiven* Komponenten. Für die Auswertung des BVAQ sind die einzelnen Skalen jedoch nicht von Bedeutung, denn auch hier zählt, ebenso wie beim Toronto Alexithymia Scale mit 20 Items (TAS-20), der Summenwert. In der voranstehenden Auswertungsanleitung ist angezeigt, welche Punkte auch im BVAQ negativ kodiert werden müssen, diese sind mit (N) gekennzeichnet. Bei diesen Aussagen wird also der Punktwert, wie oben beschrieben, »gekreuzt« und dann addiert (genau wie beim TAS-20, siehe oben).

Für den BVAQ gibt es – im Gegensatz zum TAS-20 – keine festgelegten Grenzwerte (Cut-off-Werte), die anzeigen, ab welchem Wert ein Mensch als alexithym (bzw. hoch alexithym) eingestuft werden kann. Um dennoch die Auswertung des Tests nutzen zu können, soll hier ein Durchschnittswert von Menschen mit Gefühlsblindheit vorgestellt werden: BVAQ-Summenwert von 122; sowie von Menschen ohne Alexithymie: BVAQ-Summenwert von 69. Hierbei handelt es sich jeweils um die oberen bzw. unteren 15 Prozent einer Stichprobe aus 516 Personen – das heißt, dass 70 Prozent im Mittelfeld zwischen einem BVAQ-Wert von 65 und 122 liegen.[1]

Leseempfehlung

Auszra, L., Herrmann, I., & Greenberg, L. (2017). *Emotionsfokussierte Therapie: Ein Praxismanual*, Göttingen: Hofgrefe.

Brandstätter, V., Otto, J. H. (2009) (Hrsg.), *Handbuch der Allgemeinen Psychologie: Motivation und Emotion*, Göttingen: Hofgrefe.

Damasio, A. (2014). *Der Spinoza-Effekt: Wie Gefühle unser Leben bestimmen*. Berlin: Ullstein (8. Auflage).

Elliot, R., Watson, J. C., Goldman, R. N. & Greenberg, L. S. (2004). *Learning Emotion-Focused Therapy: The Process-Experiential Approach to Change*. Washington, DC: American Psychological Association.

Kennedy-Moore, E., & Watson, J. (1999). *Expressing Emotion: Myths, Realities and Therapeutic Strategies*. New York: The Guilford Press.

Knuf, A. (2013). *Ruhe, ihr Quälgeister: Wie wir den Kampf gegen unsere Gefühle beenden können*, München: Arkana.

Lammers, C.-H. (2011). *Emotionsbezogene Psychotherapie: Grundlagen, Strategien und Techniken*, Stuttgart: Schattauer.

Luminet, O., Bagby, Michael R., & Taylor, G. J. (2018) (Hrsg.), *Alexithymia: Advances in Research, Theory, and Clinical Practice*, Cambridge, UK: Cambridge University Press.

Bibliographie

Aragón, O. R., Clark, M. S., Dyer, R. L., & Bargh, J. A. (2015). Dimorphous Expressions of Positive Emotion: Displays of both Care and Aggression in Response to Cute Stimuli. *Psychological Science* 26(3), 259–273.

Astington, J. W., & Peskin, J. (2004). Meaning and Use: Children's Acquisition of the Mental Lexicon. *The development of the Mediated Mind: Sociocultural Context and Cognitive Development*, 59–78.

Aust, S., Härtwig, E. A., Heuser, I., & Bajbouj, M. (2013). The Role of Early Emotional Neglect in Alexithymia. *Psychological Trauma: Theory, Research, Practice, and Policy* 5(3), 225.

Bagby, R. M., Parker, J. D., & Taylor, G. J. (1994). The Twenty-Item Toronto Alexithymia Scale – I. Item Selection and Cross-Validation of the Factor Structure. *Journal of psychosomatic research* 38(1), 23–32.

Bartsch, K., & Wellman, H. M. (1995). *Children Talk about the Mind.* New York: Oxford University Press.

Berenbaum, H., Raghavan, C., Le, H. N., Vernon, L. L., & Gomez, J. J. (2003). A Taxonomy of Emotional Disturbances. *Clinical Psychology: Science and Practice* 10(2), 206–226.

Berk, L. E. (2005). *Infants and Children: Prenatal through Middle Childhood.* Boston: Pearson (5. Auflage).

Berk, L. E. (2005). Why Parenting Matters. In S. Olfan (Hrsg.), *Childhood Lost: How American Culture is Failing our Kids. Westport.* CT: Greenwood, 19–53.

Bethell, C., Jones, J., Gombojav, N., Linkenbach, J., & Sege, R. (2019). Positive Childhood Experiences and Adult Mental and Relational Health in a Statewide Sample: Associations across Adverse Childhood Experiences Levels«. *JAMA Pediatrics* 173(11).

Bird, G., & Cook, R. (2013). Mixed Emotions: The Contribution of Alexithymia to the Emotional Symptoms of Autism. *Translational Psychiatry* 3(7), e285–e285.

Bird, G., Silani, G., Brindley, R., White, S., Frith, U., & Singer, T. (2010). Empathic Brain Responses in Insula Are Modulated by Levels of Alexithymia but not Autism. *Brain* 133(5), 1515–1525.

Bird, G., & Viding, E. (2014). The Self to Other model of Empathy: Providing a New Framework for Understanding Empathy Impairments in Psychopathy, Autism, and Alexithymia. *Neuroscience & Biobehavioral Reviews* 47, 520–532.

Bischof, N. (2009). *Psychologie: Ein Grundkurs für Anspruchsvolle.* Stuttgart: Kohlhammer.

Bischof-Köhler, D. (1989). *Spiegelbild und Empathie.* Bern: Huber.

Byrne, R., Lee, P. C., Njiraini, N., Poole, J. H., Sayialel, K., Sayialel, S., ... & Moss, C. J. (2008). Do Elephants Show Empathy? *Journal of Consciousness Studies* 15(10–11), 204–225.

Damasio, A. (2014). *Der Spinoza-Effekt: Wie Gefühle unser Leben bestimmen.* Berlin: Ullstein (8. Auflage).

De Rosnay, M., & Hughes, C. (2006). Conversation and Theory of Mind: Do Children Talk their Way to Socio-Cognitive Understanding? *British Journal of Developmental Psychology* 24(1), 7–37.

Denham, S. A. (1998). *Emotional Development in Young Children.* New York: The Guilford Press.

Eisenberg, N. (2000). Emotion, Regulation, and Moral Development. *Annual Review of Psychology* 51(1), 665–697.

Ekman, P., & Friesen, W. V. (1978). *Facial Action Coding Systems.* Palo Alto: Consulting Psychologists Press.

Ekman, P., Friesen, W. V., & Hager, J. (2002). *Facial Action Coding System.* Salt Lake City, UT: A Human Face.

Elliott, R., Greenberg, L. S., Watson, J. C., Timulak, L., & Freire, E. (2013). Research on Humanistic-Experiential Psychotherapies. In M. Lambert (Hrsg.), *Bergin & Garfield's Handbook of Psychotherapy and Behavior.* New York: Wiley, 495–538.

Elliott, R., Watson, J. C., Goldman, R. N. & Greenberg, L. S. (2004). *Learning Emotion-Focused Therapy: The Process-Experiential Approach to Change.* Washington, DC: American Psychological Association.

Elliot, R., Watson, J. C., Goldman, R. N. & Greenberg, L. S. (2007). *Learning Emotion-Focused Therapy: The Process-Experiential Approach to Change.* Washington, DC: American Psychological Association.

Erickson, M. F., Sroufe, L. A., & Egeland, B. (1985). The Relationship between Quality of Attachment and Behavior Problems in Preschool in a High-Risk. In I. Bretherton & E. Waters (Hrsg.), *Growing Points of Attachment Theory and Research* (Monographs of the Society for Research in Child Development). Chicago: University of Chicago Press, 147–166.

Felsman, J. K., & Vaillant, G. E. (1987). Resilient Children as Adults: A 40-Year Study. In E. J. Anthony & B. J. Cohler (Hrsg.), *The Guilford Psychiatry Series. The Invulnerable Child.* New York: The Guilford Press, 289–314.

Fivush, R., & Baker-Ward, L. (2005). The Search for Meaning: Developmental Perspectives on Internal State Language in Autobiographical Memory. *Journal of Cognition and Development* 6(4), 455–462.

Franz, M., Popp, K., Schaefer, R., Sitte, W., Schneider, C., Hardt, J., … & Braehler, E. (2008). Alexithymia in the German General Population. *Social Psychiatry and Psychiatric Epidemiology* 43(1), 54–62.

Frederickson, B. (2001). The Role of Positive Emotions in Positive Psychology: The Broaden-and-Build Theory of Positive Emotions. *Amercian Psychologist* 56, 218–226.

Freedman, M. B., & Sweet, B. S. (1954). Some Specific Features of Group Psychotherapy and their Implications for Selection of Patients. *International Journal of Group Psychotherapy* 4(4), 355–368.

Friesen, W. V., & Ekman, P. (1984). *Emotional Facial Action Coding System (EM-FACS).* San Francisco: University of California.

General Social Survey (2019). [Umfrage]. *Washington Post* 29.3. 2019.

Goerlich, K. S. (2012). *Feelings with no Name. Search of a Neural Basis for Alexithymia.* Dissertation, University Medical Center, Groningen.

Goerlich-Dobre, K. S., Votinov, M., Habel, U., Pripfl, J., & Lamm, C. (2015). Neuroanatomical Profiles of Alexithymia Dimensions and Subtypes. *Human Brain Mapping* 36(10), 3805–3818.

Goleman, D. (1995). *EQ. Emotionale Intelligence.* New York: Bantam.

Goleman, D. (1997). *EQ. Emotionale Intelligenz.* München: Dtv (2. Auflage).

Grabe, H. J., Wittfeld, K., Hegenscheid, K., Hosten, N., Lotze, M., Janowitz, D., … & Freyberger, H. J. (2014). Alexithymia and Brain Gray Matter Volumes in a General Population Sample. *Human brain mapping* 35(12), 5932–5945.

Greenberg, L. S. (2002). Integrating an Emotion-Focused Approach to Treatment into Psychotherapy Integration. *Journal of Psychotherapy Integration* 12(2), 154.

Greenberg, L. S. (2008). The Clinical Application of Emotion in

Psychotherapy. In L. Feldman Barrett, M. Lewis & J. M. Haviland-Jones (Hrsg.), *The Handbook of Emotions*. New York: The Guilford Press, 88–101.

Greenberg, L. S., & Pascual-Leone, J. (1995). A Dialectical Constructivist Approach to Experiential Change. In R. A. Neimeyer & M. J. Mahoney (Hrsg.), *Constructivism in Psychotherapy*. Washington, DC: American Psychological Association, 169–191.

Greenberg, L. S., Rice, L., & Elliott, R. (1993). *Process-experiential therapy: Facilitating Emotional Change*. New York: The Guilford Press.

Gross, J. J. (1998). Antecedent- and Response-Focused Emotion Regulation: Divergent Consequences for Experience, Expression, and Physiology. *Journal of Personality and Social Psychology* 74, 224–237.

Gross, J. J. (2002). Emotion Regulation: Affective, Cognitive, and Social Consequences. *Psychophysiology* 39(3), 281–291.

Gross, J. J., & Thompson, R. A. (2007). Emotion Regulation: Conceptual Foundations. In J. J. Gross (Hrsg.), *Handbook of Emotion Regulation*. New York: The Guilford Press, 3–24.

Grynberg, D., Luminet, O., Corneille, O., Grèzes, J., & Berthoz, S. (2010). Alexithymia in the Interpersonal Domain: A General Deficit of Empathy? *Personality and Individual Differences* 49(8), 845–850.

Guttman, H., & Laporte, L. (2002). Alexithymia, Empathy, and Psychological Symptoms in a Family Context. *Comprehensive Psychiatry* 43(6), 448–455.

Hayes, S. C., Strosahl, K., & Wilson, K. G. (1999). *Acceptance and Commitment Therapy: Understanding and Treating human Suffering*. New York: The Guilford Press.

Hughes, C., Fujisawa, K. K., Ensor, R., Lecce, S., & Marfleet, R. (2006). Cooperation and Conversations about the Mind: A Study of Individual Differences in 2-Year-Olds and their Siblings. *British Journal of Developmental Psychology* 24(1), 53–72.

Hughes, C., & De Rosnay, M. (2006). The Role of Conversations in Children's Social, Emotional and Cognitive Development – Introduction. *British Journal of Developmental Psychology* 24, 1–5.

https://www.alexithymie.org/post/130/emotionaler_partner_und_alexikann_das_funktionieren.

https://www.reddit.com/r/IAmA/comments/9xea8/i_am_unable_to_feel_most_emotion_i_have/.

Jäncke, L. (2009). The Plastic Human Brain. *Restorative Neurology and Neuroscience* 27(5), 521–538.

Jenkins, J. M., Turrell, S. L., Kogushi, Y., Lollis, S., & Ross, H. S. (2003). A Longitudinal Investigation of the Dynamics of Mental State Talk in Families. *Child development* 74(3), 905–920.

Joukamaa, M., Kokkonen, P., Veijola, J., Läksy, K., Karvonen, J. T., Jokelainen, J., & Järvelin, M. R. (2003). Social Situation of Expectant Mothers and Alexithymia 31 Years Later in their Offspring: A Prospective Study. *Psychosomatic Medicine* 65(2), 307–312.

Kabat-Zinn, J. (1990). *Full Catastrophe Living: The Program of the Stress Reduction Clinic at the University of Massachusetts Medical Center.* New York: Delacorte Press.

Kato, K., Zweig, R., Barzilai, C. B., & Atzmon, N. (2012). Positive Attitude toward Life, Emotional Expression, Self-Rated Health, and Depressive Symptoms Among Centenarians and Near-Centenarians. *Aging and Mental Health* 20 (9), 1–10.

Kauschke, C., & Klann-Delius, G. (1997). The Acquisition of Verbal Expressions for Internal States in German. *The Language of Emotions*, 173–194.

Karen, R. (1998). *Becoming Attached: First Relationships and how they Shape our Capacity to Love.* New York: Oxford University Press.

Knuf, A. (2013). *Ruhe, ihr Quälgeister: Wie wir den Kampf gegen unsere Gefühle beenden können.* München: Arkana.

Labroo, A. A., Mukhopadhyay, A., & Dong, P. (2014). Not always the Best Medicine: Why Frequent Smiling Can Reduce Wellbeing. *Journal of Experimental Social Psychology* 53, 156–162.

Lammers, C.-H. (2011). *Emotionsbezogene Psychotherapie: Grundlagen, Strategien und Techniken.* Stuttgart: Schattauer.

Lemche, E., Kreppner, J. M., Joraschky, P., & Klann-Delius, G. (2007). Attachment Organization and the Early Development of Internal State Language: A Longitudinal Perspective. *International Journal of Behavioral Development* 31(3), 252–262.

Linehan, M. M., H. E., Armstrong, H. E., Suarez, A., Allmon, D., & Heard, H. L. (1991). Cognitive-Behavioral Treatment of Chronically Parasuicidal Borderline Patients. *Archives of General Psychiatry* 48, S. 1060–1064.

Linehan, M. M., Dimeff, L. A., Reynolds, S. K., Comtois, K. A., Welch, S. S., Heagerty, P., & Kivlahan, D. R. (2002). Dialectical Behavior Therapy versus Comprehensive Validation Therapy plus 12-Step for the Treatment of Opioid Dependent Women Meeting Criteria for Borderline Personality Disorder. *Drug and alcohol dependence* 67(1), 13–26.

Littrell, J. (1998). Is the Reexperience of Painful Emotion Therapeutic? *Clinical Psychology Review* 18(1), 71–102.

Lombardo, M. V., Barnes, J. L., Wheelwright, S. J., & Baron-Cohen, S. (2007). Self-Referential Cognition and Empathy in Autism. *PloS one* 2(9), e883.

Marvin, R. S., Cooper, G., Hoffman, K. & Powell, B. (2003). Das Projekt »Kreis der Sicherheit«: Bindungsgeleitete Intervention bei Eltern-Kind-Dyaden im Vorschulalter. In H. Scheurer-Englisch, G. J. Suess, G. J. & W. K. P. Pfeifer (Hrsg.), *Wege zur Sicherheit: Bindungswissen in Diagnostik und Intervention*. Gießen: Psychosozial-Verlag, 25–49

Mayer, J. D., Salovey, P., & Caruso, D. R. (2000). Models of Emotional Intelligence. In R. J. Sternberg (Hrsg.), *Handbook of Intelligence*. Cambridge, UK: Cambridge University Press, 396–420.

McKee, R. (2011). *Story: Die Prinzipien des Drehbuchschreibens*. Berlin: Alexander-Verlag.

Meng, H., Huang, D., Wang, H., Yang, H., Ai-Shuraifi, M., & Wang, Y. (2013). Depression Recognition Based on Dynamic Facial and Vocal Expression Features Using Partial least Square Regression. *Proceedings of the 3rd ACM International Workshop on Audio/visual emotion challenge*, 21–30.

Moormann, P. P., Bermond, B., Vorst, H. C., Bloemendaal, A. F., Teijn, S. M., & Rood, L. (2008). New Avenues in Alexithymia Research: The Creation of Alexithymia Types. *Emotion Regulation*, 27–42.

Moriguchi, Y., Decety, J., Ohnishi, T., Maeda, M., Mori, T., Nemoto, K., … & Komaki, G. (2007). Empathy and Judging Other's Pain: An fMRI Study of Alexithymia. *Cerebral Cortex* 17(9), 2223–2234.

M'Uzan, M. D., & Marty, P. (1963). *La pensée opératoire*. *Revue Française de Psychanalyse* 27, 345–355.

Nelson, T. O. (1996). Consciousness and Metacognition. *American Psychologist* 51(2), 102.

Nolen-Hoeksema, S., McBride, A., & Larson, J. (1997). Rumination and Psychological Distress among Bereaved Partners. *Journal of Personality and Social Psychology* 72(4), 855.

Ochsner, K. N., & Gross, J. J. (2004). *Thinking Makes it so: A Social Cognitive Neuroscience Approach to Emotion Regulation*. In R. F. Baumeister & K. D. Vohs (Hrsg.), *Handbook of Self-Regulation: Research, Theory, and Applications*. The Guilford Press, 229–255.

Ogrodniczuk, J. S., Piper, W. E., & Joyce, A. S. (2004). Alexithymia as a Predictor of Residual Symptoms in Depressed Patients who Respond to Short-Term Psychotherapy. *American Journal of Psychotherapy* 58(2), 150–161.

Ogrodniczuk, J. S., Piper, W. E., & Joyce, A. S. (2005). The Negative Effect of Alexithymia on the Outcome of Group Therapy for Complicated Grief: What Role Might the Therapist Play? *Comprehensive psychiatry* 46(3), 206–213.

Ogrodniczuk, J. S., Piper, W. E., & Joyce, A. S. (2008). Alexithymia and Therapist Reactions to the Patient: Expression of Positive Emotion as a Mediator. *Psychiatry: Interpersonal and Biological Processes* 71(3), 257–265.

Panksepp, J. (2004). *Affective Neuroscience: The foundations of Human and Animal Emotions*. New York: Oxford University Press.

Pennebaker, J. W. (1995). *Emotion, Disclosure, & Health*. Washington: American Psychological Association, xiv–337.

Pennebaker, J. W. (1997). Writing about Emotional Experiences as a Therapeutic Process. *Psychological science* 8(3), 162–166.

Petermann, F., & Wiedebusch, S. (2004). Buchbesprechungen: Emotionale Kompetenz bei Kindern. Klinische Kinderpsychologie (Band 7). *Padiatrische Praxis* 65(4), 732–732.

Petermann, F., & Wiedebusch, S. (2008). *Emotionale Kompetenz bei Kindern*. Göttingen: Hogrefe (2. überarbeitete und erweiterte Auflage).

Petermann, F., & Wiedebusch, S. (2016). *Emotionale Kompetenz bei Kindern*. Göttingen: Hofgrefe.

Plutchik, R. (1958). Outlines of a New Theory of Emotion. *Transactions of the New York Academy of Sciences* 20(5), 394.

Pos, A. E., Greenberg, L. S., Goldman, R. N., & Korman, L. M. (2003). Emotional Processing during Experiential Treatment of Depression. *Journal of Consulting and Clinical Psychology* 71(6), 1007.

Rasting, M., Brosig, B., & Beutel, M. E. (2005). Alexithymic Characteristics and Patient-Therapist Interaction: A Video Analysis of Facial Affect Display. *Psychopathology* 38(3), 105–111.

Ruesch, J. (1948). The Infantile Personality: The Core Problem of Psychosomatic Medicine. *Psychosomatic Medicine* 10, 134–144.

Ruffman, T., Slade, L., & Crowe, E. (2002). The Relation between Children's and Mothers' Mental State Language and Theory-of-Mind Understanding. *Child development* 73(3), 734–751.

Rumpf, A. L., Kamp-Becker, I., Becker, K., & Kauschke, C. (2012). Narrative Competence and Internal State Language of Children with Asperger Syndrome and ADHD. *Research in Developmental Disabilities* 33(5), 1395–1407.

Sacharin, V., Schlegel, K., & Scherer, K. (2012). *Geneva Emotion Wheel Rating Study*. Genf: Swiss Center for Affective Sciences.

Salisch, M. von (2000). *Wenn Kinder sich ärgern: Emotionsregulierung in der Entwicklung.* Göttingen: Hogrefe.

Salminen, J. K., Saarijärvi, S., Äärelä, E., Toikka, T., & Kauhanen, J. (1999). Prevalence of Alexithymia and its Association with Sociodemographic Variables in the General Population of Finland. *Journal of Psychosomatic Research* 46(1), 75–82.

Salovey, P., Detweiler-Bedell, B. T., Detweiler-Bedell, J. B., & Mayer, J. D. (2008). Emotional Intelligence. In L. Feldman Barrett, M. Lewis & J. M. Haviland-Jones (Hrsg.), *The Handbook of Emotions.* New York: The Guilford Press, 533–547.

Salovey, P., & Mayer, J. D. (1990). Emotional Intelligence. *Imagination, Cognition and Personality* 9(3), 185–211.

Scherer, K. (2005). What are Emotions? And how Can they Be Measured? *Social Science Information* 44(4), 695–729.

Schlipf, S., Batra, A., Walter, G., Zeep, C., Wildgruber, D., Fallgatter, A. J., & Ethofer, T. (2013). Judgment of Emotional Information Expressed by Prosody and Semantics in Patients with Unipolar Depression. *Frontiers in Psychology* 4, 461.

Segal, Z. V., Teasdale, J. D., Williams, J. M., & Gemar, M. C. (2002). The Mindfulness-Based Cognitive Therapy Adherence Scale: Inter-Rater Reliability, Adherence to Protocol and Treatment Distinctiveness. *Clinical Psychology & Psychotherapy* 9(2), 131–138.

Sellschopp-Rüppell, A., & Rad, M. von (1977). Pinocchio – A Psychosomatic Syndrome. *Psychotherapy and Psychosomatics* 28(1/4), 357–360.

Silani, G., Bird, G., Brindley, R., Singer, T., Frith, C., & Frith, U. (2008). Levels of Emotional Awareness and Autism: An fMRI Study. *Social Neuroscience* 3(2), 97–112.

Singer, T. (2006). The Neuronal Basis and Ontogeny of Empathy and Mind Reading: Review of Literature and Implications for Future Research. *Neuroscience & Biobehavioral Reviews* 30(6), 855–863.

Singer, T., Critchley, H. D., & Preuschoff, K. (2009). A Common Role of Insula in Feelings, Empathy and Uncertainty. *Trends in Cognitive Sciences* 13(8), 334–340.

Spangler, G., & Grossmann, K. E. (1993). Biobehavioral Organization in Securely and Insecurely Attached Infants. *Child Development* 64(5), 1439–1450.

Swiller, H. I. (1988). Alexithymia: Treatment Utilizing Combined Individual and Group Psychotherapy. *International Journal of Group Psychotherapy* 38(1), 47–61.

Taleb, N. N. (2013). *Antifragilität. Anleitung für eine Welt, die wir nicht verstehen*. München: Knaus.

Tardif, T., & Wellman, H. M. (2000). Acquisition of Mental State Language in Mandarin-and Cantonese-speaking Children. *Developmental Psychology* 36(1), 25.

Taylor, G. J. (1977). Alexithymia and the Counter-Transference. *Psychotherapy and Psychosomatics* 28(1/4), 141–147.

Teicher, M. H., Andersen, S. L., Polcari, A., Anderson, C. M., Navalta, C. P., & Kim, D. M. (2003). The Neurobiological Consequences of Early Stress and Childhood Maltreatment. *Neuroscience & Biobehavioral Reviews* 27(1–2), 33–44.

Textor, M. R., & Bostelmann, A.: Das Kita-Handbuch. Online unter: https://www.kindergartenpaedagogik.de/.

Thoits, P. A. (1985). Self-Labeling Processes in Mental Illness: The Role of Emotional Deviance. *American journal of Sociology* 91(2), 221–249.

Toth-Sadjadi, S. (1993). The Development of Internal State Language in Linguistically Precocious Toddlers. In E. V. Clark (Hrsg.), *The Proceedings of the* Twenty-Fifth *Annual Child Language Research Forum* 25. Stanford, CA: CSLI Publications, 271–279.

Tracy, J. L., Robins, R. W., & Lagattuta, K. H. (2005). Can Children Recognize Pride? *Emotion* 5(3), 251.

Troisi, A., D'Argenio, A., Peracchio, F., & Petti, P. (2001). Insecure Attachment and Alexithymia in Young Men with Mood Symptoms. *The Journal of Nervous and Mental Disease* 189(5), 311–316.

Vaillant, G. (1977). *Adaptation to Life. Little*. Boston: Brown.

Velde, J. van der, Tol, M. J. van, Goerlich-Dobre, K. S., Gromann, P. M., Swart, M., Haan, L. de, … & Aleman, A. (2014). Dissociable Morphometric Profiles of the Affective and Cognitive Dimensions of Alexithymia. *Cortex* 54, 190–199.

Vorst, H. C., & Bermond, B. (2001). Validity and Reliability of the Bermond–Vorst Alexithymia Questionnaire. *Personality and individual differences* 30(3), 413–434.

Warwar, S. H. (2003). *Relating Emotional Processes to Outcome in Experiental Psychotherapy of Depression*. Dissertation, University York University. Toronto, Ontario, Canada.

Wertfein, M. (2006). *Emotionale Entwicklung im Vor- und Grundschulalter im Spiegel der Eltern-Kind-Interaktion* Dissertation, Universität München.

Wertfein, M. (2007). *Emotionale Entwicklung und elterliche Förderung im Vor- und Grundschulalter*. Saarbrücken: VDM, Müller.

Wiebe, S. A., & Johnson, S. M. (2016). A Review of the Research in Emotionally Focused Therapy for Couples. *Family Process* 55(3), 390–407.

Wildgruber, D., Ackermann, H., Kreifelts, B., & Ethofer, T. (2006). Cerebral Processing of Linguistic and Emotional Prosody: fMRI Studies. *Progress in Brain Research* 156, 249–268.

Wildgruber, D., Ethofer, T., Grandjean, D., & Kreifelts, B. (2009). A Cerebral Network Model of Speech Prosody Comprehension. *International Journal of Speech-Language Pathology* 11(4), 277–281.

Wingenfeld, K., Spitzer, C., Mensebach, C., Grabe, H. J., Hill, A., Gast, U., … & Driessen, M. (2010). The German Version of the Childhood Trauma Questionnaire (CTQ). Preliminary Psychometric Properties. *Psychotherapie, Psychosomatik, Medizinische Psychologie* 60(11), 442–450.

Yip, J. A., & Côté, S. (2013). The Emotionally Intelligent Decision Maker: Emotion-Understanding Ability Reduces the Effect of Incidental Anxiety on Risk Taking. *Psychological Science* 24(1), 48–55.

Anmerkungen

1 Gefühle in Zeiten der Emoticons

1 Umfrage des General Social Survey; veröffentlicht in der Washington Post am 29.3.2019.
2 Kato, K., Zweig, R., Barzilai, C. B., & Atzmon, N. (2012). Positive Attitude toward Life, Emotional Expression, Self-Rated Health, and Depressive Symptoms Among Centenarians and Near-Centenarians. *Aging and Mental Health* 20 (9), 1–10.
3 Bethell, C., Jones, J., Gombojav, N., Linkenbach, J., & Sege, R. (2019): Positive Childhood Experiences and Adult Mental and Relational Health in a Statewide Sample: Associations across adverse Childhood Experiences Levels«. *JAMA Pediatrics* 173(11).

2 Im Dschungel der Gefühle

1 Ein *Affekt* ist, wie man an der juristischen Formulierung »Tat im Affekt« schon merkt, ein emotionaler Zustand, der sehr intensiv, aber ohne bewusste Erlebniskomponente ist. Eine *Stimmung* ist im Gegensatz dazu gerade dadurch gekennzeichnet, dass sie länger andauert und unsere Wahrnehmung beeinflusst. Und eine *Empfindung* ist ein Erlebenszustand, der von den Sinnen vermittelt wird, das heißt, unsere Sinne reagieren auf einen Reiz, dies muss aber noch keine emotionale Komponente mit sich bringen.
2 Scherer, K. (2005): What are Emotions? And how Van they Be Measured? *Social Science Information* 44(4), 695–729.
3 Im Zuge der immer weiter fortschreitenden Globalisierung und Vernetzung verlieren allerdings nationalkulturelle Einflüsse immer mehr an Einfluss, während die Bildungsschicht immer prägender wird.

4 Auch nachzulesen bei Bischof, N. (2009): *Psychologie: Ein Grund-kurs für Anspruchsvolle*. Stuttgart: Kohlhammer.

5 Ebd., S. 336.

6 Damasio, A. (2014): *Der Spinoza-Effekt: Wie Gefühle unser Le-ben bestimmen*. Berlin: Ullstein (8. Auflage).

7 Scherer (2005).

8 Bei tiefer gehendem Interesse an dieser Art von Verbildlichun-gen empfehle ich die neueren Arbeiten der Genfer Forschungs-gruppe um Scherer, in denen 40 unterschiedliche Emotionen systematisiert worden sind (Sacharin, V., Schlegel, K., & Scherer, K. (2012): *Geneva Emotion Wheel Rating Study*. Genf: Swiss Center for Affective Sciences).

9 Plutchik, R. (1958). Outlines of a New Theory of Emotion. *Trans-actions of the New York Academy of Sciences* 20(5), 394.

10 Mehr dazu bei Jäncke, L. (2009): The Plastic Human Brain. *Res-torative Neurology and Neuroscience* 27(5), 521–538.

11 Ekman, P., & Friesen, W. V. (1978): *Facial Action Coding Sys-tems*. Palo Alto: Consulting Psychologists Press; Ekman, P., Frie-sen, W. V., & Hager, J. (2002): *Facial Action Coding System*. Salt Lake City, UT: A Human Face.

12 Friesen, W. V., & Ekman, P. (1984): *Emotional Facial Action Co-ding System (EM-FACS)*. San Francisco: University of California.

13 Neben diesem einschlägigen Kodiersystem der Forschungs-gruppe um Ekman gibt es noch weitere Verfahren, die ich hier zumindest erwähnen möchte, aber nicht näher ausführen kann: Das *Maximally Discriminative Facial Movement Coding System* (MAX), das *Self-Evaluative Emotions Coding System* (SEECS) und das *Facial Expression Analysis Tool* (FEAT).

14 Die Forschungsgruppe um Dirk Wildgruber hat zahlreiche Stu-dien zum Zusammenspiel zwischen Prosodie und Semantik und ihrer Rezeption durchgeführt: Wildgruber, D., Ackermann, H., Kreifelts, B., & Ethofer, T. (2006). Cerebral Processing of Linguis-tic and Emotional Prosody: fMRI Studies. *Progress in Brain Re-search* 156, 249–268; Wildgruber, D., Ethofer, T., Grandjean, D., & Kreifelts, B. (2009). A Cerebral Network Model of Speech Pro-sody Comprehension. *International Journal of Speech-Language Pathology* 11(4), 277–281; Schlipf, S., Batra, A., Walter, G., Zeep, C., Wildgruber, D., Fallgatter, A. J., & Ethofer, T. (2013). Judgment of Emotional Information Expressed by Prosody and Semantics in Patients with Unipolar Depression. *Frontiers in Psychology* 4, 461.

15 Meng, H., Huang, D., Wang, H., Yang, H., Ai-Shuraifi, M., &

Wang, Y. (2013): Depression Recognition Based on Dynamic Facial and Vocal Expression Features Using Partial least Square Regression. *Proceedings of the 3rd ACM International Workshop on Audio/visual emotion challenge*, 21–30.

16 Aragón, O. R., Clark, M. S., Dyer, R. L., & Bargh, J. A. (2015): Dimorphous Expressions of Positive Emotion: Displays of both Care and Aggression in Response to Cute Stimuli. *Psychological Science* 26(3), 259–273.

17 Dazu gehören vor allem die Amygdala, ein Teil des Frontallappens (ventromedialer präfrontaler Kortex), ein Teil des supplementären motorischen Areals und der Gyrus cinguli.

18 Panksepp, J. (2004): *Affective Neuroscience: The foundations of Human and Animal Emotions.* New York: Oxford University Press.

19 Labroo, A. A., Mukhopadhyay, A., & Dong, P. (2014): Not always the Best Medicine: Why Frequent Smiling Can Reduce Wellbeing. *Journal of Experimental Social Psychology* 53, 156–162.

20 Taleb, N. N. (2013): *Antifragilität. Anleitung für eine Welt, die wir nicht verstehen.* München: Knaus, S. 156.

21 Mehr bei Gross, J. J. (2002): Emotion Regulation: Affective, Cognitive, and Social Consequences. *Psychophysiology* 39(3), 281–291 und Ochsner, K. N., & Gross, J. J. (2004): Thinking Makes it so: A Social Cognitive Neuroscience Approach to Emotion Regulation. In R. F. Baumeister & K. D. Vohs (Hrsg.), *Handbook of Self-Regulation: Research, Theory, and Applications.* New York: The Guilford Press, 229–255.

22 Gross (2002); Gross, J. J., & Thompson, R. A. (2007): Emotion Regulation: Conceptual Foundations. In J. J. Gross (Hrsg.), *Handbook of Emotion Regulation.* New York: The Guilford Press, 3–24.

23 Gross, J. J. (1998). Antecedent- and Response-Focused Emotion Regulation: Divergent Consequences for Experience, Expression, and Physiology. *Journal of Personality and Social Psychology* 74, 224–237.

24 1995 veröffentlichte der Wissenschaftsjournalist und Psychologe Daniel Goleman seinen populären Bestseller mit dem Titel *EQ. Emotionale Intelligence.*

25 Goleman übersetzt aus Mayer, J. D., Salovey, P., & Caruso, D. R. (2000). Models of Emotional Intelligence. In R. J. Sternberg (Hrsg.), *Handbook of Intelligence.* Cambridge, UK: Cambridge University Press, 396–420, S. 396.

26 Mehr dazu bei Salovey, P., & Mayer, J. D. (1990): Emotional In-

telligence. *Imagination, Cognition and Personality* 9(3), 185–211.

27 Vaillant, G. (1977). *Adaptation to Life. Little.* Boston: Brown; Felsman, J. K., & Vaillant, G. E. (1987): Resilient Children as Adults: A 40-Year Study. In E. J. Anthony & B. J. Cohler (Hrsg.), *The Guilford Psychiatry Series. The Invulnerable Child.* New York: The Guilford Press, 289–314.

28 Nolen-Hoeksema, S., McBride, A., & Larson, J. (1997): Rumination and Psychological Distress among Bereaved Partners. *Journal of Personality and Social Psychology* 72(4), 855.

29 Salovey, P., Detweiler-Bedell, B. T., Detweiler-Bedell, J. B., & Mayer, J. D. (2008): Emotional Intelligence. In L. Feldman Barrett, M. Lewis & J. M. Haviland-Jones (Hrsg.) *The Handbook of Emotions.* New York: The Guilford Press, 533–547.

30 Yip, J. A., & Côté, S. (2013): The Emotionally Intelligent Decision Maker: Emotion-Understanding Ability Reduces the Effect of Incidental Anxiety on Risk Taking. *Psychological Science* 24(1), 48–55.

31 Toth-Sadjadi, S. (1993): The Development of Internal State Language in Linguistically Precocious Toddlers. In E. V. Clark (Hrsg.), *The Proceedings of the* Twenty-Fifth *Annual Child Language Research Forum* 25. Stanford, CA: CSLI Publications, 271–279; Kauschke, C., & Klann-Delius, G. (1997): The Acquisition of Verbal Expressions for Internal States in German. *The Language of Emotions*, 173–194; Bartsch, K., & Wellman, H. M. (1995): *Children Talk about the Mind.* New York: Oxford University Press; Tardif, T., & Wellman, H. M. (2000): Acquisition of Mental State Language in Mandarin-and Cantonese-speaking Children. *Developmental Psychology* 36(1), 25.

32 Nelson, T. O. (1996): Consciousness and Metacognition. *American Psychologist* 51(2), 102; Astington, J. W., & Peskin, J. (2004): Meaning and Use: Children's Acquisition of the Mental Lexicon. *The development of the Mediated Mind: Sociocultural Context and Cognitive Development*, 59–78.

33 Mehr zur historischen Entstehungsgeschichte der Bindungsforschung bei Karen, R. (1998): *Becoming Attached: First Relationships and how they Shape our Capacity to Love.* New York: Oxford University Press.

34 Spangler, G., & Grossmann, K. E. (1993): Biobehavioral Organization in Securely and Insecurely Attached Infants. *Child development* 64(5), 1439–1450.

35 Berk, L. E. (2005). *Infants and Children: Prenatal through Middle*

Childhood. Boston: Pearson (5. Auflage); Berk, L. E. (2005). Why Parenting Matters. In S. Olfan (Hrsg.), *Childhood Lost: How American Culture is Failing our Kids*. Westport. CT: Greenwood, 19–53.

36 Erickson, M. F., Sroufe, L. A., & Egeland, B. (1985): The Relationship between Quality of Attachment and Behavior Problems in Preschool in a High-Risk. In I. Bretherton & E. Waters (Hrsg.), *Growing Points of Attachment Theory and Research* (Monographs of the Society for Research in Child Development). Chicago: University of Chicago Press, 147–166.

37 Lemche, E., Kreppner, J. M., Joraschky, P., & Klann-Delius, G. (2007): Attachment Organization and the Early Development of Internal State Language: A Longitudinal Perspective. *International Journal of Behavioral Development* 31(3), 252–262.

38 De Rosnay, M., & Hughes, C. (2006): Conversation and Theory of Mind: Do Children Talk their Way to Socio-Cognitive Understanding? *British Journal of Developmental Psychology* 24(1), 7–37; Hughes, C., & De Rosnay, M. (2006): The Role of Conversations in Children's Social, Emotional and Cognitive Development – Introduction. *British Journal of Developmental Psychology* 24, 1–5.

39 Der Begriff wurde vom Psychologen Stern geprägt.

40 Hughes, C., Fujisawa, K. K., Ensor, R., Lecce, S., & Marfleet, R. (2006): Cooperation and Conversations about the Mind: A Study of Individual Differences in 2-Year--Olds and their Siblings. *British Journal of Developmental Psychology* 24(1), 53–72.

41 Fivush, R., & Baker-Ward, L. (2005): The Search for Meaning: Developmental Perspectives on Internal State Language in Autobiographical Memory. *Journal of Cognition and Development* 6(4), 455–462; Jenkins, J. M., Turrell, S. L., Kogushi, Y., Lollis, S., & Ross, H. S. (2003): A Longitudinal Investigation of the Dynamics of Mental State Talk in Families. *Child development* 74(3), 905–920; Ruffman, T., Slade, L., & Crowe, E. (2002): The Relation between Children's and Mothers' Mental State Language and Theory-of-Mind Understanding. *Child development* 73(3), 734–751.

42 Textor, M. R., & Bostelmann, A.: Das Kita-Handbuch. Online unter: https://www.kindergartenpaedagogik.de/; Petermann, F., & Wiedebusch, S. (2016). *Emotionale Kompetenz bei Kindern*. Göttingen: Hogrefe.

43 Wertfein, M. (2006): *Emotionale Entwicklung im Vor- und Grundschulalter im Spiegel der Eltern-Kind-Interaktion* Disser-

tation, Universität München; Petermann, F., & Wiedebusch, S. (2008): *Emotionale Kompetenz bei Kindern*. Göttingen: Hogrefe (2. überarbeitete und erweiterte Auflage).

44 Wertfein, M. (2007): *Emotionale Entwicklung und elterliche Förderung im Vor- und Grundschulalter*. Saarbrücken: VDM, Müller.

45 Petermann & Wiedebusch (2008).

46 Denham, S. A. (1998): *Emotional Development in Young Children*. New York: The Guilford Press.

47 Eisenberg, N. (2000): Emotion, Regulation, and Moral Development. *Annual Review of Psychology* 51(1), 665–697

48 Zum Beispiel: Bischof-Köhler, D. (1989): *Spiegelbild und Empathie*. Bern: Huber.

49 Byrne, R., Lee, P. C., Njiraini, N., Poole, J. H., Sayialel, K., Sayialel, S., ... & Moss, C. J. (2008): Do Elephants Show Empathy? *Journal of Consciousness Studies* 15(10–11), 204–225.

50 Tracy, J. L., Robins, R. W., & Lagattuta, K. H. (2005): Can Children Recognize Pride? *Emotion* 5(3), 251.

51 Petermann, F., & Wiedebusch, S. (2004): Buchbesprechungen: Emotionale Kompetenz bei Kindern. Klinische Kinderpsychologie (Band 7). *Padiatrische Praxis* 65(4), 732–732.

52 Salisch, M. von (2000): *Wenn Kinder sich ärgern: Emotionsregulierung in der Entwicklung*. Göttingen: Hogrefe; Wertfein (2006).

3 Wenn Gefühle zum Problem werden

1 Wingenfeld und Kollegen (2010) haben eine deutsche Version des »Childhood Trauma Questionnaire« (CTQ) erstellt. Wingenfeld, K., Spitzer, C., Mensebach, C., Grabe, H. J., Hill, A., Gast, U., ... & Driessen, M. (2010): The German Version of the Childhood Trauma Questionnaire (CTQ): Preliminary Psychometric Properties. *Psychotherapie, Psychosomatik, Medizinische Psychologie* 60(11), 442–450.

2 Aust, Alkan Härtwig, Heuser und Bajbouj (2013) konnten in einer Studie mit 90 psychisch gesunden Probanden eine hohe Korrelation zwischen emotionaler Vernachlässigung in der Kindheit und Alexithymie belegen. Interessanterweise bestand hingegen zwischen physischen bzw. sexuellen Traumata und Gefühlsblindheit keine Korrelation. Aust, S., Härtwig, E. A., Heuser, I., & Bajbouj, M. (2013): The Role of Early Emotional Neglect in Alexithymia. *Psychological Trauma: Theory, Research, Practice, and Policy* 5(3), 225.

3 Thoits, P. A. (1985): Self-Labeling Processes in Mental Illness: The Role of Emotional Deviance. *American journal of Sociology* 91(2), 221–249.

4 Berenbaum, H., Raghavan, C., Le, H. N., Vernon, L. L., & Gomez, J. J. (2003): A Taxonomy of Emotional Disturbances. *Clinical Psychology: Science and Practice* 10(2), 206–226.

5 Rumpf, A. L., Kamp-Becker, I., Becker, K., & Kauschke, C. (2012): Narrative Competence and Internal State Language of Children with Asperger Syndrome and ADHD. *Research in Developmental Disabilities* 33(5), 1395–1407.

6 Bird, G., & Cook, R. (2013): Mixed Emotions: The Contribution of Alexithymia to the Emotional Symptoms of Autism. *Translational Psychiatry* 3(7), e285–e285; Lombardo, M. V., Barnes, J. L., Wheelwright, S. J., & Baron-Cohen, S. (2007): Self-Referential Cognition and Empathy in Autism. *PloS one* 2(9), e883.

4 Die Sprache der Gefühle

1 Salminen, J. K., Saarijärvi, S., Äärelä, E., Toikka, T., & Kauhanen, J. (1999): Prevalence of Alexithymia and its Association with Sociodemographic Variables in the General Population of Finland. *Journal of Psychosomatic Research* 46(1), 75–82; Franz, M., Popp, K., Schaefer, R., Sitte, W., Schneider, C., Hardt, J., ... & Braehler, E. (2008): Alexithymia in the German General Population. *Social Psychiatry and Psychiatric Epidemiology* 43(1), 54–62.

2 Er wird bei Swiller, H. I. (1988): Alexithymia: Treatment Utilizing Combined Individual and Group Psychotherapy. *International Journal of Group Psychotherapy* 38(1), 47–61 vorgestellt.

3 Übersetzt und übernommen von Goleman (1997): *EQ. Emotionale Intelligenz*. München: Dtv (2. Auflage).

4 Ruesch, J. (1948): The Infantile Personality: The Core Problem of Psychosomatic Medicine. *Psychosomatic Medicine* 10, 134–144.

5 Freedman, M. B., & Sweet, B. S. (1954): Some Specific Features of Group Psychotherapy and their Implications for Selection of Patients. *International Journal of Group Psychotherapy* 4(4), 355–368.

6 Sellschopp-Rüppell, A., & Rad, M. von (1977): Pinocchio – A Psychosomatic Syndrome. *Psychotherapy and Psychosomatics* 28(1/4), 357–360.

7 M'Uzan, M. D., & Marty, P. (1963). *La pensée opératoire*. *Revue Française de Psychanalyse* 27, 345–355.

8 Bird, G., & Viding, E. (2014): The Self to Other model of Empathy: Providing a New Framework for Understanding Empathy Impairments in Psychopathy, Autism, and Alexithymia. *Neuroscience & Biobehavioral Reviews* 47, 520–532.

9 Grynberg, D., Luminet, O., Corneille, O., Grèzes, J., & Berthoz, S. (2010): Alexithymia in the Interpersonal Domain: A General Deficit of Empathy? *Personality and Individual Differences* 49(8), 845–850; Guttman, H., & Laporte, L. (2002): Alexithymia, Empathy, and Psychological Symptoms in a Family Context. *Comprehensive Psychiatry* 43(6), 448–455; Silani, G., Bird, G., Brindley, R., Singer, T., Frith, C., & Frith, U. (2008): Levels of Emotional Awareness and Autism: An fMRI Study. *Social Neuroscience* 3(2), 97–112.

10 Singer, T. (2006): The Neuronal Basis and Ontogeny of Empathy and Mind Reading: Review of Literature and Implications for Future Research. *Neuroscience & Biobehavioral Reviews* 30(6), 855–863; Singer, T., Critchley, H. D., & Preuschoff, K. (2009): A Common Role of Insula in Feelings, Empathy and Uncertainty. *Trends in Cognitive Sciences* 13(8), 334–340.

11 Moriguchi, Y., Decety, J., Ohnishi, T., Maeda, M., Mori, T., Nemoto, K., … & Komaki, G. (2007): Empathy and Judging Other's Pain: An fMRI Study of Alexithymia. *Cerebral Cortex* 17(9), 2223–2234.

12 Bird, G., Silani, G., Brindley, R., White, S., Frith, U., & Singer, T. (2010): Empathic Brain Responses in Insula Are Modulated by Levels of Alexithymia but not Autism. *Brain* 133(5), 1515–1525.

13 Aust et al. (2013); Joukamaa, M., Kokkonen, P., Veijola, J., Läksy, K., Karvonen, J. T., Jokelainen, J., & Järvelin, M. R. (2003): Social Situation of Expectant Mothers and Alexithymia 31 Years Later in their Offspring: A Prospective Study. *Psychosomatic Medicine* 65(2), 307–312; Teicher, M. H., Andersen, S. L., Polcari, A., Anderson, C. M., Navalta, C. P., & Kim, D. M. (2003): The Neurobiological Consequences of Early Stress and Childhood Maltreatment. *Neuroscience & Biobehavioral Reviews* 27(1–2), 33–44; Troisi, A., D'Argenio, A., Peracchio, F., & Petti, P. (2001): Insecure Attachment and Alexithymia in Young Men with Mood Symptoms. *The Journal of Nervous and Mental Disease* 189(5), 311–316.

14 Goerlich-Dobre, K. S., Votinov, M., Habel, U., Pripfl, J., & Lamm, C. (2015): Neuroanatomical Profiles of Alexithymia Dimensions and Subtypes. *Human Brain Mapping* 36(10), 3805–3818; Grabe, H. J., Wittfeld, K., Hegenscheid, K., Hosten, N., Lotze,

M., Janowitz, D., … & Freyberger, H. J. (2014): Alexithymia and Brain Gray Matter Volumes in a General Population Sample. *Human brain mapping* 35(12), 5932–5945; Velde, J. van der, Tol, M. J. van, Goerlich-Dobre, K. S., Gromann, P. M., Swart, M., Haan, L. de, … & Aleman, A. (2014): Dissociable Morphometric Profiles of the Affective and Cognitive Dimensions of Alexithymia. *Cortex* 54, 190–199.

15 Quelle: Bagby, R. M., Parker, J. D., & Taylor, G. J. (1994): The Twenty-Item Toronto Alexithymia Scale – I. Item Selection and Cross-Validation of the Factor Structure. *Journal of psychosomatic research* 38(1), 23–32.

16 Goerlich, K. S. (2012): *Feelings with no Name. Search of a Neural Basis for Alexithymia.* Dissertation, University Medical Center, Groningen.

17 Moormann, P. P., Bermond, B., Vorst, H. C., Bloemendaal, A. F., Teijn, S. M., & Rood, L. (2008): New Avenues in Alexithymia Research: The Creation of Alexithymia Types. *Emotion Regulation*, 27–42; Vorst, H. C., & Bermond, B. (2001): Validity and Reliability of the Bermond–Vorst Alexithymia Questionnaire. *Personality and individual differences* 30(3), 413–434.

18 https://www.alexithymie.org/post/130/emotionaler_partner_und_alexikann_das_funktionieren.

19 https://www.reddit.com/r/IAmA/comments/9xea8/i_am_unable_to_feel_most_emotion_i_have/.

5 Fühlen lernen I –
wenn Gefühle problematisch werden

1 Greenberg, L. S., Rice, L., & Elliott, R. (1993): *Process-experiential therapy: Facilitating Emotional Change.* New York: The Guilford Press; Elliott, R., Watson, J. C., Goldman, R. N. & Greenberg, L. S. (2004): *Learning Emotion-Focused Therapy: The Process-Experiential Approach to Change.* Washington, DC: American Psychological Association.

2 Elliott, R., Greenberg, L. S., Watson, J. C., Timulak, L., & Freire, E. (2013): Research on Humanistic-Experiential Psychotherapies. In M. Lambert (Hrsg.), *Bergin & Garfield's Handbook of Psychotherapy and Behavior.* New York: Wiley, 495–538; Wiebe, S. A., & Johnson, S. M. (2016): A Review of the Research in Emotionally Focused Therapy for Couples. *Family Process* 55(3), 390–407.

3 In diesem Kapitel lehne ich mich an folgende Bücher an: Elliot,

R., Watson, J. C., Goldman, R. N. & Greenberg, L. S. (2007): *Learning Emotion-Focused Therapy: The Process-Experiential Approach to Change*. Washington, DC: American Psychological Association und Lammers (2011) Lammers, C.-H. (2011): *Emotionsbezogene Psychotherapie: Grundlagen, Strategien und Techniken*. Stuttgart: Schattauer.

4 Hierzu gehören etwa die *Mindfulness-based Cognitive Therapy* (MBCT; Segal, Z. V., Teasdale, J. D., Williams, J. M., & Gemar, M. C. (2002): The Mindfulness-Based Cognitive Therapy Adherence Scale: Inter-Rater Reliability, Adherence to Protocol and Treatment Distinctiveness. *Clinical Psychology & Psychotherapy* 9(2), 131–138, die *Dialectical Behavior Therapy* (DBT; Linehan, M. M., H. E., Armstrong, H. E., Suarez, A., Allmon, D., & Heard, H. L. (1991): Cognitive-Behavioral Treatment of Chronically Parasuicidal Borderline Patients. *Archives of General Psychiatry* 48, S. 1060–1064), die *Acceptance and Commitment Therapy* (ACT; Hayes, S. C., Strosahl, K., & Wilson, K. G. (1999): *Acceptance and Commitment Therapy: Understanding and Treating human Suffering*. New York: The Guilford Press) und die *Mindfulness-based Stress Reduction* (MBSR; Kabat-Zinn, J. (1990): *Full Catastrophe Living: The Program of the Stress Reduction Clinic at the University of Massachusetts Medical Center*. New York: Delacorte Press).

5 Allerdings unterscheiden sich die EFT und die Achtsamkeitsströmung auch in vielen Aspekten. Letztere gehört neben der ACT (Akzeptanz- und Commitmenttherapie), der Schematherapie, der DBT (Dialektisch-Behaviorale Therapie) u. a. zur sogenannten »3. Welle«, während die EFT, genauso wie beispielsweise die ISTDP (Intensive Psychodynamische Kurzzeittherapie nach Davanloo) zur sogenannten »4. Welle« der Psychotherapien gehören.

6 Die folgende Aufzählung findet sich beispielsweise auch in Knuf, A. (2013): *Ruhe, ihr Quälgeister: Wie wir den Kampf gegen unsere Gefühle beenden können*. München: Arkana.

7 Elliott et al. (2013), Wiebe & Johnson (2016).

8 Greenberg, L. S. (2002): Integrating an Emotion-Focused Approach to Treatment into Psychotherapy Integration. *Journal of Psychotherapy Integration* 12(2), 154.

9 Ogrodniczuk, J. S., Piper, W. E., & Joyce, A. S. (2004): Alexithymia as a Predictor of Residual Symptoms in Depressed Patients who Respond to Short-Term Psychotherapy. *American Journal of Psychotherapy* 58(2), 150–161.

10 Taylor, G. J. (1977): Alexithymia and the Counter-Transference. *Psychotherapy and Psychosomatics* 28(1/4), 141–147.

11 Rasting, M., Brosig, B., & Beutel, M. E. (2005): Alexithymic Characteristics and Patient-Therapist Interaction: A Video Analysis of Facial Affect Display. *Psychopathology* 38(3), 105–111.

12 Ogrodniczuk, J. S., Piper, W. E., & Joyce, A. S. (2005): The Negative Effect of Alexithymia on the Outcome of Group Therapy for Complicated Grief: What Role Might the Therapist Play? *Comprehensive psychiatry* 46(3), 206–213.

13 Ogrodniczuk, J. S., Piper, W. E., & Joyce, A. S. (2008): Alexithymia and Therapist Reactions to the Patient: Expression of Positive Emotion as a Mediator. *Psychiatry: Interpersonal and Biological Processes* 71(3), 257–265.

6 Fühlen lernen II – worauf unser Umgang mit Gefühlen abzielt

1 Goleman (1995).

2 Weitere konkrete Informationen zu der Frage, wie man seine Gefühle annehmen und wirklich fühlen lernen kann, findet man in der Literatur zu der oben bereits erwähnten Acceptance and Commitment Therapie (ACT).

3 Knuf (2013), S. 183

4 Lammers (2011).

5 Warwar, S. H. (2003): *Relating Emotional Processes to Outcome in Experiental Psychotherapy of Depression.* Dissertation, University York University. Toronto, Ontario, Canada.

6 Littrell, J. (1998): Is the Reexperience of Painful Emotion Therapeutic? *Clinical Psychology Review* 18(1), 71–102.

7 Linehan, M. M., Dimeff, L. A., Reynolds, S. K., Comtois, K. A., Welch, S. S., Heagerty, P., & Kivlahan, D. R. (2002): Dialectical Behavior Therapy versus Comprehensive Validation Therapy plus 12-Step for the Treatment of Opioid Dependent Women Meeting Criteria for Borderline Personality Disorder. *Drug and alcohol dependence* 67(1), 13–26.

8 Pennebaker, J. W. (1995): *Emotion, Disclosure, & Health.* Washington, DC: American Psychological Association, xiv–337; Pennebaker, J. W. (1997): Writing about Emotional Experiences as a Therapeutic Process. *Psychological science* 8(3), 162–166.

9 Pos, A. E., Greenberg, L. S., Goldman, R. N., & Korman, L. M. (2003): Emotional Processing during Experiential Treatment of

Depression. *Journal of Consulting and Clinical Psychology* 71(6), 1007.

10 Greenberg, L. S. (2002): Integrating an Emotion-Focused Approach to Treatment into Psychotherapy Integration. *Journal of Psychotherapy Integration* 12(2), 154.

11 Frederickson, B. (2001): The Role of Positive Emotions in Positive Psychology: The Broaden-and-Build Theory of Positive Emotions. *Amercian Psychologist* 56, 218–226.

12 Greenberg, L. S., & Pascual-Leone, J. (1995): A Dialectical Constructivist Approach to Experiential Change. In R. A. Neimeyer & M. J. Mahoney (Hrsg.), *Constructivism in Psychotherapy*. Washington, DC: American Psychological Association, 169–191.

13 Wie dieser Prozess innerhalb einer Therapie genau vonstattengeht, ist bei Greenberg (ab S. 91), Greenberg, L. S. (2008): The Clinical Application of Emotion in Psychotherapy. In L. Feldman Barrett, M. Lewis & J. M. Haviland-Jones (Hrsg.) *The Handbook of Emotions*. New York: The Guilford Press, 88–101, genau beschrieben.

Schluss

1 McKee, R. (2011): *Story: Die Prinzipien des Drehbuchschreibens*. Berlin: Alexander-Verlag.

Anhang

1 Vorst & Bermond (2001).

www.klett-cotta.de

Silia Wiebe
Unsere Mütter
Wie Töchter sie lieben und
mit ihnen kämpfen
240 Seiten, Taschenbuch
ISBN 978-3-608-98511-5

Das Mütter-Töchter-Buch

Erwachsene Töchter erzählen von ihren Müttern:
von der egozentrischen Hippie-Mutter bis zur hin-
gebungsvollen Pflegerin der schwer kranken Tochter. Mal liebevoll, mal von mühsamen Loslösepro-
zessen geprägt – das vielschichtige und von tiefen
Gefühlen erzählende Buch regt zur Selbstreflexion
an.
»Zwölf Geschichten, ebenso anrührendes wie
reflektiert erzählt, garniert mit den Einsichten der
Psychologin Stefanie Stahl zum Thema Mutter-
Tochter – ein äußerst lesenswertes Buch.«
Sonja Zellmann, Badische Zeitung

www.klett-cotta.de

Susann Sitzler
Geschwister
Die längste Beziehung des
Lebens
352 Seiten, broschiert
ISBN 978-3-608-96193-5

»Für alle Geschwister« *Emotion*

Geschwister prägen unser Leben viel mehr, als uns
bewusst ist. Welche Facetten unseres Ichs wir kul-
tivieren, wie wir uns in der Gesellschaft positio-
nieren, welche Partner uns gefallen – unsere
gesamte Identität hängt auch mit unseren
Geschwistern zusammen.

Tina Soliman
Ghosting
Vom spurlosen
Verschwinden des
Menschen im digitalen
Zeitalter
358 Seiten, Klappenbroschur
ISBN 978-3-608-96337-3

»Ghosting« ist ein Massenphänomen und bedroht weltweit alle digitalisierten Gesellschaften

Im Gespräch mit Betroffenen und Fachleuten
beleuchtet Tina Soliman erstmals, welche unge-
ahnten Ausmaße das Ghosting heute schon angenommen hat. Warum breitet es sich weltweit und
auch in Deutschland so rasant aus? Die Expertin
zum Thema »Kontaktabbruch« lässt Ghosting-
Betroffene und »Ghosts« zu Wort kommen und
zeigt, wie zwischenmenschliche Beziehungen
durch Ghosting gefährdet oder zerstört werden.

Susann Sitzler
Väter und Töchter
Ein Beziehungsbuch
304 Seiten, gebunden mit Schutz-
umschlag
ISBN 978-3-608-98220-6

Wie Väter ihre Töchter prägen – und umgekehrt

Ob nur Erzeuger, Versorger oder emotionale Haupt-
person: Das Buch misst die Möglichkeiten und
auch die Leerstellen von Väter-Töchter-Beziehun-
gen aus. Und es handelt davon, wie Väter heute
versuchen, einen von der traditionellen Vaterrolle
unabhängigen Weg mit ihren Töchtern zu gestalten.